本书得到中共中央党校(国家行政学院)教学和智库建设创新工程项目
——中国特色社会主义社会学若干重大问题研究支持

费孝通
和中国特色社会学

丁元竹 著

生活·讀書·新知 三联书店

Copyright © 2023 by SDX Joint Publishing Company.
All Rights Reserved.

本作品版权由生活·读书·新知三联书店所有。
未经许可，不得翻印。

图书在版编目（CIP）数据

费孝通和中国特色社会学／丁元竹著.—北京：
生活·读书·新知三联书店，2023.3
ISBN 978-7-108-07544-4

Ⅰ.①费… Ⅱ.①丁… Ⅲ.①费孝通（1910—2005）-社会学-文集
Ⅳ.① C91-53

中国版本图书馆 CIP 数据核字（2022）第 212744 号

责任编辑	万	春
装帧设计	康	健
责任校对	张	睿
责任印制	张雅丽	

出版发行　生活·讀書·新知 三联书店
　　　　　（北京市东城区美术馆东街 22 号 100010）
网　　址　www.sdxjpc.com
经　　销　新华书店
印　　刷　三河市天润建兴印务有限公司
版　　次　2023 年 3 月北京第 1 版
　　　　　2023 年 3 月北京第 1 次印刷
开　　本　635 毫米 × 965 毫米　1/16　印张 18.25
字　　数　244 千字
印　　数　0,001-4,000 册
定　　价　69.00 元

（印装查询：01064002715；邮购查询：01084010542）

目录

1　自　序　恩师费孝通
16　导　言　发展中国特色社会学

第一篇　面向中国实际的问题意识

27　第一章　瑶山调查：立下中国社区研究的基石
42　第二章　费孝通与"现代中国社会学派"
62　第三章　文化自觉："十六字箴言"

第二篇　构建蕴含中国文化底蕴的学科话语体系

91　第四章　"社区"概念：中国社会和文化底色
108　第五章　社区研究："共同体"的逻辑演进
146　第六章　《乡土中国》：国内经验与国际视角
154　第七章　时空认知：传统社会结构的特点
169　第八章　社会整体观：社会与文化

第三篇　服务现代化国家建设的学科目标

185　第九章　"我是从食粮"：真正的学术是有用的知识

216　第十章　志在富民：城乡协调发展
237　第十一章　美美与共：铸牢中华民族共同体意识
256　跋　不断发展中国特色社会学

281　参考文献
287　后　记

自　序
恩师费孝通

我第一次见到费孝通先生是在1987年。那一年，改革开放进入第十个年头，经济建设如火如荼，各地乡镇企业蓬勃发展。当时，我正在山东大学社会学系主任徐经泽教授指导下攻读农村社会学硕士学位。徐经泽教授参与了费孝通上持的"城乡一体化课题研究"，这个课题组由一批中央和地方政府的政策制定者和研究者、科研院所的学者组成。那年冬天，我跟随徐经泽教授参加在北京大学西南角马路对面的畅春园饭店举行的"城乡一体化课题研究"会议，费孝通先生是会议主持人。会议结束后，我决定报考北京大学社会学系的博士研究生。1988年秋天，在徐经泽教授的鼎力推荐下，我如愿以偿进入北京大学社会学系，在费孝通先生指导下学习城乡社会学。

虽然考入的是北京大学社会学系，但我在北京大学学习和研究的基地是北京大学社会学研究所（后更名为社会学人类学研究所）。社会学所当时有两个研究室：一个叫城乡发展研究室，我们当时简称其为"城乡室"；另一个叫边区开发研究室，简称"边区室"。我在前一个研究室学习和工作，主要是研究当时方兴未艾的乡镇企业和小城镇问题，后来随着实践的发展，又将研究领域拓展到了区域和城市的研究。边区室主要是研究边疆地区以及西部地区的发展，诸如西藏、内蒙古、甘肃、宁夏等。研究所聚集了一批学习人类学的教授、博士和博士后。回想起来,那个时候,大家的问题意识要浓于学科分界,这可能与费孝通先生本人关注农村发展、边疆开发、国家富强而并不怎么注意学科分界有关。

从1988年到1991年,我在费孝通先生指导下攻读博士学位。1988年,费孝通先生已79岁,还担任全国人大常委会副委员长一职。尽管公务繁忙,但费孝通先生对学生的培养和教育仍高度重视。记得在北京大学学习期间,费孝通先生对学生的教育培养途径主要有两个:一是他新写的文章在发表之前经常要我们研读和提建议,有时也一起座谈,这的确是一个深入学习和思考的过程;二是带我们出差。我跟随费孝通先生去的地方主要是东部和中部省份,如江苏、浙江、山东、河南等,后来也去过陕西等地。在出差途中,一方面我们在火车上与费孝通先生交流,听他阐述对乡镇企业和小城镇的认识和思考;另一方面跟随他实地观察乡镇企业和小城镇的发展,亲历了那个时代乡镇企业和小城镇的实践探索、发展历程和理论研究。

攻读博士学位期间,由于一些原因,特别是当时我所在的北京大学社会学研究所的老师们出于从整体上对研究所和社会学系学科布局的考虑,希望我以研究费孝通先生的著作和生平作为博士论文的研究主题。时任社会学系主任的潘乃谷老师把这一想法报给费孝通先生,当时先生感觉这样的研究可能会有一些问题。这里,我把费孝通先生对我的论文所作的评语转录如下,从中也看到先生对我,即他的学生来研究他本人是有顾虑的,但也作了一番考虑,并做出了整体的安排。

指导博士生研究自己的学术思想和为学方法本身是种尝试。我先得讲一下我作为丁元竹的导师怎样决定这个研究题目的。我有一种想法:一个想踏进社会学这门学科,希望在这门学科中能做出一点学术上贡献的人,最结实的学习方法之一是在对社会学有了概括的初步认识后，挑定一个在这门学科中有一定成绩的学者，把他一生所发表的著作，有系统地阅读一遍，追踪他思想发展的经过，然后把各阶段的思想放入各时期社会学发展的总过程中看出这个学者的地位和特点，再把这些变化和特点放进他所处的历史背景中去研究他这种思想所以发生的社会历史原因和其所发生的历史效果。我所主张的这种方法是我在自己的学习中摸索到（的），但并没有系统地这样做到，所以很想找个年轻人来试一下。丁元竹愿意接受这个学习方法并同意作（做）一个试验。这篇论文是这个试验的结果。

丁竹元（元竹）挑选我作为研究对象是出于他自己的主意。在同意这个题目之前，我考虑到由我来指导做这篇论文的导师是否合适。一个导师指导一个博士生研究自己的学术思想有利也有弊。有利是在导师作为活标本有条件可提供所需要的活资料。一个学者对自己的学业有比别人更熟悉的一面，他可以提供别人不易提供的资料，但有弊也就在这一点上，一个学者对自己也有被自我意识所影响而看不到或看偏了的一面。而且导师和博士生的关系也存在着两面性，既有左右学生思想的一面，又有培养学生独立思考和尊重学生自我发展的权利的一面。何况在现实的社会生活里，导师和学生的关系还不限于单纯的思想领域里的指导和受指导的关系。所以在选定这个论文题目之前导师和学生之间必须自觉地端正自己的态度，要求学生必须实事求是地对待资料，不受师生间的感情因素和社会因素的影响，不涉私念，不从偏好。导师既要引导学生端正态度，还要防止灌输主观的见解。为了保证双方主观方面的正确态度，我还建议学系主管部门在组织上采取措施，邀请韩明谟教授参予（与）指导，不仅对学生起辅导作用，也对导师起监督作用，保证学生不唯上、不唯师而能主动地独立思考。

这篇论文是在上述学习方法的指导下写成的。首先是着重在资料的搜集，尽可能地能搜集到我一生的著作，并仔细地阅读，并作简要的提要，这是一项繁重的工作。由于我从1930年学习社会学以后就开始写作有关社会学的文章，直到目前还没有停止，已有50年。我自己保存的早年的著作，在"文革"期间已几乎全部烧毁，所以必须到各图书馆中去寻觅，劳动量是很大的。这一段工作的结果就是论文的附录：费孝通学历与著作提要。这个附录本身是一项研究工程，也是一项研究成果，因为不仅是著作和论文的目录，而且包括了作者的年表事略，著作部分中还写了提要。这部分工作为论文本身打下了基础。

这个附录，可以说基本上包括了我过去所发表的全部著作和文章。我加上"基本上"三字是因为有相当数量在抗战时期发表在当地报纸上的和刊物上没有署名的文章现在已无从认辨，无法列入这个书文目录里。

一个人的学术思想不可能不反映当时社会和政治的情况，而且也可以说一个时期的学术思想和当时的社会政治是密切结合的，是其中不可分割的部分。丁元竹在搜集和编排资料时已注意到这一点，在附录里每年都附上当时政治上的大事记，为后来分析我的思想时作（做）出了准备。

丁元竹按照我在上面已叙述的研究程序，对我在已发表的书文中所表现的社区研究理论和方法进行了分析。我对他的结论将不加评论，只想对他在论文中所表现的认真为学的态度予以充分的肯定。同时也应当指出他不仅对我的社区研究的理论和方法已有较深刻的理解，而且对同时期社会学界的中外学派也有了概括的认识，可以说他已踏进了社会学这个学术领域。在我看来，我早先提到的社会学入门方法是可行的。

我在阅读这篇论文时回想起在决定以我的社区研究的理论和方法作为研究对象时曾预见到的一个困难，这个困难发生在我自己认为我对这门学科只做到了一些探索的工作，我称作"破题和引路"的初步尝试。我这一生的志愿与其说是想建立一门学科，不如说想积累一些对我自己的国家的社会知识，也就是为科学地认识我们中国做出一些贡献。在"科学地认识"的过程中当然存在理论和方法的问题，就是说我离不开理论和方法去认识中国社会的。理论和方法，我一直看作是达到我的目的——认识中国——的工具。要建立一门学科，依我现有的理解，就需要一套有系统的理论和方法，而且要能用易于为人所理解的语言表达出来。由于我并没有以此为目的来进行我的思想活动，或说学术活动，在我过去所发表的书文中是不容易看到我对理论和方法有系统的叙述。由于这个原因我很担忧这篇论文可能不容易写好。

经过丁元竹的尝试，他在我的著作中看到了没有经我自己用明白的语言表白的理论和方法。通过他的"再创造"，特别是和其他学者的理论和方法对比时，有些包含在我研究实践中的理论和方法，用语言表达了出来。这是他的成绩。当然这也说明任何反映实际的认识，在认识过程中是不会没有"理论"和"方法"的。

把研究实践里包括着的理论和方法明白而有系统的（地）表达出来，在学习运用这些工具的人是有帮助的，我心目中的"学科"就是学习的科目，那就需要用简单易懂的语言把前人探索和积累知识所运用的理论和方法有系统的（地）表达出来。这是学科建立的工程，我在指导这篇论文过程中产生了一种自责的内疚感，因为我并没有满足要求我建立社会学这门学科的人的希望。当然，我在这一生中能否满足这个希望是个很难说的问题：一是我有没有这种自觉的要求，二是我有没有这种能力，三是在今后的一段时间里有没有在中国建立起这门学科的具体条件。我至今还是这样想，先有实践才能有学科，先有在实践中行之有效的理论和方法，才能有用语言表达出来的理论体系，即一门成熟的学科。

我在这篇论文的评语中写下在指导这篇论文过程中得到的体会，也许不能说是"出格"或"多余"。因为我把这篇论文作为指导博士生研究导师本人的学术思想的尝试。对这篇论文的评语也就是对这种尝试的评语，作为这个试验的设计者，和作为这个试验的当事人，我觉得我应当把经过这次试验得到的体会，如实的（地）写下来。我自己觉得这次试验是成功的。

　　至于对这篇论文的水平来作评语，我认为应当说达到了博士学位的要求。他不仅通过这篇论文的编写，得到了一次有规定程序的研究实践，在实践中表现出了认真为学的态度，和付出了大量的劳动，在探索导师的理论和方法的过程中，他进行了"再创造"的工作，而且熟悉了许多中外社会学者的理论和方法，这些都达到了博士的水平。

　　我建议授予丁竹元（元竹）社会学博士的学位。

费孝通
1991年6月2日

　　在写这篇评语的时候费孝通先生已经81岁，这是一份6页的评语，对论文的背景、写作、特点、不足都作了详细分析，对论文进行了整体评价，字迹密密麻麻，实属不易。这些年，我自己也带学生，感觉从来没有对一篇学位论文作出这么翔实的分析，写出这么大篇幅的评语。每每看到先生的评语手稿，心里总有惭愧的感觉。老一辈学者的治学态度、治学风格和学术责任值得吾辈学习。

　　由于年龄的原因，评语中有一些笔误，比如说我的名字在前半部分用的是"丁元竹"，后面就写成了"丁竹元"，但先生在高龄之际能写出这样大篇幅的评语已经相当不容易了，让人不由得为先生的治学精神所感动。每每看到这篇评语，我总是想起先生慈祥的面容。

北京大学博士学位论文学术评议书

论文题目	费孝通社区研究的理论与方法		
姓名	丁元竹	专业 社会学	入学时间 1988.9
指导教师姓名	费孝通	职称 教授	所在单位 北京大学
评阅人姓名	费孝通	职称 教授	所在单位 社会学系所

对论文的学术评语：

指导博士生研究自己的学术思想和治学方法本身是一种尝试。我先得讲一下我是依何由丁元竹的导师怎样决定这个研究题目的。我有一种想法：一个想踏进社会学这门学科并希望在这门学科中做出一点成就贡献的人，最切实的学习方法之一是先在社会学有了扎根的初步认识后，找定一个在这门学科中有一定成绩的学者，把他一生所发表的著作，有系统地阅读一遍，追踪他思想发展的经过，然后把各阶段的思想放入各时期社会学发展和变迁中去看出这个学者的地位及其持点，再把这些变化与持点放在他所处的历史背景中去研究他这种思想所以发生的社会历史条件和其发生的社会历史效果。我所主张的这种治学方法，是在我自己学习中摸索到，但还没有系统的这样做过，所以很想要个年轻人来试一下。丁竹元愿意接受这个学习方法并同意作一个试验。这篇论文是这个试验的结果。

丁竹元挑选我作为研究对象是出于他自己的主意。在同意这个题目之前我考虑到由我来指导他也属于改的导师是否合适。二个导师指导一个博士生研究自己的学术思想是否还是有问题。

1.

图为丁元竹博士学位论文学术评议书复印件（第1页）

自　序　恩师费孝通

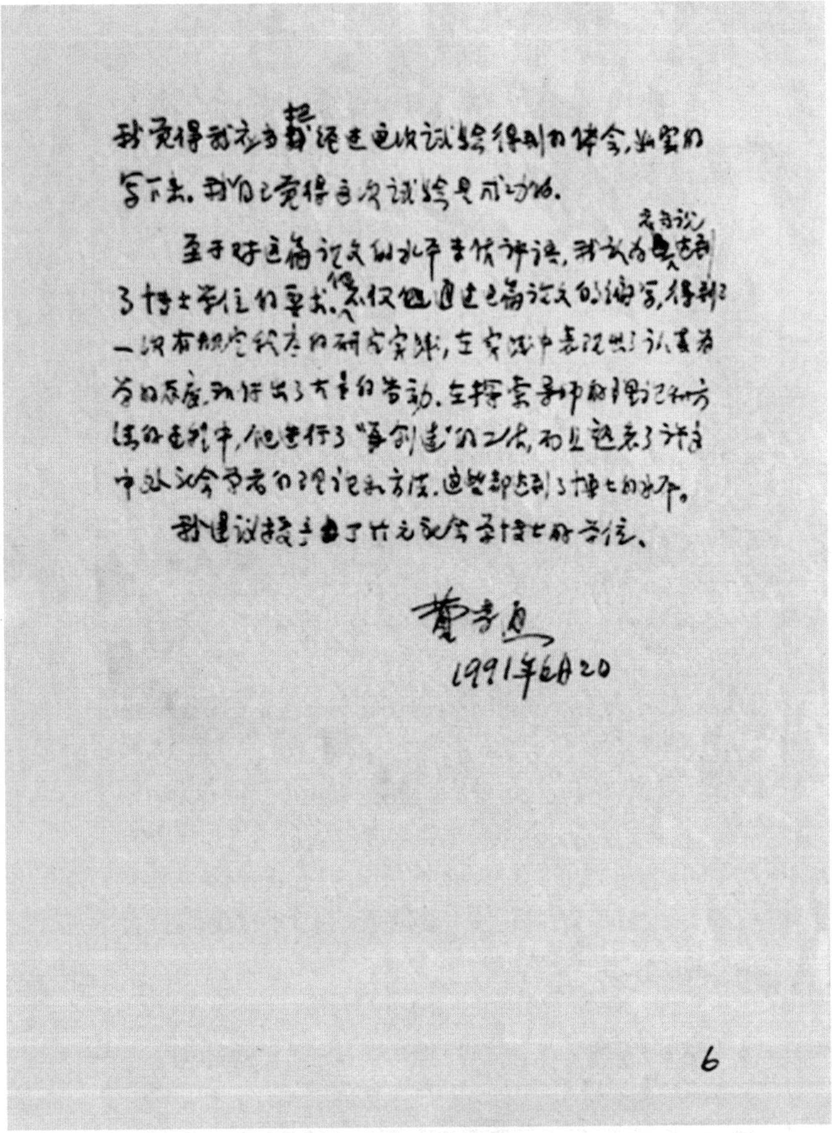

图为丁元竹博士学位论文学术评议书复印件（第6页）

简言之，从1987年到1991年这段时间，我对费孝通先生的著作进行搜集和整理，做了大量的基础性工作，应该说是一次非常艰苦的工作。

说这项工作艰苦，是因为当时费孝通先生的著作，特别是早期的著作在国内还没有人搜集编辑［在国际上，美国哈佛大学费正清研究中心费正清先生的博士生阿古什（David Arkush）写作自己的博士论文《费孝通和革命中国的社会学》，对费孝通先生的著作进行了搜集，但也仅限于在美国和中国台湾地区开展搜集工作］，散布在各大图书馆的文献中，尤其是他在20世纪30年代发表在《益世报》《北平晨报》以及40年代发表在《大公报》等报刊上的文章，需要通过缩微机器来搜集，确实非常艰苦。我需要每天去北京图书馆用手摇的方式在缩微机器上寻找文章，这项工作大约持续了两年。

缩微翻拍下来的文章不清楚，需要辨认和抄写。我把这个时期所有翻拍在胶片上的文章抄写出来，用了大量的时间搜集和整理这些资料，之后又进行写作，形成了我的博士论文。大约在费先生去世两年之后，即2007年，我把博士论文重新作了整理并以《费孝通社会思想与认识方法研究》为题交由中国社会出版社出版。

北京大学老图书馆，也就是现在的北京大学行政楼南边的图书馆，那里也有大量的早期文献，不能复印，只能抄写。我需要每天去那儿抄写，这期间，我爱人江汛清女士也常常去帮我抄写。再就是到清华大学查阅，主要是想知道费孝通先生1933年到1935年期间在清华大学研究院读书时期的情况，包括他在史禄国（Sergei Mikhailovich Shirokogorov，С.М.Широкогорова）教授指导下进行的体质人类学研究和人体测量情况。

在论文资料搜集过程中，我访问了很多与费孝通先生有过交往的先辈，如冰心先生、林耀华先生、廖泰初先生、袁方先生等，得到了他们的大力支持，他们也提供了很多有价值的回忆片段和观点。

从1991年到1996年，我留在北京大学教书，时常跟随费孝通先生外出调研，调研途中经常向他请教一些问题，包括当代发展中的问题，也包括历史上他的经历和我感到困惑的一些问题，他都作了一一的解答。有一些我在书上看到的有关他的问题，也请他作了进一步澄清和说明，包括他的姐姐费达生的信仰问题，他在清华大学研究院学习期间测量头骨的数据和广西大瑶山人体测量的数据去向，与费正清先生的交往情况，等等。

　　费孝通先生治学的鲜明特色是"学以致用"。早在从事社会学初期，针对当时学术界存在"为研究而研究"的倾向，他说："'学术尊严'！我是不懂的，我所知道的是'真正的学术'，是'有用的知识'。学术可以做装饰品（亦是功能），亦可以做食粮（亦是功能），若叫我选择，我是从食粮。"①在后来的多次著述中他都指出学者不能为研究而研究，这种做法在中国社会科学研究中是要不得的，因为一方面从方法论上讲，为研究而研究是一种受到兴趣驱动的活动，为研究而研究的人，一旦兴趣不同了，就可以为不研究而不研究了。社会研究的目的是旨在提供一套认识社会的工具。1936年，针对社会学中国化的问题，他写道："社会学在中国目前已遇到了一个转机。因为过去'美国式'的社会学已不能再获得社会上，甚至学术界的信用，连喘息在大学课程里的机会也发生了问题了。对于过去中国的社会学怀疑是很合理的，因为在过去十几年中，'社会学'并没有对于了解中国社会及改造中国社会有过任何显著的贡献，一个对于民族的生存上没有价值的东西，至多只能做个人的癖好，决不能在社会中站立得很久的。"②20世纪80年代，他又以类似的语言批评了那种流行于西方人类学界的以人类学来消磨时间或表现才能的研究取向。在他看来学术研究的价值在于"用得到的知识来推动中国的进步"，否则它无异于游戏和玩麻将。"志在富民"是费孝通先生学术生涯的内在动力。

　　1983年，在江苏省组织小城镇问题研究时，费孝通先生对课题组的

---

① 费孝通：《费孝通全集》第二卷，内蒙古人民出版社2009年版，第34页。
② 费孝通：《费孝通全集》第一卷，内蒙古人民出版社2009年版，第479页。

同志说,一定要坚持研究在先,政策在后,研究者不能供给正确详尽的事实,是研究者的不能尽责。在他看来,学者就是要为政策制定者提供扎实的理论和事实。

自1979年领衔恢复重建中国社会学以来,费孝通先生把为现代化服务作为社会学建设的宗旨。像中国的改革开放一样,社会学在过去的40多年有了巨大的发展,与时俱进,参与了许多重大决策研究,发展出若干新的学科分支,拓展出若干研究领域,孕育出若干重大理论和思想,培养出若干在发展领域具有很大影响的学者。实践证明,社会学只有贴近中国的社会发展,为中国的现代化服务才有前途。

20世纪末年,回顾自己近一个世纪走过的路程,费孝通先生认为自己对于中国的社会调查在中国开创了一种新的社会科学的研究方法,即采用实证研究方法,通过研究者和研究对象的直接接触来获取研究材料,对材料进行分析研究以得到对于问题的认识,进而按照自己的认识想方设法去提高各民族人民对于自己发展道路的理解。这包括他晚年提出的"文化自觉"的思想。他在2002年写道:"我在提出'文化自觉'时,并非从东西文化的比较中,看到了中国文化有什么危机,而是在对少数民族地区的实地研究中首先接触到了这个问题。"[①]中国社会的出路根植于中国的历史、文化和现实,费孝通先生找到了探索这条出路的方法,那就是实地研究。

每当思考或者讨论社会和文化是一种什么样关系的时候,我总会想起在北京大学学习和工作的一段经历,或者说它是我思考问题的原点。当时在我们学习和研究的小圈子里有一个惯例就是,费孝通先生每写一篇文章都要拿到有关研究人员和学生中传阅、学习、研讨,大家也可以提出意见。有时,先生甚至不顾年迈,亲自到北大与研究人员和学生一

---

① 费孝通:《费孝通在2003:世纪学人遗稿》,中国社会科学出版社2005年版,第151—152页。

起座谈、讨论。给我印象最深的是他写的《缺席的对话——人的研究在中国——个人的经历》一文,那是他对伦敦政治经济学院的老同学利奇(Edmund Leach)博士写的《社会人类学》(*Social Anthropology*,1982)一文所作的回应。在这篇文章中,针对不同环境下文化的差异,针对当时世界文化在现实和学术领域的冲突,费孝通先生提出要以"从人类学社会学的角度看,世界上所有的文明都蕴含着人类的智慧,每一种文明都值得我们关注、研究,从中吸取营养"[①]的态度对待不同的文化。这是他给我印象最深、对我影响最大的思想之一。这个思想是费孝通先生从人类学角度考虑人类不同文化的和平相处、文化之间的平等问题。

1992年春,我随费孝通先生到山东曲阜,访问了"三孔"——孔林、孔庙和孔府。我清楚地记得,那天他在孔庙坐了很久。我看得出,他当时思绪万千。回到北京后,他在"北京大学社会学10年"纪念会上发表讲话,谈了他访问孔林时的思考和感想,后来写成了名作《孔林片思》。在这篇文章中,他认识到,海湾战争之后人们已经注意到战争造成了环境污染,认识到了人与地球的关系。这是生态问题。地球是否还能养活这么多人,现在已经成了大家不能不关心的问题了。这是人与地球的生态关系,但最终还是要牵连到人与人的关系上来,反映在人与人之间怎样相处、国与国之间怎样相处的问题上。这才是第一位的问题。这表明,费孝通先生已经从对文化的思考进入对整个社会发展的思考,从社会发展这个更广泛的视角透视中国乃至全球发展,考虑环境公平和社会公平问题。

作为一个卓有成就的社会学家和思想家,费孝通先生从不脱离社会经济发展的大背景考虑问题,而是紧紧追赶时代步伐,与时俱进,不断探索。20世纪80年代初期,中国改革开放的总设计师邓小平同志提出了中国现代化分"三步走"的战略思想:第一步,从1981年到1990年实现

---

① 费孝通:《费孝通在2003:世纪学人遗稿》,中国社会科学出版社2005年版,第199—200页。

国民生产总值翻一番,解决人民的温饱问题;第二步,从1991年到20世纪末使国民生产总值再增长一倍,人民生活达到小康水平;第三步,到21世纪中叶,人均国民生产总值达到中等发达国家水平,人民生活比较富裕,基本实现现代化。到20世纪90年代初,中国人民已经基本解决温饱问题,开始向小康社会迈进。在这样的社会背景下,费孝通先生在《孔林片思》中把他的文化思想进一步深化,提出"小康之后人与自然的关系的变化不可避免地要引起人与人的关系的变化,进到人与人之间怎样相处的问题"。他把这种相处称为人的心态关系,他说:"为了人类能够生活在一个'和而不同'的世界上,从现在起就必须提倡在审美的、人文的层次上,在人们的社会活动中树立起一个'美美与共'的文化心态,这是人们思想观念上的深刻的大变革,它可能与当前世界上很多人习惯的思维模式和行为方式相抵触。"①

1993年7月,费孝通先生赴印度新德里参加"英迪拉·甘地国际学术讨论会"。他在会上发表了题为《对"美好社会"的思考》的演讲,将其以往文化平等、环境公平和社会公平的思想进一步升华,形成美好社会的思想,提出:"20世纪最后的10多年中所发生的这些新事物值得我们深入地进行理解,其中是否得出一种看法,人类大小各种群体是可以各自保持其价值体系而和其他群体建立平等互利的经济和政治关系,只要大家不采取唯我独美的本位中心主义,而容忍不同价值信念的并存不悖。"②政治平等、经济公平、社会公平、文化公平和环境公平等思想在这里得到更进一步升华,成为他的美好社会思想的核心。

在中国学术界,费孝通先生是一位有着自己鲜明学术特色的学者。几年前,在北京大学社会学系系友会的会议上,北京大学的一位领导

---

① 费孝通:《费孝通在2003:世纪学人遗稿》,中国社会科学出版社2005年版,第197—198页。
② 费孝通:《费孝通文集》第十二卷,群言出版社1999年版,第465页。

说，费孝通教授提出"各美其美、美人之美、美美与共、天下大同"的至理名言，价值之重要、意义之深远、影响之广泛，非学术论文能比拟。这位校领导的言外之意是，学术评价应当追求多元化。

此外，我还在本书中专门讨论了"真正的学术是有用的知识"，这句话源自费孝通先生本人，是他在20世纪30年代与友人讨论学术的意义和价值时提出的一个观点，我认为它至今仍有重要启迪。2020年初，一场突如其来的新型冠状病毒肺炎疫情（简称新冠肺炎疫情）成为全球重大公共卫生事件，给社会带来了巨大压力的同时，也引发了诸多话题。一时间网络上各种信息云起，热点问题频现，其中引起我关注的话题之一是科技部和教育部联合发文破除SCI论文至上的文件，以及各界对这个话题的热议。在我看来，这个问题的实质是如何界定学术的目标、目的和学者的责任问题。由此我联想到《乡土重建》中费孝通先生的治学风格。其实，这不是当前或者近一个时期的学术话题，而是一个困扰中国学术百年的重大问题。事情有时是如此巧合，《中南民族大学学报》主编哈正利教授来电话，希望我就《重读〈乡土重建〉》一文做一些润色和增加一点内容。于是，我在原稿的基础上，对整篇文章的角度进行了调整，并把题目改为《真正的学术是有用的知识》，我就想从这个视角谈谈自己对《乡土重建》的理解和恩师的治学风格，以及由此引申出的对当前有关热点话题的思考。

博士毕业至今已30余年，岁月沧桑，物是人非。回顾我这些年的学术研究和工作历程，翻阅当年的文献，感触颇深。我于1985年进入山东大学社会学系学习社会学，1988年进入北京大学师从费孝通先生攻读博士学位，毕业后留在北京大学社会学系和社会学人类学研究所从事教学研究6年，其间外访加拿大1年，1996年到国家计划委员会（现国家发展和改革委员会）宏观经济研究院任职12年，2008年到国家行政学院（2018年国家行政学院与中央党校合并组建成新的中央党校）工作至今。这些年，总体上我没有离开过学术研究，但研究方向、研究领域、研究方式还是有所不同的：从北大的理论教学和学术研究到国家改革委的宏观政策研究，再到国家行政学院的公共政策、公共服务、公共管理教学与研究，以及中共中央党校（国家行政学院）的民生保障教学与研究。这些教学和研究经历使我对很多学术问题有了不同的认识、不同的视角、不同的感受，也使我对费孝通先生的学术思想和学术经历有了不同的感悟和理解。在我看来，作为中国社会学的奠基人之一，先生的学术贡献就在于，他在自己的早期学术研究中开启了中国社区研究的先河，在对不同社区研究的基础上进行类型比较，使他能对中国传统社会形成深刻认识和整体上的把握，写出了《乡土中国》等一系列著作，提出了"社区"这一概念和"差序格局"等具有中国特色的社会学概念和理论。

改革开放以来，作为中国社会学恢复重建的领衔人，费孝通先生倡导坚持以马克思主义理论为指导，坚持从中国问题出发，从中国发展需要出发，紧紧扣住提高和改善人民群众生活这个主题，建立迈向中国人民的社会学，他一生秉持"志在富民"的学术价值观，把论文写在祖国大地上，引领中国社会学沿着正确的方向发展。他在长期研究农村和农业、小城镇、边疆民族地区发展的基础上，对自己的理论进行总结，对自己的思想不断梳理，发表了名作《小城镇 大问题》，晚年又提出了"中华民族多元一体格局"理论，并归纳出"各美其美、美人之美、美美与共、天下大同"的"十六字箴言"，等等。我认为这些都是他对中国特色社会学的重大贡献。基于这样的理解和认识，我在本书中将按照上述逻辑顺序展示费孝通先生对中国社会学建设的探索，希望通过对这段历史的回顾和研究，进一步探索发展和完善中国特色社会学的路径和方法，为不断发展和完善中国特色社会主义社会学提供一个历史、理论及方法的实例。

丁元竹
2022年8月29日

导　言
发展中国特色社会学

1979年，受中央领导同志委托，费孝通领衔恢复和重建中国社会学，这是一项十分艰巨的任务。1979年3月，他在中国社会学研究会成立大会上发言时建议"用正确的立场、观点、方法来研究中国社会，建设一门有利于社会主义建设的社会学"①，他称之为"面向中国实际的人民社会学"（1981）。在中央领导同志的支持下，他与老一辈社会学家共同努力，组织和培养中青年学者积极参与，推动了中国社会学的重建与恢复，并紧跟时代步伐，不断探索和交流。随着国家经济社会发展和学科建设稳步推进，他心目中的恢复重建中国社会学的目标越来越明确："马克思对资本主义社会进行了调查研究，写出了《资本论》，阐明了资本主义社会发生、发展、灭亡的规律，但他没有也不可能对社会主义社会进行调查研究。对社会主义社会的研究，就落到了我们身上。至少在中国条件下，社会主义社会如何发生、发展，将来如何进入共产主义，研究和解决这些问题，我们是责无旁贷的。"②通过这段话可以看出，他心目中恢复重建的社会学就是对中国社会主义实

---

① 费孝通：《费孝通全集》第八卷，内蒙古人民出版社2009年版，第206页。
② 费孝通：《费孝通全集》第九卷，内蒙古人民出版社2009年版，第124页。

践进行研究和总结的社会学。1983年，他在谈到社会学学科建设时写道："培养什么样的教师？编写什么样的教材？这就得看我们要建立什么样的社会学。经过社会学研究会的讨论，我们提出在中国要建立的社会学是一门以马克思列宁主义毛泽东思想理论为指导，密切结合中国社会实际，为社会主义建设服务的学科。"[1] 时至今日，恢复重建中国社会学已经40多年。40多年来，中国社会学得到了很大发展，为国家现代化作出了重要贡献。

当前，中国特色社会主义进入新阶段。习近平总书记2020年8月24日，习近平总书记主持召开经济社会领域专家座谈会并发表重要讲话，要求社会科学工作者"从国情出发，从中国实践中来、到中国实践中去，把论文写在祖国大地上，使理论和政策创新符合中国实际、具有中国特色，不断发展中国特色社会主义政治经济学、社会学"[2]。这给新时代新发展阶段的中国社会学提出了新要求新任务。

过去的40多年，中国社会学在满足改革开放发展需要和奋起直追的峥嵘岁月中取得了令人瞩目的成就。对标新时代新发展阶段的新要求，中国社会学还需要不断创新发展，例如，在历史环节上需要对中国历史和文化传统进行深度挖掘和对传统社会学开展全面研究。目前看来，发展中国特色社会主义社会学，我们至少需要在两个方面着力：一是努力使社会学服务于中国特色社会主义现代化的需要；二是建立和完善中国特色社会主义现代化所需要的社会学基本理论和学科体系。

---

[1] 费孝通：《费孝通全集》第十卷，内蒙古人民出版社2009年版，第164页。
[2] 习近平：《在经济社会领域专家座谈会上的讲话》，2020年8月24日，见http://www.xinhuanet.com/politics/2020-08/24/c_1126407772.htm。

一、不断推动中国特色社会学面向中国现代化实践

（一）坚持问题意识和服务于国家现代化建设总体布局

中国特色社会主义社会学是服务于中国社会主义现代化的社会学，要立足于中国特色社会主义现代化"五位一体"的总体布局：经济建设、政治建设、文化建设、社会建设、生态文明建设。在这一总体布局下，我们要从社会学学科视角研究建设社会主义现代化国家中的社会问题，对社会领域中存在的各类问题进行学理解释，提出解决方案，同时处理好与经济学、政治学、文化理论和生态文明建设理论之间的关系，进一步明确和完善中国文化语境下的中国特色社会主义社会学的发展方向和所要承担的任务——只有在中国特色社会主义现代化总体布局中方能定位自己，明确自己的理论边界和方法特色，深深扎根于中国特色社会主义现代化的土壤之中。

（二）处理好在发展中保障和改善民生与完善社会治理新格局之间的关系

一是探索中国的前途和命运是近代以来先进中国人的共同要求。为探索中华民族的前途和命运，孙中山把民生这一重大课题摆上中国现代化的议程，后来人们将其称为以民生为重点的社会建设，这是中国现代化建设的核心问题。中国现代化总体布局中，社会建设是重要支点之一。二是执政为民，全心全意为人民服务是中国共产党的根本宗旨。以民生和社会治理为核心的社会建设是发展中国特色社会主义社会学的题中应有之义。中国共产党从成立之日起，就把为人民谋幸福作为自己的奋斗目标。新中国成立以来，以毛泽东为代表的老一辈无产阶级革命家把改善人民生活作为党的工作的根本任务；改革开放以来，邓小平同志把"三个有利于"和建设小康社会纳入党的中心工作，不断推动经济建设，坚持两手都要抓、两手都要硬的发展战略；党的十三届四中全

会以后,以江泽民同志为主要代表的中国共产党人,确立了社会主义市场经济体制的改革目标和基本框架,确立了社会主义初级阶段公有制为主体、多种所有制经济共同发展的基本经济制度和按劳分配为主体、多种分配方式并存的分配制度;党的十六大以后,以胡锦涛同志为主要代表的中国共产党人,抓住重要战略机遇期,聚精会神搞建设,一心一意谋发展,强调坚持以人为本、全面协调可持续发展,着力保障和改善民生,促进社会公平正义,提出了构建社会主义和谐社会的伟大构想[①];党的十八大以来,以习近平同志为核心的党中央,坚持以人民为中心的发展理念,在发展中保障和改善民生。

与民生问题一样,社会治理是中国社会发展进程中出现的另一个独具特色的问题。这些年来,在实践探索基础上,社会治理理论不断发展。习近平总书记强调社区工作是一门学问,提出要打造共建共治共享的社会治理新格局等,大大丰富了中国特色社会主义社会学的理论内涵。如何使社会更加有序、更加和谐、更加稳定是中国特色社会主义社会学不能回避且必须回答的问题。社会学要研究现代化、社会秩序和社会活力,必须把社会治理作为社会学的重要内容。近年来,学术界和政策研究部门在这方面做了大量的工作,今天我们面对百年未有之大变局仍然要继续深耕这个领域。

(三)鼓励社会学者坚持问题意识和探索现实问题

要鼓励社会学者在问题意识基础上,打破学科界限,归纳问题,解决问题,总结经验,形成理论,不断发展和完善中国特色社会主义社会学。推动中国特色社会主义社会学发展,必须进行深入调查研究,到田野中去,到实际中去;在田野中,在实际中发现问题,解决问题,形成

---

① 《中共中央关于党的百年奋斗重大成就和历史经验的决议》,《人民日报》2021年11月17日。

案例，使中国特色社会主义社会学有着坚实的事实基础。只有这样，社会学理论才能对中国特色社会主义现代化建设中出现的各种新问题具有强大的解释力。从目前来看，这些新问题至少应当包括以下几个方面：一是新兴城镇化建设和城乡协调发展。改革开放40多年来，大量人口离开农村，进入大城市、中小城市。城市持续发展，从一般城市发展到特大城市、超大城市；城市内部又发展出新城区，新城区建设和旧城区改造同步进行，新城区面临着如何建设融合陌生人的共同体的问题，老城区面临着如何改造、如何搬迁、如何解决好搬迁中不同群体的利益诉求，以及如何重塑社区共同体的问题；城市化进程中，面临着农民工如何融入城市的问题；等等。各类情况千差万别，瞬息万变，非常复杂，这都是中国特色社会主义社会学必须具有的问题意识。二是中国发展中的前沿问题和特殊问题。中国在社会主义现代化经济建设中，有些领域已经走在世界前列，有些问题世界上其他国家未曾遇到过。到了这样一个阶段，社会学已经不能再像以前那样，简单借鉴别国的经验和理论，必须从实际出发解决眼前的问题，必须自己去创新，自己去探索，自己去解释，自己提出理论，这就要求社会学工作者不能仅仅从书本出发，而是要把书本上的理论、历史知识与实地研究有机地结合起来，在实地中发现问题，思考问题，解决问题，寻求理论创新，方法创新，使社会问题研究和社会学理论创新走在时代前列。三是在总结经验的基础上阐释理论。当今中国互联网技术的应用已经走在世界前列，各种互联网通信技术和商业应用在全民中非常普及，成为人们日常生活的重要组成部分和不可或缺的内容。互联网、人工智能使人们的沟通方式、行为方式乃至社会结构发生了深刻变化。现代中国社会是建立在绝大多数人广泛使用互联网基础上的一种社会结构。针对这样的一种社会结构进行深入研究，发现人们之间的新的社会关系模式、行为特点、心理特点以及价值观念是中国特色社会主义社会学研究的重要内容，是新时期中国特色社会主义社会学理论必须回答的问题，也是在传统社会学和在别国社会学理论中找不到答案的问题，中国在这些领域中应当也必须提出新的具有创新性的理论和方法。

二、不断创新中国特色社会学理论和学科体系

（一）用中国悠久的历史和文化涵养社会学理论

一是中国特色社会主义社会学需要深入研究中国悠久历史中形成的文明。中国有几千年的历史，现代中国社会是中国悠久历史演化与长期国际交往交流的结果。关于中国的特点，早在20世纪30年代初，芝加哥学派代表人物罗伯特·派克（Robert Ezra Park，又译"帕克"）到燕京大学社会学系讲学时就向燕大师生强调，中国"在它悠久的历史中，逐渐生长，并在地域上逐渐扩张。在此历程中，它慢慢地，断然地，将和它所接触的种种比较文化落后的初民民族归入它的怀抱。改变它们，同化它们，最后把它们纳入这广大的中国文化和文明的复合体中"[①]。如派克所言，中国悠久的历史和文化及其稳定性奠定了中华民族多元一体格局的基础。在人类文明史上，中国文明一直是持续不断的，这就形成了它搭配严密、独具特色的社会结构和价值体系。费孝通在《乡土中国》一书中对此作了深刻描述。中国社会学应从这些价值体系、历史文化、社会结构着眼，深入研究中国历史、文化和社会的特点，在这样的研究基础上，夯实中国特色社会主义社会学的文化和历史基础。二是发展中国特色社会主义社会学必须对以往的中国社会学研究进行梳理。近代以来，社会学传入中国并得到发展。中国老一辈社会学家以各种社会学理论与方法为工具对中国社会开展研究，包括理论探索、概念界定、实地研究，积累了大量的历史、理论和实地研究经验，夯实了当前社会学研究的历史、理论和方法基础。老一辈社会学家为中国特色社会主义社会

---

① 费孝通：《费孝通全集》第一卷，内蒙古人民出版社2009年版，第134页。

学打下一个个桩子。改革开放以来,中国社会学恢复重建也积累了大量经验、理论和方法,值得深入研究和全面总结。

在不断发展中国特色社会主义社会学的进程中,要解决"化"的问题。近代以来,中华民族面对别国文化、别国思潮进入的情况不断强调"中国化",这个"中国化"实际讲的是中国文化和社会的主体性,也就是别国文化、别国理论如何为我所用,如何使其为中华民族复兴服务,并使其融入中华民族文化中去,实现中华民族的发展与繁荣。文化、思想、理论的交流与交融是人类文明得以发展和进步的基本规律。在不断发展中国特色社会主义社会学的进程中,要有历史认识、历史反思和历史自觉,不断提高历史自信,进一步明确中国特色社会主义社会学的建设目标,不断完善适应中国特色社会主义现代化需要的理论体系和学科体系。

(二)在拓宽国际视野中处理好与别国社会学之间的关系

不断发展中国特色社会主义社会学绝不可以闭关自守,关起门来自己搞自己的社会学。就像技术开发不能闭关锁国一样,社会学需要借鉴国际上创新性的研究方法,开展国际交流,借鉴各个不同国家的经验。一是在社会学领域加强与国际同行的交流,进行思想碰撞,借鉴别国的研究,启发自己对问题的思考和认识,开阔分析问题的视野和加深研究问题的深度,使中国特色社会主义社会学研究既能深深扎根于现实,又有国际视野,适应中国社会主义现代化建设的要求。二是要结合中国实际,在具体分析别国社会学理论产生的文化和制度环境的基础上开展借鉴和交流。一个理论能否更好地发挥作用,更好地形成行动,不仅取决于理论本身,还取决于特定国家的体制、文化和历史特点,即制度环境。有比较才有鉴别。2020年初,新冠肺炎疫情暴发,中国迅速采取社会疏离措施,党中央总体谋划、总体设计,各级党委认真贯彻落实,全国形成了个体、社区、单位、地区之间的社会疏离格局。通过采取务实有效的举措，阻断了病毒传播链条，中国取得了抗击疫情的阶段性胜利。反观一些国家，由于文化以及其他方面的原因，社会疏离措施不能有效实行，病毒传播不能及时阻断反而迅速蔓延。这些教训再一次告诉我们，中国社会主义现代化建设中遇到的问题不是简单照搬别国的理论就能够解决的。各个国家的文化和社会都有自己的特点，它们的社会结构是在各自的文化土壤中生长出来的，且自身也在不断发展变化之中。不同文化基础上的社会学理论和方法适应各自的文化和制度环境；不同社会结构的建立离不开特定的社会制度环境和文化环境，要在深入分析其文化和制度环境的基础上学习和借鉴别国社会学的理论与方法。这要求新时代新发展阶段的社会学者要具备更广阔的历史、文化和国际视野，真正形成理论自觉与理论自信的有机统一，使中国特色社会主义社会学切实与中国文化、中国实际、中国社会结构有机结合起来，准确回答中国社会主义现代化进程中提出的各种社会问题，解释人们的所思所想，建设迈向中国人民的社会学。

（三）在立足国情探索各地发展不同特点的基础上逐步形成对中国社会发展的一般性理论诠释

习近平总书记要求"把论文写在祖国大地上"，就是要求社会学者从各地实际出发，研究本地情况，发现不同特点，解决本地问题，发掘具体案例，在解剖案例的基础上，逐步形成中国社会学的一般理论。只有把社会学的一般理论与各地实践有机结合起来，才能建立富有生命力的中国特色社会主义社会学。中国不仅历史悠久，而且幅员辽阔，地理环境千差万别，各地文化丰富多彩，经济发展各具特色。这也是为什么费孝通在20世纪30年代就提出要通过解剖不同的"模式"把握中国社会全貌，以及中国社会学恢复重建后的一个时期他主张通过研究不同"模式"来认识中国农村发展的原因。这样的研究恰恰抓住了中国社会的特点：谋全局与谋一域，综观全局和因地制宜的研究方法。中国特色社主义社会学的理论构建必须处理好掌握全局与因地制宜、一般通论与模式分析之间的关系。不谋全局者不足谋一域。中国近代以来的历史告诉我们,要善于总结好自己的实践经验。此外,把中国特色社会主义社会学写在中国大地上,还要处理好社会学理论发展与提高决策咨询水平之间的关系。社会学的根本目的是为中国社会主义现代化服务,为国家建设服务,社会学必须参与重大问题研究和提出解决方案,在参与实际问题解决和参与决策过程中发现规律,形成理论。这些理论不是抽象的理论,而是具有中国文化和中国经验内涵的理论。

1980年在谈到恢复重建中国社会学任务的艰巨性时,费孝通说道:"重建社会学这个任务真是谈何容易。我原本没有学好,又荒疏了这么久,即使有老本本可据,我也教不了。何况社会科学和自然科学不同,自然科学多少还可以向国外去搬,而社会科学则必须从自己土里长出来。"[①]由此可见,他始终强调的是,中国特色的社会学必须从中国社会主义现代化的伟大实践中生长出来。今天,全面建成小康社会和开启中国特色社会主义现代化建设新征程,为不断发展中国特色社会主义社会学开辟了广阔空间,也将为中国年轻一代社会学者进一步观察社会主义在中国的实践提供更多契机,年轻一代社会学者使命光荣,任重道远。

---

① 费孝通:《费孝通全集》第八卷,内蒙古人民出版社2009年版,第431页。

第一篇

面向中国实际的问题意识

  大家都应该承认这一点。一个站在饥饿边缘上的村庄对谁都没有好处。从这个意义上说，对这些基本措施，在中国人中间应该没有政治上的分歧。分歧之处是由于对事实的误述或歪曲。对人民实际情况的系统反映将有助于使这个国家相信，为了恢复广大群众的正常生活，现在迫切地需要一些政策。这不是一个哲学思考的问题，更不应该是各学派思想争论的问题。真正需要的是一种以可靠的情况为依据的常识性的判断。

——费孝通，《江村经济》（1938）

第一章
瑶山调查：立下中国社区研究的基石

广西瑶山调查是费孝通踏上长达75年的社会人类学探索征程的起点，也是形成他多元参照、互动认知思考问题方式的开始。从此，他逐步确立起"志在富民"，维护和促进民族团结的学术价值追求，以及文化反思、文化自觉、文化对话的思想风格。

在对瑶山开展调查之前，费孝通先后在燕京大学和清华大学进行了长达5年的社会学、人类学学习和训练，接触了当时社会学、人类学的前沿，写下了《〈野蛮人之性生活〉书后》《社会学家派克教授论中国》《派克及季亭史两家社会学学说几个根本的分歧点》《霍布浩士社会发展论概论》《介绍萨斯著〈初民社会和手工〉》等书评和研究心得。这期间，他还通过自己的姐姐、老师等了解现实社会发展，写下了《我们在农村建设事业中的经验》《社会变迁研究中都市和乡村》《复兴丝业的先声》《分析中华民族人种成分的方法和尝试》《社会研究中的价值问题》《写在〈汶上县的私塾组织〉的前面》等等，这些都奠定了他开展实地研究的理论、方法和思想基础。

一、立下中国社区研究的基石

（一）选择合适的方法研究中国社会

促成费孝通进行这次人类学调查的原因有很多，诸如，为了解中国境内各民族矛盾的"事实之真相"[①]，为摆脱当时中国社会学研究气氛带来的"苦闷"[②]，接受导师史禄国教授的建议[③]，以及得到张君劢支持与牵线搭桥[④]，等等。对此，笔者在这里不打算展开论述，而主要想探讨费孝通和王同惠（费孝通的第一任妻子）在瑶山调查中使用的理论和方法，以期对当代学术有所启迪。

像瑶山这样的社区在当时被学界称为简单的社区。费孝通决定从简单的社区开始自己的研究工作基于两个考虑，即中国社会的复杂性和在研究中将使用的方法的特质。费孝通和王同惠赴广西瑶山之前，已经做好了思想上的准备。据吴文藻后来追述，"行前我们有过多次谈话，大家都是很热烈，很兴奋。我们都认为要充分了解中国，必须研究中国全部，包括许多非汉民族在内"[⑤]的人群和社会组织。当时，全面把握整个中国社会似乎是费孝通和他的老师及同学们研究中国社会的基本目标——"我们以为欲彻底明了中国现代社会的真相和全相，除了研究汉族在边陲的移民社区，在内陆的农村社区，在沿海的都市社区，和在海外的华侨社区外，必须迅速的同时研究中国境内各种非汉

[①] 吴文藻：《〈花蓝瑶社会组织〉导言》，载《费孝通全集》第一卷，内蒙古人民出版社2009年版，第445页。
[②] 费孝通：《桂行通讯尾声》，《益世报》1936年6月3日。
[③] 费孝通：《学历自述》，《文献》1981年第9期。
[④] R. David Arkush, *Fei Xiaotong and Sociology in Revolutionary China*, Published by Council on East Asian Studies, Harvard University and distributed by Harvard University Press, Cambridge (Massachusetts) and London, 1981, p.62.
[⑤] 吴文藻：《〈花蓝瑶社会组织〉导言》，载《费孝通全集》第一卷，内蒙古人民出版社2009年版，第436页。

族团的地方社区；因为满、蒙、回、藏以及西南诸土著民族，均为构成中华民族的分子，在过去和现在，均占有极重要的地位，自应列入整个社区研究和国家建设计划范围之内。"①

就费孝通来说，把认识整个中国作为自己研究社会的理想由来已久，他在几年前就已有这个思想。②在研究中国文化内部变异的情况中，他就发现"中国文化是一个极复杂的结构"③，这种复杂性一方面导源于中国的悠久历史④，另一方面则导源于那个时代中国由于内外矛盾而发生的"激变"。他写道，研究中国文化的困难之一"是它的复杂性，不但地域上有不同文化形式的存在，就是在一个形式中，内容亦极为错综"⑤。这批有志于认识中国社会的人，不仅仅局限于学术和社区研究，更立足于将民族问题作为国家事务的一部分，这也有助于我们理解20世纪90年代费孝通与英国学者那场"缺席的对话"。

在《中国文化内部变异的研究举例》和《分析中华民族人种成分的方法和尝试》两篇文章中，费孝通暗含了这样的思想，即中国境内的各民族由于相互融合，都在自己现有的文化中保留着其他民族的文化。在瑶山调查时，他进一步把这一思想明确为："现在遗留在边境上的非汉族，他们的文化结构，并不是和我们汉族本部文化毫不相关的。他们不但保存着我们历史的人民和文化，而且，即在目前，在族团的接触中相互发生极深刻的影响。"⑥这里的文化是一组特定族群共有的信念，包

---

① 吴文藻：《〈花蓝瑶社会组织〉导言》，载《费孝通全集》第一卷，内蒙古人民出版社2009年版，第442页。
② 参见《中国文化内部变异的研究举例》，《费孝通全集》第一卷，内蒙古人民出版社2009年版，第95页。
③ 参见《中国文化内部变异的研究举例》，《费孝通全集》第一卷，内蒙古人民出版社2009年版，第91页。
④ 参见《中国文化内部变异的研究举例》，《费孝通全集》第一卷，内蒙古人民出版社2009年版，第91页。
⑤ 费孝通：《桂行通讯尾声》，《益世报》1936年6月3日。
⑥ 费孝通：《桂行通讯尾声》，《益世报》1936年6月3日。

括信仰、情绪、情感、思想和价值、风俗习惯,并通过人们的行为表现出来。

中国境内的各民族之间的交流和融合自古以来就生生不息,从来没有停止过。对中国文化的这些认识客观上促成了费孝通先着手从少数民族地区开展自己的研究。他后来写道:"在这种困难之下,使我们想到边境上比较简单的社区中去,开始我们的工作。"①

(二)训练"体察"方法需要从简单到复杂

费孝通决定从简单社区开始进行研究的动因是他的"体察"方法。"体察"方法,又被称之为"局内人"研究方法。费孝通早期学术活动中形成的方法从三个方面决定了他的研究必须先从简单社区着手:第一,关于社会的整体性。每一文化要素只有在整体中才能显示自己的价值。他写道:"文化组织中各部分间具有微妙的搭配,在这搭配中的各部分并没有自身的价值,只有在这搭配里才有它的功能,所以要批评文化的任何部分,不能不先理清这个网络,认识它们所有相对的功能,然后才能恰得要处。"②后来,吴文藻针对费孝通的这个观点及其进入瑶山的动机又作了更进一步的解释,他指出:"在一个极简单的族团中,人口稀少,土地狭窄,生活技能鄙陋,因而在文化上,亦常呈一种较紧凑的现象。这种文化上高度的'有机的统一性',非内地较大的村落社区所可比拟的。这种社会各部的相关性和一贯性,都可以由'局内观察'得来。"③"局内观察"也就是"体察",几乎成为当时燕京社会学社的主要研究方法,而瑶山调查则是这种方法的首次尝试。后来林耀华的闽村调查、廖泰初的华北农村教育调查等,都是这种方法的展示。第二,

---

① 费孝通:《桂行通讯尾声》,《益世报》1936年6月3日。
② 费孝通:《桂行通讯尾声》,《益世报》1936年6月3日。
③ 吴文藻:《〈花蓝瑶社会组织〉导言》,载《费孝通全集》第一卷,内蒙古人民出版社2009年版,第442—443页。

"体察"方法是人类学家研究其他民族采用的基本方法,英国人类学家马林诺夫斯基(Malinowski Bronislaw Kaspar)在超卜连岛(Trobriand Island)成功地使用了这种方法。英国学者弗雷泽(J. G. Frazer)指出,马林诺夫斯基田野调查方法的特色,在于完全掌握了人类本质上的复杂性。马林诺夫斯基开启了人类学家必须亲身长期实地观察的先河,他认为,研究者必须与被研究者长期生活在一起,同吃、同住、用同一种语言交流,对于自己周围所发生的一切——琐碎的生活细节和有影响的重大事件,都作详细观察和记录,从中体察到人的心态。对心态问题的思考贯穿费孝通一生,他后来提出"各美其美、美人之美、美美与共、天下大同"的至理名言也可以在这个时期的探索中找到线索。但是,马林诺夫斯基的方法都是在对其他民族文化研究中应用的,一旦将其应用于本民族的研究,情况会怎么样?费孝通当时也考虑到了这个问题,说:"一个生长在某一文化中的人,好像鱼在水中,很不容易得到一个客观的态度。"① 这里,他又回到了他关于社会态度的理论。他认为:"在研究自己的心理状态时,自省法最是难用。"② 所以他主张,人类学者在研究本民族的文化时"要练习禅般的严格训练","训练的方法就是多观察几个和自身不同的文化结构"③。费孝通进入瑶山时,正值马林诺夫斯基进入超卜连岛19年整。在成为马林诺夫斯基的学生之前,费孝通正进行着一系列有系统的研究,这些研究后来被马林诺夫斯基称为"在人类学史上开辟了一条新径"。对于中国社会学者来说,瑶山调查仅仅是开始,吴文藻称瑶山调查"立下了社区研究的基石"④。

---

① 费孝通:《桂行通讯尾声》,《益世报》,1936年6月3日。
② 费孝通:《桂行通讯尾声》,《益世报》,1936年6月3日。
③ 费孝通:《桂行通讯尾声》,《益世报》,1936年6月3日。
④ 吴文藻:《〈花蓝瑶社会组织〉导言》,载《费孝通全集》第一卷,内蒙古人民出版社2009年版,第435页。

二、《花蓝瑶社会组织》的主要研究方法

（一）人种学的测量方法

人们现在看到的《花蓝瑶社会组织》一书并不是计划中的瑶山调查的全部，由于王同惠溺水而亡，费孝通受伤严重，瑶山调查在时间上仅仅进行了预定计划中的一部分。但他们的报告依然能够提供一个社区研究的"实例"。

通过《桂行通讯》可以看到，从研究内容上，瑶山调查试图在实地中展开费孝通早期研究的基本构架——关于中国社会和文化情况的全面认知，也可以将其视为费孝通在燕京大学和清华大学求学时期两项主要研究活动的延伸——人体测量和社会组织的研究，亦即体质人类学和文化人类学研究。

1935年9月，费孝通和王同惠到达南宁后即向广西省政府提交了《广西省人种及特种民族社会组织及其他文化特征研究计划》，拟将人种研究和社会组织研究作为此次调查的核心。他们关于人种研究目的有两个：一方面是以正确的数字确定人种的体型类别，另一方面则是通过人种的研究来了解中华民族的交流、迁移和融合。费孝通说道："人种研究之目的，除以正确数量规定人种体型类别外，尚可借以明了中国民族扩张、迁移之大势，及各族分布交融同化之概况。"[①]

在人体测量对象的选择中，除了考虑民族因素，费孝通还将不同职业的人列入测量计划开展调查，"此即为社会选择也"[②]。这实际上道出了他的另一个目的，即试图通过社会选择研究社会组织。此前，费孝通写了一篇题为《体质研究和社会选择》的文章，阐述了社会组织、社会分工、生产方式与人的生物基础之间的关系。在这篇文章中，他写道：

---

① 费孝通：《费孝通全集》第一卷，内蒙古人民出版社2009年版，第317页。
② 费孝通：《费孝通全集》第一卷，内蒙古人民出版社2009年版，第317页。

"人类之所以能有种种文化上的建设,是靠了人类能获得分工的利益"①,"在分工合作里,一方使人类的能力能产生较大的动力,一方使各分子互相倚赖而坚强其社会组织"②。在费孝通看来,文化、社会组织是和分工相联系的,而且从"人种分布的研究"中可以认识"各种各类"人种"在团体中的分布"③,进而也可以认识社会。因为一个社会,如上所述,是一个分工的组织,在分工的组织中需要各种体型的人,这样一来,他将体质研究与社会组织研究从深层次上打通了。

费孝通的体质测量和社会组织研究最终目的都是为了认识中国社会及文化的变迁与变异,但它分属于两个不同的问题。问题不同,采用的研究方法也不同。瑶山调查中的分工是:费孝通以人体测量为主(事实上,在人体测量的同时,他也进行了大量的社会组织和文化研究);王同惠以研究社会组织为主,其天才般的语言能力保证了调查的顺利进行。到瑶山后,她"不久就学会了山里的普通话,没有她,这研究显然是要毫无结果"④。每一部分的调查完成后,费孝通和王同惠总是要进行讨论,交换意见。费孝通采用了他在《分析中华民族人种成分的方法和尝试》中阐述的方法进行人体测量。人体测量的要求使费孝通不可能固定居住在一个社区,而必须来往于各村寨之间。他写道:"要研究广西人类学,一定须以县或更小的区域作单位。这一次的研究计划就包括瑶区附近的各县的人体测量工作。"⑤从9月中旬到12月初,他的人体测量取得大量数据,仅在花蓝瑶就测量了300多人。遗憾的是,因材料失散,现已无从对其进行分析。但从《桂行通讯》的许多零散描述中,可以看到这些材料的价值。在南宁测完人体后,费孝通曾初步推断:"他们在

---

① 费孝通:《体质研究与社会选择》,《北平晨报》1935年6月19日。
② 费孝通:《体质研究与社会选择》,《北平晨报》1935年6月19日。
③ 费孝通:《体质研究与社会选择》,《北平晨报》1935年6月19日。
④ 费孝通:《费孝通全集》第一卷,内蒙古人民出版社2009年版,第371页。
⑤ 费孝通:《费孝通全集》第一卷,内蒙古人民出版社2009年版,第324页。

体高和头形指数的关联表上所处的地位颇近于高丽华东人民,似多B类,现在材料尚少,不敢作何结论,但此已引起我们极有意义的推想了。"①在象县,他又写道,象县测量所得人体的体高和头形指数的"平均数已经足以见到广西人体质和华北、华东甚至广东的相差甚大了"②。

人在深层次有共通之处。费孝通在瑶山找到了这个东西,这是一种社会人类学中的人文主义精神,中国文化自古就有将道德置于崇高地位的优秀传统。体质测量固然不需要参与观察,也无须"体悉"被研究者的行为和心理状态,但它要求研究者有一种正确的伦理态度。当向导对当地村民解释调查的理由时说,对他们进行研究的目的是为了看看是否有病,以备"下次好带药来"③时,费孝通表示了自己的不认同,他认为"欺人的事毕竟是做不得"④,体现了人类学家的良知。

有许多研究方法可能使研究对象受到欺骗,其中之一是不告诉他们有关研究的事实或未获得他们的允诺,就直接对他们进行研究。一般而言,"欺骗"在社会调查中并不多见,在心理学和社会实验中却普遍存在。社会研究并非完全否认"欺骗",这要看研究的问题是什么。通常来说,社会态度的研究往往会发生这一情况。

(二)社会组织研究的"体察"方法

社会组织研究是瑶山调查计划的第二部分,其中还包含"借以明了中国民族扩张、迁移之大势,及各族分布交融同化之概况"⑤。他们原设想主要研究行政组织,"即省县政府治苗实况,与土司对苗之统治情

---

① 费孝通:《费孝通全集》第一卷,内蒙古人民出版社2009年版,第318页。
② 费孝通:《费孝通全集》第一卷,内蒙古人民出版社2009年版,第324—325页。
③ 费孝通:《费孝通全集》第一卷,内蒙古人民出版社2009年版,第334页。
④ 费孝通:《费孝通全集》第一卷,内蒙古人民出版社2009年版,第341页。
⑤ 费孝通:《费孝通全集》第一卷,内蒙古人民出版社2009年版,第317页。

形"①，但由于时间限制，他们不得不"择其与省行政上有密切关系之问题为主"②。他们计划中的社会组织研究方法是"与相关政府询问调查考核"和"以局内观察记录"③。文化特性的研究包括"人民、家庭、市集之组织，与风俗、习惯、美术、宗教及其他种种文化特性"④。

按照对广西省内语言分区以及他们各自的语言能力，费孝通和王同惠准备选择靠近湖南和贵州的三江县实施他们的研究计划。然而，到达柳州时他们得知，去三江的途中有匪徒"起事作乱"，因此不得不改变路线，最后去了象县大藤瑶山地区。瑶山不是费孝通最初计划中的调查地，就像超卜连岛最初也不是马林诺夫斯基预定的调查社区一样，他们在实地中修改了研究计划。要做到这些，需要研究者的应变能力和决断能力。实地调查中的计划只有在实地中才能得到修正。理想状态中的计划只有在理想状态的条件中才是可行的，在自然科学中这些已经不成问题，但在社会科学中，此类情况经常发生。

在社会组织研究中，费孝通和王同惠使用了他们计划中的"体察"方法，他们对于这种方法的使用有三点值得关注。其一，关于研究单位的选择。社会组织和文化的研究与人体测量不同，前者需要研究者居住在一个固定社区以便观察人们的行为。所以，在费孝通往返于花蓝瑶、板瑶等聚落之间的时候，王同惠在花蓝瑶东南乡的六巷居住了一个月，以局内观察者的身份研究花蓝瑶人的贞操观念、性关系、订婚、恋爱、权力机制、冲突、田产、节育、生育、离婚等情况。人类学的研究单位应视研究的问题而定。社区研究为人们提供了一套方法，但不能为人们提供一个固定的研究单位。其二，研究者与研究对象之间保持一种平等关系是研究能够顺利进行的必要条件。同时，它也可以使研究者不

---

① 费孝通：《费孝通全集》第一卷，内蒙古人民出版社2009年版，第317页。
② 费孝通：《费孝通全集》第一卷，内蒙古人民出版社2009年版，第317页。
③ 费孝通：《费孝通全集》第一卷，内蒙古人民出版社2009年版，第317页。
④ 费孝通：《费孝通全集》第一卷，内蒙古人民出版社2009年版，第317页。

为偏见所约束。虽然广西省将少数民族称为"特种民族",但是在没有到广西之前,费孝通就认为:"在中国历史上的贡献,广西并不逊于他省。"①在与当地人的交谈中,他感到:"在他们灰色的制服、简单朴实的轮廓上,的确描出了一种刻苦不尚浮华的性格;谈话总带着一种急于求知、自觉不足的态度,这种态度致使我们自愧到不知对答。"②这种不抱偏见的态度是他们后来得以顺利进入社区的条件之一。在王桑,费孝通放弃了用相机获取资料的机会,因为他觉得在研究对象不理解照相机意义的情况下,绘画的效果会更好。他将每一个细小的枝节都视为与研究对象接近的机会紧紧抓住不放。其三,在平等基础上创造研究者与研究对象之间的融洽关系和气氛是实地研究不可缺少的要求。在瑶山,费孝通和王同惠创造出了这样一种气氛:抽烟、喝酒,都被视为实地研究中不可忽视的细节。他说:"在一生人面前,不能畅怀豪饮,无形中就会在主客之中造下一道心理上的隔膜和怀疑。这时,我才感觉到喝酒的重要了。而且在半醉之中,交涉事情也容易获得同意。"③

在日常生活中,待人接物、日常交往作为平凡的行为为人们所司空见惯,且作为常规为人们所遵守;对于人类学家来说,它们却提供了一种有序化和普遍化的研究程序,人类学家可以从中获得对于研究对象的行为及内心状态的系统了解。研究对象在交往中的体态和语气都会使研究者获得深层意义的收获。"体察"调查在许多情况下可不必按照程序化(社会调查则十分注重这一点)方式进行。这种非程序化表达的意义往往也不是预先设定的,即在融洽的交往气氛中,被研究者已经不再留心自己是对方的一个研究对象,而更关注交往中的友谊和真诚,从而使自己的言语和内心世界自然地流露出来。马林诺夫斯基精通此道,所以

---

① 费孝通:《费孝通全集》第一卷,内蒙古人民出版社2009年版,第314页。
② 费孝通:《费孝通全集》第一卷,内蒙古人民出版社2009年版,第314页。
③ 费孝通:《费孝通全集》第一卷,内蒙古人民出版社2009年版,第332页。

弗雷泽称他抓住了人类的本性，即不能把人当作一种纯理性的东西。得意忘形下的人会把自己的一切——理性和非理性的——都端给人们。回答式的调查往往会将研究对象局限于一个考试般的环境，在这种环境下，研究对象往往省掉了本来可通过语言表达出来的情绪，语言也按照回答的规则进行，并且比自然交谈有更大的概括性。

费孝通和王同惠在瑶山考察时，廖泰初在北平撰文，对于"体察"方法发表看法。他主张，调查者既要调查某一社会的情形，同时又要使当地人不知道自己的使命。费孝通当时并不知道廖的这篇文章，只是他在实地中得出了另外的认识："要研究民族学，在实地观察中最重要的精神是坦白和诚实，坦白和诚实能赢得同情，也可以避免危险。"①

（三）"体察"方法中的语言艺术

当然，在瑶山调查中，语言作为一种交流工具对于费孝通来说并不那么自如，"真的，我们到了山里，我说的话就没有人懂"②。在"体察"方法中，语言的意义是最不应当被忽视的。适当地应用这个工具的艺术是确保调查深入细致的前提。对于语言的掌握不单是语义问题，它还包括语调和体态，通过这些，研究者可以体验和理解到研究对象的内心世界。因为，理解是在语义分析时，进入心理转换或成功地进入他人意境。对于研究者来说，他自身的语言已经是一种基本的先见，要客观地理解研究对象，他必须学会后者的语言。

由于语言的限制，费孝通未能对瑶族支系做出更恰当的分析。43年后（即1979年），他写道："我30年代初到大瑶山时，由于缺乏语言学的训练，没有从语言学的角度来研究这五种不同自称的人的关系，而简单

---

① 费孝通：《费孝通全集》第一卷，内蒙古人民出版社2009年版，第334页。
② 费孝通：《费孝通全集》第一卷，内蒙古人民出版社2009年版，第371页。

地把他们看成是大瑶山瑶族的五个支系。"①

目前来看，《花蓝瑶社会组织》是除《桂行通讯》之外，瑶山调查留下的唯一资料，是瑶山调查资料的一部分。这部作品于20世纪80年代再版时，费孝通写道："这书既作为历史资料，重版时除了族名改用解放后确定的名称外，一字未改。"②

吴文藻在阐发《花蓝瑶社会组织》的理论时曾写道："社会文化，亦可简称'社会组织'，其作用在于调适人与人之间的关系，乃应付社会环境的结果。"③文化的含义在这里已经阐述得非常明确，即文化实际上是人们的行为规范。在该书中，费孝通和王同惠认为："花蓝瑶中最基本的社会组织是家庭"④，而"家庭组织最基本的功能是它能形成一个经济活动的单位"⑤。在家庭组织的基础上，他又分析了更上游的组织，即亲属和村落，最终向我们展示了"一个很复杂的族团间的关系网络。在这种网络中族团单位永远是在流动中。但是依现有状态而论，比较明显的族团单位，以言语、文化、团体意识、内婚范围为区别的基础，是花蓝、坳瑶、茶山、滴水花蓝、板瑶、山子等名称所包括的团体。……但是因汉族受外族的压力，在形成一更大的'中华民族'的向心动向下，对于诸瑶族团采取了很强的同化作用"⑥，因此"诸族团原有的文化遗产及其社会组织在最近的将来会发生激烈的变化"⑦。

---

① 费孝通：《〈盘村瑶族〉序》，《读书》1983年第1期。
② 费孝通：《费孝通全集》第一卷，内蒙古人民出版社2009年版，第451页。
③ 吴文藻：《〈花蓝瑶社会组织〉导言》，载《费孝通全集》第一卷，内蒙古人民出版社2009年版，第439页。
④ 费孝通：《费孝通全集》第一卷，内蒙古人民出版社2009年版，第376页。
⑤ 费孝通：《费孝通全集》第一卷，内蒙古人民出版社2009年版，第397页。
⑥ 费孝通：《费孝通全集》第一卷，内蒙古人民出版社2009年版，第430页。
⑦ 费孝通：《费孝通全集》第一卷，内蒙古人民出版社2009年版，第430页。

三、《花蓝瑶社会组织》资料安排方法

（一）整体性分析方法

整体性的分析在《花蓝瑶社会组织》中表现在两个方面：一方面，费孝通采用"区位组织"①来解释各种制度及其意义。例如，他用土地问题来说明板瑶在瑶山诸族团中的地位以及板瑶的村落组织。由于板瑶入山较晚，而土地已被长毛瑶占据，板瑶只得租地种，且板瑶多种旱地。"旱地收成少，一家所占的地要大，不能聚居成较大的村落。"②另一方面，他又用整体的观点来解释制度存在的意义，最为典型的例子是对于山中堕胎和杀婴习俗的解释，并认为这习俗是对于"现有瑶山处境的一种适应"③。他写道："没有土地来生产当然不能生活，因之，瑶山中的人口数量一定有一个限制，瑶人为避免种种自然的限制人口方法，而采取人工的限制方法，自然有它聪明的地方。"④这"聪明"的地方就在于当地人民以道德来约束利益驱动，最终应对生态濒危。这么淳朴的社会规范在初民部落都可以做到，为什么在现代社会就那么困难？中国文化强调"天人合一"，意思就是人需要根据环境调整自身的行为以顺应自然。他的这种分析颇有功能派的味道，从中也可看到结构功能主义思想对他的影响。功能主义内含一种人文精神，一种超越人类中心主义的精神，它把人与自然放在一个系统中去理解。进一步说，费孝通的文明冲突思想也可以追溯到这个时期，在后来的研究中，他始终尊重他者，尊重差别，提倡文化多元一体和文化之间的相互补充。

---

① "区位组织"是费孝通在《桂行通讯》和《花蓝瑶社会组织》中用在多处的概念，笔者认为他的主要含义是生产各要素及其空间关系，包含吴文藻所谓"社会环境"，但"区位"意义更宽泛。
② 费孝通：《费孝通全集》第一卷，内蒙古人民出版社2009年版，第352页。
③ 费孝通：《费孝通全集》第一卷，内蒙古人民出版社2009年版，第378页。
④ 费孝通：《社会研究中的价值问题》，《益世报》1936年6月24日。

另外，费孝通还试图从历史的角度来阐述瑶山中各族团的关系。瑶山调查的意义正如吴文藻所说：它鼓舞着这一班研究社会人类学的人，要在王同惠永远的灵感中继续奋斗。《桂行通讯》开创以实地中的写实来展示一种有骨有肉的社区研究方法之先河。《花蓝瑶社会组织》除了为人们提供研究家庭和民族的资料，还会使人们看到怎样在一个社会整体中显示一项制度的价值。

当费孝通在瑶山开展实地调查时，英国社会人类学家布朗（A. R. Radcliffe-Brown）正在燕京大学访问讲学，他把社会调查和社会学调查区别开来，认为社会调查只是"要依据某一部分事实的考察，来验证一套社会学理论或'试用的假设'的"①。在文化人类学中，功能理论本身就是一种假设，是一种对现实进行解释的理论框架。根据这种理论框架，研究者可以视每一种社会现象都有它自身的功能，社会环境对它有一种功能需求。基于这样的理解，研究者会揭示整个社会结构，使被研究的问题得以解释。换句话说，功能是通过对整体分析，发现被研究的问题赖以存在的社会文化和生态环境。布朗说："功能主义意味着把人们的生活看成是一个整体，一个功能统一体"，"当然，这种社会系统的统一性是一个假设"。②虽然布朗本人在田野工作中没有特殊建树，但他对功能主义理论却有独到见解。他发展理论的基本逻辑可以归为归纳主义，即试图从大量的社会现象中总结出一套社会整体的理论。

（二）事实中构建观察结果

在人类学研究中，研究自己民族的人类学家不但可以获得许多别的民族的人类学家难以获得的资料，节省更多的时间，如果秉持客观中

---

① ［英］拉德克利夫–布朗：《对于中国乡村生活社会学调查的建议》，吴文藻编译，《社会学界》1936年第9卷。
② ［英］拉德克利夫–布朗：《社会人类学方法》，夏建中译，山东人民出版社1988年版，第17页。

立的价值原则,他还可以获得更多的真实资料。而异族人类学家出入社区来审视自己的研究对象,一开始很难深入到社区内部,获得的资料也可能是表面的。面对这种情况,人类学家的个人能力尤为重要,研究的水平和质量取决于研究者与被研究者之间的沟通。沟通需相互信任和理解。各个民族都是人类族群的一部分,人性是相通的。当一个人类学家站在研究对象之外审视这个对象时,他是在说明这个对象,一旦他深入其中,就变成了理解。"说明"是人类学家基于自己的知识和文化背景来表述自己的观察,"理解"则是人类学家从被研究对象的认知来表述问题。这个方法最早出现在德国学者狄尔泰(Wilhelm Dilthey)的著作中,并通过狄尔泰的解释达到巅峰,成为人文科学与自然科学的分水岭。

社区研究是费孝通试图获得"人类社会生活中的基本原则"①的手段,但费孝通认为,社会学家和人类学家绝不仅仅是社会活动的记录者,更重要的是他是一个解释者。社会学家和人类学家的任务"就是在说明各种活动对于人类生活上所有的功能。因之他不能以记录事实为已足,而要在事实中构成他的理论"②。费孝通认为,和事实没有亲密接触的人是最不适合解释这些事实的。③因此,"学者自己是应当直接在可能的亲密的观察中去采访一切和他的理论有关的事实。他在实地里检讨他原有的概念,他在实地里发现新的问题,以求他自己认为最充分的了解。这样,社会科学也许更容易得到较健全的基础"④。

穿越时空近90年,物是人非。瑶山调查作为人类学一段刻骨铭心的历史对人类学者是一个永远的激励。费孝通和王同惠的探索以及他们的研究成果《花蓝瑶社会组织》是中国社区研究的一个不可撼动的里程碑。

---

① 费孝通:《费孝通全集》第三卷,内蒙古人民出版社2009年版,第95页。
② 费孝通:《费孝通全集》第三卷,内蒙古人民出版社2009年版,第95页。
③ 费孝通:《费孝通全集》第三卷,内蒙古人民出版社2009年版,第95页。
④ 费孝通:《费孝通全集》第三卷,内蒙古人民出版社2009年版,第96页。

第二章
费孝通与"现代中国社会学派"①

  1936年初,费孝通赴广州养伤并整理《花蓝瑶社会组织》的前三章。同年4月,他离开广州赴上海继续养伤和整理《花蓝瑶社会组织》的第四、五章。在上海,他遇到了老友薛文雄,委托薛文雄帮助出版《花蓝瑶社会组织》。1936年5月,他从上海回到北平,住在同学林耀华[后来两人成为中央民族学院(今中央民族大学)的同事]处;6月底,他由北平赴江苏省吴江县(今苏州市吴江区)开弦弓村,寄住在生丝生产运销合作工厂里,开展实地研究,后来这些研究成为他的博士论文《中国农民的生活》(*Peasant Life in China*,后中文译为《江村经济》)的素材;9月初,他从上海离境赴英国跟随马林诺夫斯基攻读博士学位。
  "现代中国社会学派"是马林诺夫斯基于1938年10月在为费孝通的博士论文《中国农民的生活》所作的序中,对以吴文藻、费孝通等为代表的中国社会学学者在20世纪30年代用社区研究方法开展的系统性实地研究活动和对中国社会及其出路进行探索的一种概括。马林诺夫斯基写道:"费博士著作中的原理和内容,向我们揭示了现代中国社会学派的

---

① 马林诺夫斯基语,见《费孝通全集》第二卷,内蒙古人民出版社2009年版,第281页。

方法论基础是多么结实可靠。"①在这段论述之前，他提到了时任燕京大学社会学系主任的吴文藻1936年对伦敦政治经济学院的访问，他从吴文藻这次访问中得知，"中国社会学界已独立自发地组织起一场对文化变迁和应用人类学的真正问题进行学术上的攻关"②。他把这个正在"攻关"的群体称为"现代中国社会学派"。这也是后辈学者谈及费孝通及"现代中国社会学派"的由来。

探索"现代中国社会学派"的产生及其发展，对于梳理这段社会人类学的历史具有重要的学术价值，也对探索中国特色社会科学发展道路，构建中国哲学社会科学的国际话语体系具有启迪价值。这里所谓"现代中国社会学派"是指马林诺夫斯基在20世纪30年代所讲的以吴文藻为首的燕京大学社会学系所开展的社会学研究活动，特别是费孝通在这个群体中的活动和作用。诚然，"现代中国社会学派"先后经历了20世纪40年代费孝通领导的云南调查、20世纪80年代的小城镇和城乡一体化研究、边疆民族地区发展研究、大城市社区研究等，它们都构成了"现代中国社会学派"的重要内容。限于篇幅，这里只探讨"现代中国社会学派"在20世纪30年代的形成与发展，以期对中国社会学史有所贡献。

一、"现代中国社会学派"：时代背景与学术共同体

（一）把个人选择纳入全体中国人的共同要求

19世纪，许多国家遭受了西方国家的侵略和蹂躏，因此学习西方、摆脱压迫成为一些民族维持生存与发展的选择之一。对于这一点，西方学者也有类似看法，"面对亡国灭种前途所感受到的巨大痛苦，使越

---

① 费孝通：《江村经济：中国农民的生活》，江苏人民出版社1986年版，第4页。
② 费孝通：《江村经济：中国农民的生活》，江苏人民出版社1986年版，第3页。

来越多的中国人由改良阵营转向了革命阵营"①。20世纪30年代是中国历史上的革命时代。五四运动以来的文化和科学运动唤起了中国人对民族和国家发展道路的探索,这种探索到20世纪30年代已经由表层讨论发展到深入其内部的分析和研究,由理论探索转变为改良、改革和革命行动。换句话说,近代以来,中国知识分子选择"天下兴亡,匹夫有责"和"学以致用"的道路,即通过自己的学术研究来探索民族的前途和国家的出路,这一行为既可以从那个时代面临的挑战和变革中找到它的缘由,又可以从中国社会的文化及其结构中看到它的影子——面对外敌入侵和民族磨难,有血性的中国学者和人民都感受到了巨大的心理冲击和危机感。"现代中国社会学派"的世界观和思想风格以及理论与方法的形成时期,恰恰是近代国际上的各种经济、文化、社会思潮进入中国,并与中国文化发生冲突并融合的年代。这些,不能不在以吴文藻、费孝通为代表的"现代中国社会学派"的思想上打上深深的烙印。

从20世纪至今,中国学者对东西方文化的讨论、东西方发展道路的选择的思考和探索就一直没有停止过,只是到了20世纪中叶至20世纪70年代末,这种讨论有所停滞,20世纪80年代又在继续。种种争论,其实质就是各国和各民族在自己发展道路上的自我选择。以中国为例,西方文明先是零星地传入,后来成为汹涌大潮,并对中国既有的制度和文化产生了强烈的冲击,由此也产生了一系列的思想动向。追述五四运动以来关于东西方文化的讨论,同时考虑到当今人类处在新的历史阶段,因此,如何正确处理东西方文化的关系就显得尤为重要。今天,它已经演变成为国家治理体系和治理能力现代化的大命题。历经半个世纪的风雨沧桑,晚年的费孝通对这个问题看得比较清楚,他写道:"中西文化碰了头,中西文化的比较,就一直是中国知识分子关注的问题,他们围绕

---

① [美]斯图尔特·R. 施拉姆:《毛泽东的思想》(典藏本),田松年、杨德等译,中国人民大学出版社2013年版,第8页。

着中华民族的命运和中国的社会变迁,争论不休,可以说至今还在继续中。"①这个"碰了头"的首先是东西方文化观,接下来是中国现代化道路、中国文化出路和中国经济建设的道路。争论的背后就是中国知识分子所特有的推动民族复兴的使命感和历史责任感。这种源于民族自救的复兴之梦是近现代全体中国人的共同要求。百年现代化思潮演变一直围绕着民族复兴这一主线,换句话说,中国民族复兴与文化革命的命题及其讨论从来就没有分开过。

探讨中国社会及其文化背景,仅仅揭示了"现代中国社会学派"学术研究行为的一个方面,另一个方面必须从"现代中国社会学派"学术研究的环境及变动中去寻找。五四运动至1927年大革命期间,各种激化的社会矛盾,使蜕变中的中国社会陷入深深的危机,寻求中国的出路几乎成为每一个先进中国人的共同要求。1927年大革命的失败也唤起了先进中国知识分子的革命热情,他们在悲痛中冷静地思索着中国的未来和个人的前途。50年以后,费孝通在谈到这个问题时说:"1928年,我毕业于东吴附中……这正是1927年大革命失败,白色恐怖后的一年。当我在中学读书时,跟着许多进步的同学闹学生运动。北伐军进苏州后,我参加了当地民报副刊的编辑工作。革命的潮流激起了像我一样的许多青年的热情和憧憬。但是昙花一现,革命失败了。许多朋友,抓的抓,走的走,散了。""真是树欲静而风不止。社会上不合理的现象还是不断地来刺激我。学校里又发生了学潮,又有不少平时在一起的同学被开除或被迫转学了。我安不下心,坐不定了。我想,医生固然能治病,病源却不在个人而在社会,要治病人得先治社会。学医既然先学生理,治社会也得先学点社会原理。这样我才转学到燕大开始读社会学的。"②大革命深深地影响了费孝通的世界观。这场革命是费孝通成为人类学家和社会

---

① 费孝通:《费孝通文集》第十六卷,群言出版社2004年版,第56页。
② 费孝通:《从事社会学五十年》,天津人民出版社1981年版,第1—2页。

学家的开端,也是他生平事业的转折点。从此,和千千万万先进的中国人一道,费孝通转向对中国社会出路的求索。

(二)从全盘吸收西方文化转向对中国问题的深入研究

五四运动始于1919年。"中国接受西方影响的过程开始于19世纪中叶,并持续到20世纪中叶以后,但五四时期是一个巨大的转折点,从此以后一切都发生了新的变化。"①这个新的变化就是如何处理西方思想与东方文化的关系。以反"全盘西化"为标志的新启蒙运动便是在这样的年代发生的。新启蒙运动在一个更高的层次上展开了如何对待西方社会科学和文化的讨论。胡适和陈序经代表了"全盘西化"派,潘光旦和吴景超则代表了反"全盘西化"派。两派的斗争表面上看似是如何对待西方文化问题,实质上是如何看待各国的发展道路和发展规律问题,即是否承认每个国家、每个社会都有自己的特点和自己的发展道路。

这场争论中的反"全盘西化"派主将之一潘光旦后来对费孝通影响非常大。1985年5月,费孝通在谈到这个问题时说,潘光旦是他在燕京大学和清华大学求学时期接触最多的教授之一,"是他们把我带进社会学这个领域来的"②。当时燕大社会学系教授(如吴文藻、杨开道、许仕廉等)与清华大学社会学系教授(如陈达、吴景超、潘光旦等)关系甚密,而他们中间的联系主要靠两系的学生,如费孝通、杨庆堃、林耀华、黄迪等。费孝通的学士论文《亲迎婚俗之研究》曾得到潘光旦的指导——费孝通在入清华大学研究院之前就与潘光旦有交往并受其影响。1935年12月,得知费孝通和王同惠在广西大瑶山遭遇不测,潘光旦立即致电广西大学校长,请求其给予帮助。在清华期间,费孝通与潘光旦接

---

① [美]斯图尔特·R.施拉姆:《毛泽东的思想》(典藏本),田松年、杨德等译,中国人民大学出版社2013年版,第3页。
② 费孝通:《在"已故燕大、西南联大社会学教授学术成就研讨会"上的讲话》,《社会学研究》1988年第4期。

触甚多，差不多"每个礼拜总有机会见面，交谈"①。费孝通从中"看他们怎么生活，如何待人"②。费孝通从潘光旦身上"所学的不仅是做学问这一方面，更重要的是做人这一方面的道理"③。潘光旦对民族问题有着深刻的研究，当时就曾写下《再谈种族为文化原因之一》《当前民族问题的另一种说法》等一系列文章，他认为："民族的根本问题，具体言之，是一个人口的位育问题。"④费孝通说："我深切体会到在他们脑子里经常在想的是怎么把中国搞好，人民怎么富起来，别的都是次要的事情。我相信这几位老师做学问的主要目的还是在这个地方。这是他们做人的精神支柱。"⑤潘光旦以及其他教授使费孝通明白，搞社会学不是为了其他东西，就是为了使中国更好。这可以部分地解释为什么费孝通一生"志在富民"和坚定不移地推进面向人民的社会学。

如果说，"全盘西化"和反"全盘西化"的斗争打破了自五四运动以来隐含在中国社会科学研究中的一个基本假定——世界发展会趋于统一的模式和西方社会是人类社会发展的高级阶段，那么发生在20世纪30年代前后的学术上的论战则表明中国社会科学已经觉醒，开始从现实问题和现实发展来探索研究中国的现代化道路。

这些论战对费孝通学术思想发展产生了重要影响，尽管他对这场争论中的方法及方法论问题持有不同看法。1937年初，在致郑安仑的信中，费孝通明确地表明了自己的态度，严肃地批评了中国社会科学研

---

① 费孝通：《在"已故燕大、西南联大社会学教授学术成就研讨会"上的讲话》，《社会学研究》1988年第4期。
② 费孝通：《在"已故燕大、西南联大社会学教授学术成就研讨会"上的讲话》，《社会学研究》1988年第4期。
③ 费孝通：《在"已故燕大、西南联大社会学教授学术成就研讨会"上的讲话》，《社会学研究》1988年第4期。
④ 潘光旦：《民族的根本问题》，《华年》第5卷第10期。
⑤ 费孝通：《在"已故燕大、西南联大社会学教授学术成就研讨会"上的讲话》，《社会学研究》1988年第4期。

究中的"问题式"方法和利用外来理论套用中国社会的倾向,他写道:"现在中国的社会科学,因为国外文字书籍的输入,以为靠了些国外学者在实地所得的知识,可以用来推想中国的情形。他们其实假定着文化到处相同的原则,而这些原则本身在我们看来就是需要加以事实证明的。而且这假定根本就抹煞了加以详细研究的必要。若是我们一定要一个假定的话,不如先认为文化并不是到处都相同的。因为是不相同,所以我们要推究它不相同的地方,而同时亦不敢随意接受不是从本土事实中归纳出来的结论。这样,我们可以不必和人家争论中国文化现在是否尚处在封建阶段或是半封建阶段,我们的回答是:且慢用外国名词来形容中国事实,我们先得在实地详细看一下。"[①]发展中国社会科学必须从中国自身发展的实际入手,而不是用外来的概念来解释中国的事实;外国的理论是基于国外的经济和社会发展实际提出的理论解释,不能简单套用于中国的发展实际。费孝通提出,把外来理论和文化通过对中国的实地研究加以解释和修正,推动"现代中国社会学派"学术研究迈出坚实的一步。

1937年,费孝通在读了冀朝鼎的博士论文《中国历史上的基本经济区与水利事业的发展》(英文原名:*Key Economic Areas in Chinese History, as Revealed in the Development of Public Works for Water-Control*,1936)后认为,冀朝鼎的社会史研究在方法上是有创造性的,但也存在着难以克服的矛盾。费孝通写道,"我对于中国社会史研究,老实说,有一些过分地反感"[②]。他认为,当时中国社会史的讨论在方法上是一种"配格子"式的,这种方法的特点是以国外理论作框架,将中国的情况套入,却不能真正解决中国的问题。

---

① 费孝通:《伦市寄言:关于实地研究》,《益世报》1937年3月10日。
② 费孝通:《书评》,《益世报》1937年4月28日。

(三)"现代中国社会学派"是一个学术共同体

伴随着对西方文化模式的认识与反思,从实地研究的角度认识中国社会已成为中国社会科学发展的基本选择。中国实地研究在20世纪30年代前后得到蓬勃发展,"到实地去"成为献身于社会科学研究的学者们的一个信仰。1933年燕京大学社会学社主办的《社会研究》上发表了一篇宣言,声称:"社会研究的最终目的是挽救这沉沦之中的中华民族,我们以为任何可以实行的方案,其规定的办法,一定要根据已明了的事实……社会改革的方案若不根据广博的社会知识,其造孽的程度将远于小匠造大屋。但这一点却常常被人忽略了。"①可以将这一宣言视为"现代中国社会学派"的成立宣言。《社会研究》主要是由林耀华、费孝通、黄迪、廖泰初等人负责。吴文藻是一个杰出的导师,在许多方面影响了费孝通。大约1990年初,笔者去拜访冰心先生,谈到吴文藻时,冰心先生自豪地说,吴先生有四只"狗",即他的四个学生——林耀华、费孝通、黄迪和瞿同祖。他们都出生于1910年,都属狗。吴文藻早年就读于清华大学,曾参加过著名的五四运动,后留学美国,他一方面"直接接触了大量西方社会政治思想史和学说"②,受了西方文化的影响;另一方面,他又在国学大师梁启超等人的指导下学习社会学,积累了丰富的国学知识并熟悉中国传统的治学方法。这样的训练为他后来采用中西结合的方式研究中国社会打下了坚实的基础。吴文藻年长费孝通九岁。在燕大期间,费孝通几乎"读了他(指吴文藻——笔者注)书架上所有的或几乎所有的书"③。1952年院系调整,吴文藻与潘光旦、费孝通等都被调入中央民族学院,他们成为同事,后来又一道研究和翻译世界史。

费孝通和他的老师及同学们认识到,"要使社会科学成为民族自救

---

① 社会学社:《我们的自白》,《北平晨报》1934年1月10日。
② 吴文藻:《人类学社会学研究文集》,民族出版社1990年版,第338页。
③ 费孝通:《费孝通全集》第十二卷,内蒙古人民出版社2009年版,第388页。

的手段"①,"必须先从根本上了解中国国家本身的内容,可若要了解我国社会的内容,非从社会调查入手不可"②。探索国家、民族的前途与出路,必须从国情入手。20世纪30年代,费孝通和他的老师及同学们呼吁:"在中国现在的局势下,我们怕是即使人人都有热烈的情感和忠挚的态度,要改造中国,单因了对于中国社会没有正确和充分的认识,会将达到和希望相反的结果。所以,我们觉得中国社会科学的重要。"③这重要性就是认识国情。在这样的背景下,燕京大学社区研究的队伍发展起来了。以吴文藻为首的燕大社会学社汇集了一批有志于献身中国社会研究的年轻人。社会学社虽不是一个正式组织,却是由有共同志向的年轻人组成的、向心力极强的群体,这一点可以从费孝通前往瑶山和"江村"、李有义前往山西、林耀华前往福建、廖泰初前往河北的行动中看到,《社会研究》发表的《送行》一文中写道:"原野是最可爱的地方,是我们问题的所在,简单结实,那些从前只让太阳和月亮照到的社会事实,现在都在你们手下让你们支配了。世界只有一件事情最乐,发现事实,发现真理,留在后方的人只感到一股酸味儿,恨不能和你们携手同行。""这次行程不叫你们去游山玩水,更不是请你们去欣赏自然,简单说是盼望你们在自己的社区里发现了人群共同生活的通则原理,人和人、人和环境的一切关系。""风啸啸,雨茫茫,愿你们各自保重,请记得,没有苦,没有汗,拿不出成绩,不要你们回来,不认识你们,也无须再见。"④或许可以将《送行》视为中国社会科学史上的一首壮歌。如果说在1935年以前,"到实地去"还是一句口号,那么从1935年起,这个口号在社会学社变成了实际行动,并逐步变成了一套系统的社区研究计划并在实地中付诸实施。他们各自在自己的田野中做出了成绩:除了

---

① 社会学社:《送行》,《益世报》1936年8月26日。
② 社会学社:《送行》,《益世报》1936年8月26日。
③ 社会学社:《送行》,《益世报》1936年8月26日。
④ 社会学社:《送行》,《益世报》1936年8月26日。

王同惠的《花蓝瑶社会组织》和费孝通的《江村经济：中国农民的生活》（以下简称《江村经济》）外，林耀华写出了《福建的一个民族村》，杨庆堃写出了《山东的集市系统》，徐雍舜写出了《河北农村社区的诉讼》，廖泰初写出了《汶上县的私塾组织》，李有义写出了《山西的土地制度》，等等。到达英国后，费孝通依然与社会学社保持密切的联系，直到抗日战争全面爆发为止。后来，费孝通在致友人的一封信中指出，到实地去"是我们认为最正确的求学之道。这一点也许和我国传统的见解不十分相合"[1]。

二、国际社会学与"现代中国社会学派"

（一）社会学家帕克及其中国之行

1932年，美国芝加哥大学社会学系教授罗伯特·派克访问燕京大学并发表学术演讲。派克在燕大讲学期间声称自己是个"唯实论者"[2]（Realist）。唯实论是和唯名论（Nominalist）相对立的认识方法，后者坚持人们认识事实必须从事实的概念入手，而前者则认为只有从事实的实体入手才可能获得真正的知识。派克是从做新闻记者开始其社会学家生涯的，这就决定了他的思想特点和学术风格。派克主张从体验入手来了解社会及事实，因而与吉丁斯（F. H. Giddings）发生了分歧，由此产生了21世纪初美国社会学方法的两大派：以吉丁斯为首的重统计分析的哥伦比亚学派和以派克为首的重体验的芝加哥学派。吉丁斯领导的哥伦比亚大学社会学系全力提倡归纳法与统计方法。社会统计学在社会学中的广泛应用与吉丁斯的努力是分不开的。派克注重个人的直接经验和经验的交流，他认为"凡是经验到的都是真实，凡是可以交通的经验都是科

---

[1] 费孝通：《关于实地研究》，《社会研究》1937年第44期。
[2] 费孝通：《社会学家派克教授论中国》，《再生》1933年卷二第1期。

学"①,"这种态度就是詹姆斯之所谓过激的实验主义,所以他的方法,还是由他们的根本观点上发生的"②。

派克1899年曾留学德国,就读于弗里德里克-威廉(Friederich-Wilhelm)大学,在那里他选了第一门也是唯一的一门课,便是社会学。教授是齐美尔(G. Simmel)。众所周知,在齐美尔的全部方法论中,实际上包含了两个相反的方法:一方面,他反对用自然科学方法研究社会,而主张用直觉和经验的方法研究人类行为;另一方面,他又主张用归纳的方法研究社会,使社会学成为归纳的科学。派克还选修了齐美尔的伦理学和19世纪哲学。后来,他又师从文德尔班(W. Windelband)学习哲学并随其转入海德堡大学。文德尔班是狄尔泰的学生,和狄尔泰一样,文德尔班也坚持运用人文主义方法研究社会科学,他后来影响了马克斯·韦伯(Max Weber)。派克在文德尔班的指导下,从事社会学方法论的研究,并深受后者影响。后来他写成的博士论文《群众与公众》便是一部在德国"领悟"思潮影响下产生的方法论著作。

费孝通晚年又专门研读了派克的传记和著作,将其称为"重温派克社会学",并不无深情地说道:"在我的学术生命里,'派克来华'原也是一件偶然的巧遇,并不是我早就预料到的。但回想起来,这却是一件对我的一生起着关键作用的事。"③这个关键作用既表现在早期他因派克而进入社会学领域,也表现在20世纪70年代末恢复和重建社会学时,他主张建立"迈向人民的社会学"。总之,上述这些都与派克倡导社会学要研究社会现实有着密切的联系。

(二)人类学家布朗与燕京大学的中国社区研究计划

费孝通和王同惠赴广西调查后不久,功能派的一位代表人物布朗来

---

① 费孝通:《社会学家派克教授论中国》,《再生》1933年卷二第1期。
② 费孝通:《社会学家派克教授论中国》,《再生》1933年卷二第1期。
③ 费孝通:《费孝通文集》第十五卷,群言出版社2001年版,第136页。

到燕大讲学，对中国的实地研究提出了自己的建议。在这之前，燕大社会学社在《社会研究》上撰文，对今后的实地研究提出了设想："以提倡现代社区的实地研究为标志……考察社会事实，应采取功能的观点，有机的和动进的看法"①，一方面是"想来贯彻这种主张"②，另一方面是"推进这个既定的方针"③。实地研究是社会学社几年前就确定了的奋斗方向，布朗来华所讲授的功能派观点及对中国社区研究的建议对社会学社产生了重大影响。当时，现代中国社会学派的基本理论就是：以了解中国社会为宗旨，采用功能主义的方法。

（三）马林诺夫斯基的功能主义思想

在伦敦政治经济学院学习期间，费孝通参加了马林诺夫斯基"主持的每星期五下午举行的席明纳"④。了解马林诺夫斯基的某些思想可以从一个更大的背景来看费孝通关于体察方法的形成与意义。在马林诺夫斯基的学说中，社会事实被当作人类学的研究对象，且被分为两类：一类是可以估量的、可见的社会事实，诸如人口、地形、人口分布、所有权等。这类事实仅仅是对部落制度和文化分析作出粗略的概述。另一类是不可估量的社会事实。在马林诺夫斯基看来，人类学家的真正任务是要分析生活中的不可估量的事实。在马林诺夫斯基的研究中，不可估量的事实有：说话的腔调、交谈时的气氛——敌视和友谊的强烈程度、人们之间的同情与厌恶、虚荣心等细节。这些看不见的事实是社会结构的一部分，它像无数细线将家庭、村落结合起来。基于对社会事实的分类，马林诺夫斯基将研究方法分为两类：一类是数量分析，他并不是一

---

① 社会学社：《我们的自白》，《北平晨报》1934年1月10日。
② 吴文藻：《中国社区研究计划的商榷》，《社会研究》1936年5月复刊第1期。
③ 吴文藻：《中国社区研究计划的商榷》，《社会研究》1936年5月复刊第1期。
④ 费孝通：《读马老师遗著〈文化动态论〉书后》，载谢立中主编：《从马林诺斯基到费孝通：另类的功能主义》，社会科学文献出版社2010年版，第75页。

个否认数量分析的人类学家,而是一个基于社会事实类型采用不同方法的人;另一类是对于研究对象内心世界的分析,他提出人类学者要深入到研究对象的内心,在和交谈者一起生活中,了解人们的态度、心理变化。眼下没有材料可以证明马林诺夫斯基曾受了德国社会学的影响,但至少可以认为他受到弗雷泽的影响,弗雷泽在人类学领域享有崇高的声誉,"是因为发表了《金枝:巫术与宗教之研究》(1890)……其成果在人类学界堪称'后无来者'"①。

三、费孝通在"现代中国社会学派"创立时期的研究与思想

(一)费孝通早期研究方法的阶段性特征

从年龄和经历来看,费孝通是大革命时代的人。他参与了大革命时期的一些社会活动,并受大革命失败的影响转学到燕京大学,由学习医学转向学习社会学,正式开启了研究中国社会的学术生涯。尽管费孝通有许多显著的个人特征,但在总体上,他仍然具有"转变的一代"的基本特征。

费孝通的实地研究思想的形成可以分为两个阶段。

第一个阶段从1930年——特别是1932年派克来华——至1936年初。这是费孝通的实地研究理论的确立时期,主要包括形成"讨论中国社会问题的人能多切实研究工作而少作理论上的空谈"②和"空口谈民族问题是没有用处的"③等观点,以及客观知识的获得"一定要主观的深察体会"④的方法。其成果主要体现在《社会学家派克教授论中国》《人类学

---

① 《不列颠百科全书》国际中文版(修订版)第六卷,中国大百科全书出版社2007年版,第457页。
② 费孝通:《中国文化内部变异的研究举例》,《社会问题》1933年第9期。
③ 费孝通:《分析中华民族人种成分的方法和尝试》,《北平晨报》1934年10月17日。
④ 费孝通:《社会学家派克教授论中国》,《再生》1933年卷二第9期。

几大派》《派克及季亭史两家社会学学说几个根本的分歧点》《亲迎婚俗之研究》《分析中华民族人种成分的方法和尝试》以及《中国文化内部变异的研究举例》等研究论文中。

第二个阶段从1936年起到1937年底。这个阶段，费孝通明确地提出了对"社会研究有坚决的信仰"①，并对社区研究方法进行了论述。费孝通关于实地研究的基本理论与方法的阐述不像一般的社会理论形成于实地研究之前，而是在经历了两次实地研究之后才形成的。从瑶山回到北平后，他写下了《社会研究的关键》《论普遍与特殊》《社会研究能有用么》和《写在〈汶上县的私塾组织〉的前面》等研究论文。从江村到英国后，他又写出了《理论与实地研究》《关于实地研究》以及《伦市寄言：关于〈动变中的中国农村教育〉的通讯》等。事实上，在进入瑶山之前，他已经初步研究了实地研究的基本理论与方法，其主要点是体察以及体察方法与统计分析的关系。

1936年春夏，在读了廖泰初的《汶上县的私塾组织》后，费孝通写道："我读了泰初的《汶上县的私塾组织》，更使我对于社区研究有坚决的信仰。我们觉得这一篇文字不但证明了我们所有的方法和观点，是可以用来研究任何社会现象，而且觉得要正确地了解任何社会现象，我们的方法和观点也是最有效、最切实。"②廖泰初使用"功能的观点来实地研究一个中国传统的教育制度——私塾。所谓功能的观点就是把教育看做一种社会功能，教育制度看做相互关联的社会制度之一，它的生长、存在和变化处处和整个社会相呼应的"③。费孝通认为，中国除了私塾以外，其他现象，诸如信用合作、地方行政等，也可以如此方式进行研究。④

---

① 费孝通：《写在〈汶上县的私塾组织〉的前面》，《益世报》1936年8月12日。
② 费孝通：《写在〈汶上县的私塾组织〉的前面》，《益世报》1936年8月12日。
③ 费孝通：《写在〈汶上县的私塾组织〉的前面》，《益世报》1936年8月12日。
④ 费孝通：《写在〈汶上县的私塾组织〉的前面》，《益世报》1936年8月12日。

费孝通关于社区研究的观点是在英国留学期间才成熟和完善起来的。在谈到《江村经济》时，马林诺夫斯基说，它旨在说明构成江村农民消费、生产、分配和交易的经济体系与江村特定地理环境的关系，"以及与这个社区的社会结构的关系"①。费孝通认为，社区研究甚至整个社会科学的研究要有"一个综合的、实地的、对于本国的文化现象的认识"②，在这里，他提出了的中国社区研究的发展方向，也是中国社会科学的发展方向。他指出："综合的是和分科专门的、各不顾各的、偏面的相反"，即提倡多种学科之间的相互协作；"实地的，是和凭空的捏造的、抄袭的、不足考实的、雇用'劳工'间接搜集的相反"③。实现这一目标手段则是："须在一较小区域中做较久及较密切的体悉。多走路，多看码头是不成的。"④由此也可以理解在晚年他何以"行行重行行"。

（二）费孝通与燕京大学社会学社

燕京大学社会学社这个学术团体影响了费孝通，费孝通也给这个团体注入了生机，"他的继续不断的努力成了同人兴趣的中心"⑤。社会学社赞誉他是"一只陷阱压不死的活老虎，到处给人奇特和惊奇，他的能力是我们早已知道的，还有那看不见的能量，朋友们都敬重他"⑥。由此可以领会到，在20世纪30年代中期，费孝通和他所处的社会学共同体的意义。这个社会学共同体既影响了费孝通个人，也影响了社会学的发展，

---

① 费孝通：《费孝通全集》第二卷，内蒙古人民出版社2009年版，第68页。
② 费孝通：《伦市寄言：关于〈动变中的中国农村教育〉的通讯》，《益世报》1937年2月10日。
③ 费孝通：《伦市寄言：关于〈动变中的中国农村教育〉的通讯》，《益世报》1937年2月10日。
④ 费孝通：《伦市寄言：关于〈动变中的中国农村教育〉的通讯》，《益世报》1937年2月10日。
⑤ 社会学社：《送行》，《益世报》1936年8月26日第12版。
⑥ 社会学社：《送行》，《益世报》1936年8月26日第12版。

反之亦然。因此，了解这个共同体的目标和学术实践是了解费孝通思想的不可或缺的部分。

（三）费孝通早期的理论探索

费孝通的第一篇社会学论文是介绍派克与吉丁斯的，即《派克及季亭史两家社会学学说几个根本的分歧点》，文中有一部分专门探讨二者的研究方法，他写道："季亭史重统计方法，而派克则认为统计方法不足完全解释社会现象，故重个例方法。"[1]费孝通认为吉丁斯和派克在方法上的分歧导源于他们的社会观。从这篇文章中可以看出费孝通对派克情有独钟。他写道："派克并不是要排斥统计方法于社会学之外，只是认为统计方法决不是社会学的惟一方法。社会学的对象既在社会态度，而社会态度是变动不居，没有一个不变而一致的单位可得，自然无从统计。于是他提出个例方法，尤其是个人自述的经历视作社会学最宝贵的材料。"[2]在他看来，派克之所以注重个例是因为："个人生在社会中，一切行为和态度都不自觉地受社会习俗的支配。只有那些和习俗冲突的，才成为自觉的意见，所以我们要发现社会中各人相同的态度，必须从那个人不自觉的态度中发现出来，这是派克注重忏悔录式个人自述的原因。"[3]"这种个人平时不自觉的态度是社会所公有的。个人只是一般人的例子。在一个人的自述中，就能得到在同一社会中一般人的态度了。所以个例研究并不是个人主义者的研究方法。"[4]费孝通认为："统计方法是在求许多个体中的多数，个例方法是在从一个人的自述中发现一般的态度。前者才是最个人主义的方法，后者实是集合主义者的方法。"[5]在费

---

[1] 费孝通：《费孝通全集》第一卷，内蒙古人民出版社2009年版，第168页。
[2] 费孝通：《费孝通全集》第一卷，内蒙古人民出版社2009年版，第163页。
[3] 费孝通：《费孝通全集》第一卷，内蒙古人民出版社2009年版，第163页。
[4] 费孝通：《费孝通全集》第一卷，内蒙古人民出版社2009年版，第163页。
[5] 费孝通：《费孝通全集》第一卷，内蒙古人民出版社2009年版，第163—164页。

孝通看来，派克的方法是获得知识的有效途径，"因为他所给与人们的不是普通的知识而是生命，一种能用以行动的知识。这种知识并非单由客观的描摹可以获得，一定要有主观的深察体会才能得到，所以我说是生命"①。大卫·阿古什说，正是派克将费孝通从图书馆里解脱出来。不管阿古什说的是否准确，但至少费孝通承认，派克有一种魔力，这种魔力"能把他的学生从书本上解放出来，领到一个活的世界中去领悟人类生活的真相。这是他在社会学界中树下百年基石的工作"②。派克的魔力不仅表现在他访问燕京大学期间对燕大师生的影响，也表现在在芝加哥大学任教期间，在那里，他同样激励他的学生和同事到实地中开展社会学研究，他独特的经历使其社会学理论尽显特色。③

1933年下半年，在《杨宝龄的〈美国城市中俄籍摩洛根宗派之客民〉一文中，费孝通将派克的个例方法作了进一步发挥。首先，他认为文化的研究不可能全部采用统计方法，尤其是不能用统计方法推测社会的内部结构，他写道："由统计推测社会生活的内部时，就有种种困难，因为要从甲推测乙，先就需要肯定甲与乙的相关系数，而这种相关的甲乙若有一方是不能以数目表示的时候，分数就无从确定。"④其次，许多甚至大部分社会事实是统计方法无法测量的。"社会生活中有很多，甚至最重要的地方是无从统计的，因为统计需要不变的单位，而社会现象中要求到这种单位是不容易的，有时是不可能的"⑤，"如社会态度，人生理想的变迁只能加以描写，决不能归原于可以统计的单位"⑥。这里隐含了费孝通的一个重要观点：以个体为分析单位的统计方法与以整体为单

---

① 费孝通：《社会学家派克教授论中国》，《再生》1933年卷二第1期。
② 费孝通：《费孝通文集》第一卷，群言出版社1999年版，第125页。
③ George Ritzer, *Contemporary Sociology Theory and its Classical Roots: The Basics*, McGgraw-Hil, 2003, pp. 61—62.
④ 费孝通：《费孝通文集》第一卷，群言出版社1999年版，第100页。
⑤ 费孝通：《费孝通文集》第一卷，群言出版社1999年版，第100—101页。
⑥ 费孝通：《费孝通文集》第一卷，群言出版社1999年版，第100页。

位的人的行为和态度分析方法是冲突的,因而采用计量个体的统计方法来分析集体行为是不可能的。由此可见,费孝通的研究方法与他的社会观保持了一致性。

费孝通是在广州得知布朗来华讲学和燕京大学社会学社社区研究计划的,他在致林耀华的信中写道:"最近才听到燕京有向民族学方面发展的计划——若是同惠迟死一月,她要多么快活呢!"①吴文藻把功能方法规定为社区研究的基本方法,他提出:社区研究是"在一个特殊社区之内,社会生活的各个方面都密切的相互联系,而为一个整体,或体系中的各部分,在研究任何一方面,必须研究其他各方面的关系"②,"这就是说,每一种社会活动都有它的功能;而且只有发现它的功能时,才能了解它的意义"③。后来费孝通写道,关于社区研究,"这名词的好处和意义已有吴文藻先生几篇文字的解释,我想大家一定是明了了"④。吴文藻倡导的中国社区研究计划对费孝通产生了重要的影响。社区研究方法是集体智慧的结晶,吴文藻是他们的精神领袖,费孝通和他的同学践行了社区研究的方法,这说明"现代中国社会学派"从其诞生开始就是一个充满活力的学术共同体。

费孝通坚持"体察"方法的另一个动因是他的社会整体观。他认为,在社会研究,尤其是文化研究中,只有将社会和文化当成一个整体,深入其中体悉,才能客观地描述它。他写道:"当一个生长在社会变迁率较高地方的研究者,到一个和西洋文化接触较疏远的社区中去,因为当地变迁速率较低,积久传统下来的社会制度,经长期调适,他很自然地会发生'结构微妙'的欣赏态度。这态度对于研究者没有什么

---

① 费孝通:《关于追悼同惠的通讯》,《北平晨报》1936年1月12日。
② 吴文藻:《中国社区研究计划的商榷》,《社会研究》1936年5月复刊第一期。
③ 吴文藻:《中国社区研究计划的商榷》,《社会研究》1936年5月复刊第一期。
④ 费孝通:《伦市寄言:关于〈动变中的中国农村教育〉的通讯》,《益世报》1937年2月10日。

妨碍，因为在社会研究中，第一步的工作总是在发现文化部分间的关系和它在整个体系中所处的地位。"①费孝通在这里已经将"体察"的方法引申到如何来理解一个体系及其结构关系的层次上，从而也使得问题变成了方法论的问题，从这个方法论问题上可引出自埃米尔·迪尔凯姆（法语：Émile Durkheim）以来两种研究方法的争论，当代社会学称之为实证主义与反实证主义的争论。以反实证主义著称的迪尔凯姆和马克斯·韦伯主张，社会研究的目的在于理解被研究对象的意义。迪尔凯姆认为自然科学与社会科学之间存在着明显的区别，前者旨在进行外部的、事实的描述和因果规律的解释，后者则是与对文化现象的内在意义的移情的、直觉的理解有关。迪尔凯姆是早期实证主义的代表人物，在社会研究中，他另辟了一条新途径，即把社会科学类比自然科学，致力于所有科学的统一，他反对内省理论，认为内省是个人意志的、主观的，个人内省仅限于心理现象、精神性，而无法了解社会事实的超精神性。在早期的学术活动中，费孝通曾专门研究各派心理学中的内省问题②，这说明他对贯穿于社会研究方法论中的基本问题早就注意到了，而且作了深刻的思考和研究，还曾考察过这两种方法的渊源。③

现代中国社区研究始于实地调查中的个案研究，始于"现代中国社会学派"发起的对广西、山东、江苏、山西、福建等少数民族和农村地区的文化、经济、教育等所做的实地调查。这种调查"通过熟悉一个小村落的生活，我们犹如在显微镜下看到了整个中国的缩影"④。后来被马林诺夫斯基的另外一个学生弗雷德曼（Maurice Freedman）称为"微型社会学"，我国社会学界又称之为"社会学调查"——强调社会学的专业

---

① 费孝通：《从社会变迁到人口研究》，《益世报》1937年4月4日。
② 费孝通：《内省与意识》，《益世报》1934年4月23日。
③ 费孝通：《费孝通文集》第一卷，群言出版社1999年版，第152页。
④ 费孝通：《费孝通全集》第二卷，内蒙古人民出版社2009年版，第281页。

性，发现社会的基本规则和原理，坚持体察和定性分析，通过社会变迁了解社会现状，等等，以区别于一般的"社会调查"[①]。而费孝通和王同惠的瑶山调查则奠定了现代中国社会研究的基石。简言之，社区研究是20世纪30年代的一个学术共同体——燕京大学社会学社以探索国家前途和民族命运为己任在实地中的学术实践。

"现代中国社会学派"把人类学和社区研究的方法用于研究现代社会——"文明人"，尤其是从学术上关注中华民族前途和命运，关注中国在一个世纪中的磨难与奋争，从而突破了自弗雷泽到马林诺夫斯基以来人类学专注于"土著民族"的研究方法和风格。在全球视野中审视中国的一个个村庄及其社会变迁，这也恰恰是马林诺夫斯基所欣赏的和将其称为"现代中国社会学派"的重要缘由。从弗雷泽、马林诺夫斯基到"现代中国社会学派"，再到当代人类学，是一个人类学研究视野和研究方法不断扩大、不断创新的过程。21世纪的人类学聚焦全球变迁和全球化转型带来的一系列问题，如语言、种族和种族主义、民族和民族主义、性别、亲属家庭和婚姻、阶级和不平等、全球经济、政治和权力宗教、健康和疾病等等。[②] "现代中国社会学派"在这个进化过程中扮演了一个中间和过渡的角色。

---

① 韩明谟：《中国社会学调查研究方法和方法论发展的三个里程碑》，载谢立中主编：《从马林诺斯基到费孝通：另类的功能主义》，社会科学文献出版社2010年版，第233页。
② Kenneth J., Guest, *Essentials of Cultural Anthropology: A Toolkit for A Global Age*, W. W. Norton & Company, 2016, Preface.

第三章

文化自觉:"十六字箴言"

瑶山调查不仅启发了费孝通对边疆民族地区发展的认识,更引发了他对不同文化的思考。瑶山和江村这两个不同的社区类型,深化了他对不同发展方式和不同文化的认识、反思。从英国学成归国后,费孝通兼任云南大学和西南联合大学两校的教授。在教学和研究过程中,他组织并指导学生开展了其他类型的比较研究,其所著的《禄村农田》以及指导学生张之毅写成的《易村手工业》等就是这一时期的研究成果,从而促进了他对中国社会不同类型、不同区域的反思和认知。这些都成为他的阅历积淀和知识储备,为他后来进一步认识中国社会打下了坚实的基础。

费孝通晚年提出的"各美其美、美人之美、美美与共、天下大同"(简称"十六字箴言")的观点是其一生认识中国社会的思想升华。这一观点的提出可以溯源到他早年的社会学、人类学训练以及对少数民族地区和汉族地区的实地研究。这些训练和研究使他可以从跨文化的角度思考不同的社会结构、社会组织、文化模式如何共同相处。正如他后来所说的,他的文化自觉思想始于对于中国民族问题的认识。当然,这中间也不免受到他在国外留学及访问期间对不同文化的认识和反思的影响。他从美国芝加哥回到云南就深有感触地说:"世界缩小得太快,快到我们心理上竟赶不上有此准备。……我们传统的大家庭很有点像这时代世界的缩影。身世不同,互不了解的妯娌们,偏偏要住在一个家里,经营共同生活,于是误会、口角、骂街都是免不了的日常事务了。"①他从文化内省角度谈到了如何看待异文化的问题:"假定缺乏互相了解的人民间自己承认对别国人民不大了解,情形也就好得多。'不知为不知',然后可以知。若是对方有一种行为或是一种意见,看来或听来,不太合自己的脾胃时,先假定自己可能误会别人,正可慢一慢激动自己意气,平心静气地想一想,很多无谓的争执也就可以免除了。"②一个人一生的经历、认知会不断积淀在他的记忆中,尤其像费孝通这样勤于思考的学者更会在不断积累的记忆、不断增加的阅历中进行思想升华。关于这些,我们会在他后来的一系列研究和思考中感受到。

费孝通一生从事社会人类学研究和对中国发展问题的探索,他的学术思想,尤其是晚年提出的"十六字箴言",是对中国传统文化、中国百年历史和世界发展趋势的深刻思考,对认识和构建中国特色哲学社会科学包括社会学的发展有一定启示。

在这里我们选择把费孝通作为一个案例来讲述关于中国特色、中国风格、中国气派的哲学社会科学包括社会学的建设和"把论文写在祖国大地上"的中国故事。费孝通一生的研究,包括"十六字箴言"的提出,推动了中国社会学、人类学研究扎根祖国大地,又不失时机地将其推向世界。费孝通虽然是一位社会人类学家,但是他对中国文化的理解,对人的研究,尤其是他在探索中国乡村发展、中国文化与世界文化的交流交融方面的思考,对发展中国特色、中国风格、中国气派的哲学社会科学必有启迪。每个人都会经历他所生活的那个时代的历程,而他所经历的社会变化、观念变迁会在其个人思想中表现出来。个体之间、群体之间、国与国之间在19世纪、20世纪所经历的各种问题、各种思想

---

① 费孝通:《费孝通全集》第三卷,内蒙古人民出版社2009年版,第532—533页。
② 费孝通:《费孝通全集》第三卷,内蒙古人民出版社2009年版,第533页。

慢慢地固化为社会中的行为准则。像费孝通这样一位世纪学人,一生都在不断反思这种历史变迁,反思自己的个人经历,这在他晚期思想中表现得更加突出,他把这些习惯、规则加以提炼和总结,形成了"十六字箴言"。

费孝通作为中国共产党的亲密朋友,在几乎一个世纪的人生历程中与中国共产党同心同德,风雨同舟,探索中国乡村发展道路、中华民族多元一体格局和"天下大同"理想。他的"十六字箴言"是18、19世纪以来人类在工业革命和城市化进程中探索不同文化、不同共同体之间交往交流交融思想的集中反映。

一、"十六字箴言":"把论文写在祖国大地上"的中国故事

(一)从实求知:行行重行行

自从踏入社会人类学领域,费孝通首先在姐姐费达生的影响下关注中国乡村手工业、中国的城乡关系和工业化道路问题,这是他一生学术研究的起点。20世纪30年代,他在燕京大学求学时认识了吴文藻先生。燕京大学的三年里,他在吴文藻的指导下认识到:社会学要走中国化的道路,就需要深入实地调查研究。吴文藻的引导和教诲对费孝通的学术思想产生了重大影响,他"进入燕京大学所修第一门社会学的课程是吴文藻先生讲授的《西方社会思想史》"[①]。吴文藻是用汉语来讲授这门课的,这在当时的燕京大学实属不易。费孝通自认吴文藻是他从事社会学的学术源头,从此就跟定了吴文藻。后来他去英国留学是吴文藻帮助联系和协调的,西南联大时期的学术园地——"魁阁",也是在吴文藻支持下建立起来的。20世纪30年代初期,也就是费孝通在燕京大学和清华大学学习期间,吴文藻把当时国际上的社会学、人类学等学术思想向国内

---

① 费孝通:《费孝通文集》第十五卷,群言出版社2001年版,第135页。

学术界作了全面介绍，对费孝通产生了深刻影响，使其把握了当时国际人类学、社会学的发展前沿、来龙去脉、社会发生，为他后来的社会学和人类学研究奠定了坚实基础。吴文藻介绍的内容包括：文化人类学、现代法国社会学说、美国社会学说、德国系统社会学派、派克社会学思想、西方社区研究功能学派、印度社会和文化等等。[①]另外，吴文藻对社会学中国化的理论和实践，如民族与国家问题、边疆地区开发问题、社区研究问题等都进行了探讨。从吴文藻的早期影响，到费孝通本人对美国社会学家吉丁斯、派克等人的研究，和他在俄国人类学家史禄国指导下进行体质人类学研究，再到后来赴英国跟随马林诺夫斯基学习文化人类学等，最为重要的是他对中国前途命运的关注和对中国社会的实地研究，开启了他的"十六字箴言"的社会发生历程。

当时的中国，人口最多的是农民，要认识中国，就必须认识中国农民的生活。费孝通是从江苏省吴江县开弦弓村开始认识农民生活的。费达生是缫丝工作者，长期致力于把自己在日本学到的新的养蚕缫丝办法教给家乡一带的农民，帮助提高农民的收入。她还在开弦弓村办了一个丝厂，试图改变农民的生活。费达生与开弦弓村的乡亲们非常熟悉，关系密切。费孝通借助姐姐创造的社会环境，在赴英国跟随马林诺夫斯基学习社会人类学之前，到开弦弓村居住了一段时间。在那里，他实地研究了中国乡村工业和城乡关系，并把研究材料带到英国。在英国期间，姐姐又帮助他搜集了很多资料，作为博士论文的素材。他后来写成的博士论文《中国农民的生活》，又名《江村经济》，成为著名的人类学著作，被马林诺夫斯基誉为人类学历史上的里程碑，因为它第一次使用人类学方法研究中国这个东方文明古国，揭示了中国乡村社会的社会结构，描述了中国农民的生活，展示了由于发达国家工业化和机器产品倾销造成中国乡村手工业破产及农民生活的深刻变化。20世纪30年代后期

---

① 参见吴文藻《论社会学中国化》，商务印书馆2017年版。

到40年代初期,费孝通带领学生研究西南地区农村的社会经济结构,写出了著名的《禄村农田》等作品。20世纪40年代后期,费孝通又创作了另一代表作《乡土中国》,对传统中国的乡土社会进行了深刻研究和一定程度的国际比较,提出了用中国学术话语表述中国社会结构的"差序格局"和西洋社会结构的"团体格局"学说。1979年,费孝通受命恢复重建中国社会学,他再次从江村调查开启自己的社会学研究,从村落、小城镇、中小城市、大城市、区域,最后形成"全国一盘棋",不断拓展他关于中国农村发展和中华民族多元一体格局的思想。费孝通这个时期的研究思路是中国社会从传统的农业社会向城市社会转变和从改革开放到融入全球化进程的反映。他从村落开始,再到村落之间的比较,进而上升到一般理论概括,最后到全球文化之间的交往交流交融。他曾经说过,社区有大有小,小到村落,大到国家和全球,隐含了他对共同体问题的思考。这既是他思想的历程,也是人类社会发展和人们之间关系不断演变的历程。历史从哪里开始,逻辑就从哪里开始。

贯穿费孝通学术生涯的另外一条研究主线是民族问题。中国是个多民族国家,自从踏上社会人类学研究征程,他就开始关注中国民族问题。从吴文藻那里,他学习了民族学知识。吴文藻在20世纪20年代就开始关注民族和国家问题,1926年发表了《民族与国家》一文,从文化人类学视角探索民族和国家概念的提出及其含义,并指出:"民族与国家应有之区别:民族乃一种文化,不含政治意味,国家乃一种政治组织,备有文化基础。"[1] 20世纪30年代,在吴文藻影响下和在潘光旦的支持下,费孝通与王同惠进入广西大瑶山少数民族地区开展实地研究,研究少数民族社会组织、风俗习惯、人体结构等,试图发现该地区少数民族文化的基本特征和制度基础。然而,由于意外事故,王同惠不幸身亡,费孝通身受重伤,这次研究没有全部完成,成为中国人类学、民族学研究史上的一大憾事。新

---

[1] 吴文藻:《论社会学中国化》,商务印书馆2017年版,第419页。

中国成立之初，中央人民政府决定对少数民族开展识别工作。费孝通作为中央民族识别代表团成员和分团负责人深入贵州省等少数民族地区开展民族识别问题研究，写出了一系列有关中国少数民族问题的研究报告，这是他继20世纪30年代大瑶山实地调查之后又一次较深入地接触民族问题。20世纪50年代初，因院系调整，费孝通由清华大学转入中央民族学院担任副院长，后来又兼任国家民族事务委员会副主任，使他有更多机会参与到新中国成立后的少数民族地区发展和少数民族研究活动中。他在中央民族学院一直工作到20世纪70年代末，中间历经反右运动、"文化大革命"，他的研究工作被迫中断，这期间，他和吴文藻、冰心等人不得不做一些翻译工作。1979年，费孝通出任中国社会科学院民族研究所副所长，专注于民族问题研究，在这段时间里，他对少数民族地区进行调查，写出大量有关少数民族地区的文章，探讨少数民族地区文化、少数民族地区现代化、不同民族相互交往交流交融等问题，关注各民族之间的共同繁荣，最终在20世纪80年代提出"中华民族多元一体格局"的思想。这些著述对生活在中国境内的各个民族的历史起源、彼此间的交流交往交融的过程进行了溯源和叙述，对形成"中华民族多元一体格局"的人类学基础、文化基础、体质人类学基础、考古学基础作出了全面分析，成为脍炙人口的经典之作。从年轻时代踏入社会人类学领域，费孝通面对的是外敌入侵和中华民族遭受磨难的现实，因此，从文化人类学和体质人类学中探索中华民族的前途和命运成为费孝通救国救民的手段。从20世纪30年代到20世纪80年代末，历时半个世纪，经历风风雨雨，他初心不改，在个案调查、体质分析、考古资料分析以及宏观思考的基础上，不断用学术解释"中华民族多元一体格局"这一宏大课题。

费孝通的学术研究还有一个立足点是其国际视角。费孝通早年就开始关注国际问题，写下了一系列有关国际重大问题、重大话题的时事评论、文化研究著述，以及对不同国家的文化比较研究。他在20世纪30年代写下了《〈中日战争目击记〉译文前言》，40年代写下了《旅美寄言》

《雾里英伦》《初访美国》《美国你不应这样》《从伦敦会议到莫斯科会议》《美国人的性格》等大量的时局评论、学术随笔和研究专著。20世纪70年代初期,他与吴文藻、冰心一道翻译海斯(C. J. H. Hayes)、穆恩(P. T. Moon)、韦兰(J. W. Wayland)合著的《世界史》。70年代末,他又有更多机会出访和了解世界,写了大量的学术和时事评论,例如《赴美访学观感点滴》《访加巡回讲学纪要》《澳大利亚的土著居民》等等。晚年他又拿出一定时间研究国学,这些为他后来深入反思和认识世界做了知识储备,使他能够把对中国问题的研究基于历史、理论和国际视野有机结合起来,这也是他为什么能够提出"十六字箴言"的原因。国际视野和对国际问题的研究,一方面反映了他对国家和民族前途命运的关心,把国家和民族前途命运融入世界发展潮流和各国关系之中去探索;另一方面,也使他的实地研究能够提升到一个宏观层面,进而深化对中国问题的认识。这是思想大家、理论大家的研究素质。

  费孝通一生经历了国内的北伐战争、抗日战争、解放战争,国际上的两次世界大战、海湾战争等。1991年的海湾战争是以美国为首的联盟军队对伊拉克进行的一场战争,也是冷战结束后的第一次大规模武装冲突。这场战争激发了费孝通对人类命运的深度思考,内容涉及环境污染、人与地球的关系、人与人的关系、国与国的关系等。20世纪下半叶以来,尤其是海湾战争后,在一个日趋变化的世界里,如何处理国与国之间、民族与民族之间、文化与文化之间、宗教与宗教之间的关系成为全球治理的重大核心问题,也成为哲学社会科学包括社会学不能回避的重要议题。在20世纪90年代初期他就开始思考:"我们是否有理由在这里提出这样一个想法,21世纪要解决的主要问题之一是:各种不同文化的人,也就是怀着不同价值观念的人,怎样在这个经济上越来越息息相关的世界上和平共处。"[①]基于这样的想法,他把人与人之间的关系分

---

① 费孝通:《费孝通文集》第十一卷,群言出版社1999年版,第527页。

成了三个层次：一是人与自然的关系；二是人与人之间的关系；三是心与心之间的关系。他试图通过对这三种关系的分析来理解世界，分析人与自然的相处以及人与人、国与国的共存共荣等重大问题。这个时期的国际国内环境变化和学术交流、思想碰撞促成他提出了"十六字箴言"。这个至理名言既隐含了他长期对中国和其他国家的观察和思考，也包含了他对中国传统文化的认识和反思。"各美其美、美人之美、美美与共"这一带有人类学思想的文化理论与"天下大同"这一儒家倡导的"天下为公"的社会理想有机结合起来，形成中国学人对世界各国人民如何相处的解释、憧憬和愿景。这一思想既是对整个世界变迁的思考，也是对如何治理世界提出的具有中国特色、中国风格、中国气派的学术思考。

（二）各美其美：从文化自觉到文化自信

学术界把费孝通提出的"各美其美、美人之美、美美与共、天下大同"这一经典表述叫作"十六字箴言"[①]。的确，这16个字在各个领域受到广泛关注，脍炙人口，产生了广泛的社会影响。"各美其美"，强调的是个体、群体、亚文化、共同体的主体性、文化自信以及文化多元性；"美人之美"，强调的是个体、群体、亚文化、共同体的心态：文化认同、包容和相互欣赏；"美美与共"，强调的是个体、群体、亚文化、共同体的交往交流融合和友好相处状态；"天下大同"不仅是一种状态，同时又是一套规范，它希望人与人、群体与群体、国与国之间能够"和而不同"，只有"和而不同"，方有"天下大同"，这与中国传统文化中的"大同"既是一致的，又赋予其新时代的内涵。"十六字箴言"虽然构不成学科体系和学术体系，但是，其背后有强大的历史事实、发展经验、学科支撑和学术支撑，是费孝通近一个世纪学术探索的积淀，是极

---

① 李娅琳：《全球治理背景下费孝通"十六字箴言"的现实意义》，《荆楚学术》2018年7月号。

有中国特色的话语体系，具有极强的思想穿透力。关于这一点，费孝通在2001年10月的一次演讲中曾说过，"我反复申说这四个字（指'和而不同'——笔者注），包含着我个人对百年来社会学、人类学在认识世界方面诸多努力的一个总结，也隐含着我对人文重建工作基本精神的主张，更饱含着我对人文世界未来趋向的基本盼望和梦想"[①]。费孝通以自己的探索和实践表明，哲学社会科学包括社会学不应当只对当前的事务感兴趣，必须把重要思想当作长期社会进程的产物去研究，只有这样才会揭示其更深层次的含义，创造出更具穿透力的理论和思想。当前，探索中国特色、中国风格、中国气派的哲学社会科学包括社会学必须把对中国百年学术史上个人思想与社会结构长期演化的关系研究提上议程。

学术界专门针对"十六字箴言"的研究不多，大多是通过对文化自觉的研究来审视"十六字箴言"，主要表现在以下几个方面：一是认为"十六字箴言"表达了对人类命运的美好愿景[②]，提倡一种平和谦虚的文化心态，强调在全球治理背景下，世界不同民族应对本民族文化产生认同感，在此基础上尊重包容其他民族的文化，以此达到世界文化共存共荣局面。[③]增进各国人民之间的和谐共处，让人们继续从中获益是费孝通晚年学术反思的核心问题之一。[④]二是分析"各美其美"表现为文化自觉的内在逻辑："各美其美"是出发点，进而体现为"美人之美"，最终实现"美美与共、天下大同"的多元文化和谐一体格局。[⑤]要做到文化自

---

① 费孝通：《费孝通文集》第十一卷，群言出版社1999年版，第410页。
② 巨慧慧：《美美与共 天下大同——费孝通晚年对人类跨文明和睦相处的思考》，《学术交流》2017年第12期。
③ 李娅琳：《全球治理背景下费孝通"十六字箴言"的现实意义》，《荆楚学术》2018年7月号。
④ 刘亚秋：《从"文化自觉"到"文化创造性"——理解费孝通文化反思的一条线索》，《北京工业大学学报（社会科学版）》2020年第3期。
⑤ 初景波、田志亮：《费孝通的"美美与共"说探析》，《广西社会主义学院学报》2010年第1期。

觉,首先对自己的文化要有自知之明,其次在处理不同民族文化的关系问题时要树立"和而不同"的文化观。"和而不同"的辩证理念是费孝通文化自觉理论的要义和精义之所在。① 文化自觉就是强调文化主体性,至少包括两个基本过程:自知之明和自主适应。文化自觉的核心在于对特定文化中的"我"/"己"的理解,而文明的深层基础在于对人性的解释。探索文化自觉的目的在于确立全球化时代不同文化间和谐共处的规则。② 费孝通提出的文化自觉立足于文化大碰撞时代中国文明的适应性问题,其深层关怀便是文化创造性问题;他晚年在学术反思中既强调中国文化的独特性,也注意到文化自觉的个体层面。③ 文化自觉就是强调要加强对本国文化的认识,进而在全球化的背景下,增强我国在文化选择上的主动性。④ 文化自觉是费孝通的文化理想。⑤ 费孝通的文化自觉论述,是基于世界主义视角下开展的,他尤其关注社会行动者作为反思性、现代性以及跨文化交流的主要动力。⑥ 三是把费孝通的思想放在百年未有之大变局的时代背景下进行考察。研究费孝通的思想也是研究中国近百年的历史转型与发展。在寻求"从实求知"地认识中国的途径之余,费孝通更多思考的是如何超越自我,特别是在文化意义上的自我超越,这成为费孝通晚年思想的精华。⑦ 费孝通的文化思想形成可以划分为三个阶段:

---

① 方克立:《费孝通与"和而不同"文化观》,《中国社会科学院研究生院学报》2006年第6期。
② 刘亚秋:《全球化时代的"文化自觉"和人的主体性——费孝通学术反思的两个主题》,《人文杂志》2020年第12期。
③ 刘亚秋:《从"文化自觉"到"文化创造性"——理解费孝通文化反思的一条线索》,《北京工业大学学报(社会科学版)》2020年第3期。
④ 王君柏:《文化自觉:寻求中国社会学自身的坐标》,《社会科学辑刊》2019年第1期。
⑤ 张健旺:《费孝通"文化自觉"思想的意蕴》,《贵州大学学报(艺术版)》2017年第5期。
⑥ 廖文伟:《文化自觉与社会行动者》,《河北师范大学学报(哲学社会科学版)》2013年第6期。
⑦ 赵旭东:《文化自觉与人的相互看——由作品去理解费孝通思想的一种途径》,《武汉科技大学学报(社会科学版)》2019年第5期。

首先，从文化概念和田野调查入手，阐发整体性的文化构成及乡土中国的特征；其次，以经世致用的学术信念，从实求知、志在富民，努力推动引导型文化变迁；再次，在全球化背景下思考人类的未来，从掌握文化转型主导权的高度，倡导和实践文化自觉。① 四是也有学者将"十六字箴言"称为"和谐文化观"，主要指"各美其美、美人之美、美美与共"三个层次。只有达到了"美美与共"，才能实现"天下大同"的和谐文化。这一和谐文化思想贯穿了费孝通个人的学术文化自觉、民族文化自觉乃至关于人类的文化自觉。②

上述研究存在四个方面的问题：一是对"各美其美、美人之美、美美与共"阐述较多，对"天下大同"的意义挖掘较少，仅仅把"各美其美、美人之美、美美与共"归结为文化自觉是不够的。对费孝通强调的文化自觉探讨过多，而对其文化自信的思考关注不多。晚年费孝通讲道："中华文明有着悠久的历史和深厚的内涵，也有与'异文化'交流的丰富经验。我相信，在今后中国越来越广泛、深入地融入到世界的过程中，一定能为重构全球化和不同文明之间的关系做出应有的贡献。"③ 他还说道："中国的历史上，也出现过'盲目崇拜'和'闭关排外'的现象。希望今天的中国学术界，能够彻底抛弃妄自菲薄、盲目崇拜西方或者妄自尊大、闭关排外的心理。"④ 在这里，即使我们抛开"十六字箴言"，仅从费孝通一生的学术历程来研究他的思想，也不难看出他始终对中国文化充满信心，表现出了充分的文化自信，因此，简单地将"十六字箴言"解释为文化自觉是对费孝通思想的误解。二是关注文化

---

① 徐平：《费孝通文化思想演变及其文化自觉实践》，《中南民族大学学报（人文社会科学版）》2020年第1期。
② 张荣艳、刘金萍：《试论费孝通的和谐文化观》，《长春理工大学学报（社会科学版）》2008年第1期。
③ 费孝通：《费孝通全集》第十七卷，内蒙古人民出版社2009年版，第546页。
④ 费孝通：《费孝通全集》第十七卷，内蒙古人民出版社2009年版，第549页。

自觉而忽视了"天下大同"的"共同体"意义。很多人都忽视了费孝通的田野调查始于传统共同体的理论,更始于中国千年未有之大变局——中国乡村变迁。三是各类分析往往就思想论思想,没有将其放在一个历史大变局中去考察。这些都是笔者试图研究的问题,即"十六字箴言"中各个部分的历史和思想逻辑。四是迄今为止,人们对"十六字箴言"所具有的社会学意义还没有足够的认识,特别是在当前纷繁复杂的世界中如何处理各个族群之间、各个国家之间的关系,推动人类命运共同体建设,是一个重要的社会学视角。

(三)天下大同:人类命运关怀

"十六字箴言"中的"天下大同"既是对中国传统文化在新形势下的现实诠释,又是对共同体理论和思想的发展。工业革命、城市化打破人类几千年的原生态社会关系和人与自然的区位关系,带来千年未有之大变局;长期生活在农村的人们进入新的区位即城市社区,社会关系发生了深刻变化,形成了更多的人与人之间的互动。在新的人文区位和空间结构中,人类进行大规模生产,人口急剧增加,造成人与自然关系的紧张,又反过来进一步加深人与人之间关系的紧张,使人们面临的社会矛盾和社会问题空前复杂。经济的发展、技术的进步造就了地球村,地球变成了把诸多个体、群体联系在一起的远程通信社区。一方面,人们的全球意识不断增强;另一方面,在这个过程中,生活在不同国家的人们越来越意识到自己的地方身份,因此就越想要保护自己:这就是全球化背景下的网络通信全球化和自我意识的主体性之间的悖论。高度的地方化,是全球性的必要补充,其背后的观念、文化变得日趋复杂。

费孝通从开弦弓村开始认识中国农村社会、乡村手工业和城乡关系,20世纪30年代留学英国和40年代访问美国,使他有机会在东西方工业化和城市化的比较中深化自己对中国社会以及全球共同体的认识。

燕京大学期间,吴文藻不仅向费孝通介绍了派克的社区理论,也介绍了滕尼斯（德语：Ferdinand Tönnies）的共同体理论。滕尼斯的共同体理论与社会学意义上讨论的"社区"有所不同，它主要是为了说明从传统农业社会，尤其是欧洲农业社会向工业社会转型过程中的另外一种社会类型，一种欧洲经验和一种未来社会的憧憬，我们在《乡土中国》一书中似乎也可以看到滕尼斯理论的影子。他的共同体理论不仅是他本人，也是与他同时代的学者共同关心的问题，包括迪尔凯姆、马克思、韦伯等。共同体理论是那个时代社会大转型的理论概括和思想纪实，只是因为他们的经历、知识背景不同而从不同角度作出不同的解释罢了。"共同体"概念是滕尼斯及同时代学者对时代变革的共同反应，滕尼斯在这个问题上的研究更加系统和全面，他从多个视角进行了深入全面的分析和阐述。现代意义的"社区"经过19世纪以来的人类学家，尤其是文化人类学家的努力，后经以派克为首的芝加哥学派与芝加哥城市研究和城市发展问题密切结合，成为社会学意义上的研究方法和社会发展规划方法，芝加哥学派成为现代社区研究和社区建设的先驱。从马克思到滕尼斯，甚至在他们之前的学者探索共同体思想和理论，一方面是为了诠释人类经历由传统社会向现代社会转型出现的新的社会组织形态，另一方面是为了为未来社会发展寻求新的方向。共同体思想既是对历史的描述，也是未来的社会理想，与马克思开创的科学社会主义思想有着千丝万缕的联系。

　　传统共同体理论正面临百年未有之大变局的挑战。一是德语中的"共同体"（Gemeinschaft）与英语世界的"共同体"（Community）是各自独立起源和发展起来的，并大致形成相同的内容，在19世纪初期甚至之前，似乎并不存在着互相影响的问题。问题的核心是，19世纪后期，滕尼斯提出的"共同体"，与后来的欧洲的人类学家和美国人类学家、社会学家使用的"社区"作为一种研究方法和作为一种社会发展的实施计划之间是什么关系，这是问题的关键。派克是否曾受到过滕尼斯的影响以及他们之间是否存在继承关系，对于这些问题只有一些间接猜测，并没有确凿的证据，或许他们的研究及结论是各自独立发展起来的学术思想。二是一个好的理论不仅能够对历史和现实作出解释，还可能对未来提出愿景。对人类从漫长的农业社会转向快速变迁的工业社会作出解释，不能单靠一种理论，必须是多种理论。哲学社会科学需要多种视角来解释人类社会的大转型。孔德（Auguste Comte）、马克思、迪尔凯姆、韦伯为后人提供了分析问题的不同维度。人们今天依然使用这些理论来解释遇到的现实问题，是因为当代的社会进程在全球范围内依然处于从农业社会到工业社会转型中，尽管各国国情不一样，有的已经完成工业化，有的仍然处在农业社会，有的还处在转型过程中，信息化大大改变了现有的社会结构，出现了一些不同于历史上的现象。信息化的出现也使人们看到了现有的哲学社会科学理论还不够强大，人类期待强大的理论来对现实和未来作出新的解释和新的预测。三是可以肯定地说，共同体思想和社区研究方法不是单一的来源，它们来源于人类在不同文化环境下的长期思考，这是它们能够在各个民族得以应用和发展的文化和社会基础。共同体思想来源于19世纪各国思想家对于工业革命和城市化给人类社会带来深刻变革的全面反思，以及在这个反思过程中对人类社会发展模式的想象，由此也可理解滕尼斯在《共同体与社会》第一版出版时为什么把自己的学说与社会主义和共产主义思潮联系在一起。

共同体理论在工业革命进程中先是产生于德国，之后在美国经历了工业革命、城市化的挑战，在中国经历了农业社会向城市社会的转型。在这个转型过程中，工业文明与中国文化、中国社会传统结合在一起，形成了中国特色。关于这个特色，派克在20世纪30年代论中国的有关著述中已经作了阐述，他认为，中国是一个完成了的、成熟的文明。当前，中华民族共同体经过近百年演变，已经站在新的历史起点上。18世纪60年代，工业革命从欧洲发源，因各国文化、地理、历史、传统不同，在世界各地形成了不同的模式和不同的共同体形式，到20世纪后期经费孝通与中国传统文化和大同社会理念碰撞，于是产生了"各美其美、美人之美、美美与共、天下大同"的思想,其中凝聚了人类历史发展和思想智慧,成为全人类的共同理想。尤其是费孝通提出的"天下大同"的愿景,值得我们进一步思考和挖掘,使我们不断丰富人类对"共同体"的认知。

自工业革命发端至今,人类从传统农业社会转型到工业社会遇到了种种问题:人与人、族群与族群、国家与国家以及人类与环境的关系日趋紧张。从传统村落共同体的衰落到人们期待的全球共同体在当前面临的困境:它在基层层面演化成社区建设中的人与人、邻里与邻里之间如何相处的问题;在中间层面演化成族群与族群之间、民族与民族之间如何才能建立起共同发展的国家共同体的问题;在全球层面演化成如何构建人类命运共同体的问题——国与国之间如何相处,一道创新与发展,以及人类在这个地球上如何生存下去。新时代"天下大同"内涵的基本准则应当是:人类在技术进步和经济发展中得到了更加精美的食品、舒适的住房、良好的医疗、便捷的通信、快速的交通,亲情、友情不断增强;国家富强了,国与国之间的关系也处理好了;人类整体富裕,人与人之间的财富差距缩小,人类的生存环境改善。

当前的世界,确如费孝通所预言,进入一个民粹主义和大国博弈时代,维持世界和平、治理全球秩序、继续保持世界经济的活力更需要建设人类命运共同体。如何实现全球范围内、处在同一个互联网环境中、不同文化背景下的个体、群体、国家之间和平相处、共同发展,是当代全球治理的核心。人们对于目前的全球问题、各国关系、各个主权国家内生活的人民的不同思想和价值的理解往往是基于各自的利益,而没有更多关注其背后的文化,"实际上,全球化的根本问题是意识问题"[①]。"十六字箴言"中的"天下大同"已经对中国传统文化的"大同"进行

---

① [加]德里克·德克霍夫:《文化的肌肤:半个世纪的技术变革和文化变迁》(第二版),何道宽译,中国大百科全书出版社2020年版,第418页。

了革新，赋予其新的内涵，那就是，在全球经济一体化的新战国时代，人类必须通过"各美其美、美人之美、美美与共"实现"天下大同"。沿着百年社会发展脉络，费孝通把发端于工业革命初期的社会学和人类学对共同体和不同文化如何相处的探索延伸至当代国与国之间关系的处置、多元文化格局的认知，把传统"共同体"理论延伸至"天下大同"理想。这个新探索基于百年来各国交往交流交融的历史与现实以及不同国家的理论和思潮，最终与中国传统文化在中国社会主义现代化进程中碰了头。

如果说18、19世纪的思想家们试图用共同体理论来回应从传统农业社会向工业社会，从传统乡村生活向城市生活转变的千年未有之大变局，那么20世纪末、21世纪初期，提出"各美其美、美人之美、美美与共、天下大同"，则是中国学人对100多年来工业革命、城市化给人类带来的人与人关系新变化、人与自然关系新变化所作出的新的历史性回应。正如费孝通1992年在"北京大学社会学10年"纪念会议上的讲话中指出的："考虑到世界上不同文化、不同历史、不同心态的人今后必须和平共处，在这个地球上，我们不能不为已不能再关门自扫门前雪的人们，找出一条共同生活下去的出路。"[①]在这次讲话中，他分析了不同的文化，中国文化、印度文化以及西方文化，尤其对西方工业文明"讲了科学，促进了生产，发展了生产力"[②]给予肯定，同时也指出这种文明忽略了人与人之间如何相处的问题，"可活人又可杀人"[③]。换句话说，工业革命和城市化给人类带来了巨大的物质财富，也带来了人与自然、人与人之间的矛盾冲突以及人类命运面临的各种挑战等。到20世纪下半叶，这个发源于欧洲实践的理论、思想，在百年实践中逐步形成一个全球性

---

① 费孝通：《费孝通全集》第十四卷，内蒙古人民出版社2009年版，第43页。
② 费孝通：《费孝通全集》第十四卷，内蒙古人民出版社2009年版，第41页。
③ 费孝通：《费孝通全集》第十四卷，内蒙古人民出版社2009年版，第41页。

理论和认识全球的视角。费孝通晚年回顾这段历史的时候说，探讨各个文明之间如何相互交流、和平共处等问题不是现在才发生的，他自己在从事社会学、人类学初期就开始思考这类问题，那个时代探索这类问题的也不乏其人。回顾既往，人类历史上经常发生的人口迁徙、经济交往都伴随着相互交流与和平共处问题。工业革命至今的全球化进程中，主要工业化国家在寻求经济主导地位的过程中探索各个文明的起源，也就少不了探索世界各地不同文化之间广泛的交往交流交融的情况。从它们产生之日起，社会学、人类学、民族学等各类学科研究也一直关注这个领域。费孝通晚年基于自己长期的实地研究和理论思考，把现实中发生的各类事件与对社会发展进程的思考结合起来，探索人类的文化去向和人类社会的未来。当前，人类处在一个新的历史节点，一个不同于19世纪的时代节点上，目睹正在对全球产生深远影响的新冠肺炎疫情以及惨烈的俄乌冲突，学者们需要在一个更高层面上认识和重塑共同体愿景。

从中国古人提出的"天下大同"到近代西方学者提出"共同体"理论，再到"十六字箴言"，人类经历了从农业社会到工业社会的千年未有之大变局，以及近代以来百年未有之大变局，一个轮回，人类又站在了新的历史起点上。在新的历史起点上探索"共同体"，这正是"十六字箴言"的历史逻辑。在费孝通的"十六字箴言"中，"天下大同"强调了个体、群体乃至国家之间的基本准则和共同命运。这是近代以来，随着社会发展，人们对于新旧社会形态转型的积极回应。社会大转型必定有不同的发展方向，对于未来的不同预见和期待会在理论上反映出来。

在谈论"十六字箴言"和文化自觉时，费孝通经常提及"和而不同"。他写道："'和而不同'的状态，是一种非常高的境界，它是人们的理想。"[①]从空间和时间的理论建构看，"十六字箴言"立足中国、放

---

① 费孝通：《费孝通在2003：世纪学人遗稿》，中国社会科学出版社2005年版，第170页。

眼世界，是探索中国特色、中国风格、中国气派的哲学社会科学包括社会学的基础性探索，它既适用于个体之间的相处，也适用群体之间、国家之间的相处。也正是在这个意义上，我们认为它的形成，对于中国特色、中国风格、中国气派的哲学社会科学包括社会学定会有启迪作用。

二、费孝通"十六字箴言"对建设中国特色社会学的启示

（一）中国特色社会学必须立足中国实际解决中国问题

按照习近平总书记的要求，要建设和发展中国特色、中国风格、中国气派的哲学社会科学必须从中国社会主义现代化出发，立足5000多年中华文明以及中国百年学术史、思想史积累。"在5000多年文明进程中，中华民族创造了博大精深的灿烂文化，要使中华民族最基本的文化基因与当代文化相适应。"[①]百年来，中国学术界围绕着"学以致用"、"全盘西化"、反"全盘西化"、"中学为体，西学为用"等各种发展中国学术的路径进行了热烈讨论，甚至不乏激烈争论，总体上在探索中国社会主义革命和现代化建设等重大问题上迈出了坚实的步伐，也有个别学术研究完全或部分"西化"，没有真正体现出中国文化的主体性和为社会主义现代化服务的基本要求。

中国特色、中国风格、中国气派，有三个层次的意思。一是中国特色、中国风格、中国气派的哲学社会科学包括社会学，说到底就是要从中国实际出发，研究中国的实际问题，提出解决中国问题的方案，在这个过程中不断完善自己的学科体系、理论体系、方法体系、话语体系，使中国哲学社会科学包括社会学在世界文化和科学之林中显示中国文化的主体性。费孝通在20世纪60年代曾翻译乔治·埃尔顿·梅岳（George Elton Mayo）的著作《工业文明的社会问题》，这本书探索了社会团体

---

① 《习近平谈治国理政》第一卷，外文出版社2014年版，第161页。

和国家的有机合作推动文明建设问题,特别强调人与人之间的关系和对实际问题的关注,书中写道:"社会学已很发达,但主要是些获得学位的习题。教学生怎样写书去讨论别人的书。至于正常适应环境的心理学,谈得很少;对于实际生活的社会学以及有关人与人的亲密关系的社会学,则简直没有。真的,对于社会之中的个人的研究一年比一年来得重要了,但是学生们对于社会事实并不去做经常的和直接的接触。"[①]二是继承中国传统优秀文化,从中挖掘中国元素。每一哲学社会科学包括社会学学科的基本理论背后都基于特定的社会结构、文化结构和文化价值,离开这一点就不能理解中国特色、中国风格、中国气派。但对于这个问题,学术界过去忽视了,忽视了哲学家、社会科学家、社会学家是基于自己生活的社会、文化、历史环境去思考问题这一基本事实。事实上,任何哲学社会科学包括社会学背后的原理和理论,都是研究者、创立者基于自己所处社会的环境,对人和人的本质的理解和把握。社会科学不完全是跨文化和无国界的,这是新发展阶段认识哲学社会科学包括社会学必须把握好的基本方向。习近平总书记提出"中国特色、中国风格、中国气派"的指导思想,推动我们把对哲学社会科学包括社会学的认识提升到一个新的水平。过去,在使用和引用别国理论、社会科学原理、社会科学方法等方面往往忽视了历史、社会、文化因素,忽视了它们产生的社会结构和文化环境,把一些理论、方法照搬过来,结果水土不服,对现实问题不能做出合理解释,往深处说,就是缺乏对于这些理论和学科背后的文化价值的认识和分析。三是要敢于破除各种不利于推动中国特色、中国风格、中国气派的哲学社会科学包括社会学发展的桎梏,比如,简单以论文数量评价各种科研成果,强调"为学术而学术",而不关注"学术是有用的知识"和"能够服务于现代化的知识"这些基本常识和基本原则。在当下,中国特色、中国风格、中国气派就是要大

[①] 费孝通:《费孝通全集》第十九卷,内蒙古人民出版社2009年版,第33页。

张旗鼓地宣传和支持哲学社会科学包括社会学研究探索中国实际问题，生产有用的知识，生产能够服务于中国特色社会主义现代化建设的理论和方法。

（二）中国特色、中国风格、中国气派必须具有深厚的中国文化底蕴

全球治理，是建立在一定文化基础之上的。面对错综复杂的国际关系和全球格局的变化，文化的内容、文化建设自然应该纳入到全球治理议程中，通过对文化行为进行分析，使哲学社会科学包括社会学能够更具人文内涵。

在这里，我们依然举个费孝通的例子。费孝通早年对乡土社会治理的研究和理解始于对中国传统文化价值的认识，在《乡土中国》所探讨的礼治秩序中，"差序格局"是发生在中国农业社区中的社会关系模式，遵循着传统的人伦规则，即个体以自己为核心，以生活在一个很小区位上的"家"为单位，个体、家庭或家族是社会的核心，人们的社会空间从家庭往外拓展。这种认识源自对中国传统儒家文化的理解，孝、悌、忠、信都是支撑"差序格局"的私人道德要素，这些要素都始于"己"这样一个核心。由于自给自足的生活方式，乡土社会中的人们遵循的社会规范是从"己"出发的，以"己"为核心来处理人际关系，因此缺乏"团体格局"所具有的团体精神，人们处理各种事务离不开"己"以及由此展开的亲属关系。先修己，而后治人，由自己的"小己""小我"推及"大我"；由个人的"己心"，有时甚至是"私心"走向社群的"公心"。这也是为什么孔子注重"为己之学"的原因。团体道德的缺乏在处理公共事务中就表现出公共精神的缺乏。与西方或世界上其他一些国家相较而言，中国文化中没有热烈的宗教情结，立德修身向来是从做人出发的，尤其是把修己作为文化核心，正如国学大师钱穆所言，中国人做人之最高境界是道德与艺术。道德始于善，艺术始于美。费孝通在《乡土中国》

中讨论了乡土社会的重要治理模式,即社会规范,或者叫作"礼治"。在传统社会中,"礼"是大家认同的行为规范。这些社会规范通过一代代人的传承累积,形成经验和文化,在世世代代的生活中被证明是行之有效的,可以教给下一代,帮助他们处世为人。在个体出生之前,这套社会规范已经存在了,上一代通过教化来使"礼"内化于年轻一代的内心之中,年轻一代只要"学而时习之"就可以接受这些社会规范,由此规范自己的行为,融入社会生活,保持既定的社会秩序。社会规范就是这样在乡土社会中发挥作用的,构成乡土社会治理的基础。当然,费孝通也看到,对于快速变化的工业和城市化社会,乡土社会的"礼治"不能完全奏效。"孔子的社会思想的关键,我认为是推己及人。自己觉得对的才去做,自己感觉到不对的、不舒服的,就不要那样去对待人家。这是很基本的一点。"[①]"各美其美",既反映了费孝通对文化相对主义、文化多元理论的理解和认知,也反映了他对中国传统文化的深刻理解。不论是早年的研究还是晚年的思考,费孝通对于中国文化的理解,特别是在西南联大期间和抗战胜利后回到清华大学期间,受到吴晗、潘光旦等学者的影响,以及晚年研读梁漱溟、陈寅恪、钱穆等人的著作,都使他对这个问题有了更加深刻的认识,体现在他晚年的思想中。

从对人的理解来看费孝通对管理的认识,可以分成两个阶段来看。一个阶段是20世纪40年代,他在《人性和机器》一文中写道:"人是很复杂的,人的生活中固然不能没有经济活动,但是经济活动的目的是在成全人多方面生活的满足。若是为了客观财富的累积来牺牲人其他方面的要求,在我们看来是不合理和不合人性的悲剧。"[②]他在这里强调了工业社会中的社会问题,对工业社会的理解应当从人的因素入手。另一个阶段是20世纪90年代,费孝通提出"十六字箴言",其中的"美人之美"

---

① 费孝通:《费孝通全集》第十六卷,内蒙古人民出版社2009年版,第472页。
② 费孝通:《费孝通全集》第四卷,内蒙古人民出版社2009年版,第56页。

还有一层意思，就是一提到文化，不要老想着自己，"美人之美"是中国文化中处理人际关系很重要的方式，"老吾老以及人之老，幼吾幼以及人之幼"，就是告诉人们要推己及人。这个思想是费孝通从《乡土中国》的"差序格局"中推导出来的，是实实在在发生在中国文化中的东西，也是中国优秀文化的精髓。费孝通晚年看到世界上发生的各类事件，例如中东战争、"9·11"事件，以及他自己在学习国学的过程中进一步认识到东西方文化的差异，意识到西方的文化已经不能用来解释全球化出现的问题。面对全球化的各种问题，他认识到西方的一些基本理论暴露出很大的局限性，引发了一些新的问题，促使他进一步思考如何摆脱以自我为中心的文化理论。

如果说哲学社会科学包括社会学在过去主要聚焦于公共事务管理、经济事务管理、社会事务管理等一些主权国家内部的管理问题，那么在进入全球化时代，特别是经历了2020年的新冠肺炎疫情在全球的大暴发，如何处理好不同文化之间、不同心态之间、不同国家之间的关系应成为哲学社会科学包括社会学的重要内容。要处理好这样的关系和问题，文化是核心。跨文化之间的行为，群体与群体、国家与国家之间关系的管理，最需要的就是文化之间的沟通，相互包容，相互认同，相互尊重欣赏，在此基础上共同寻找解决问题的办法，这是当代哲学社会科学包括社会学应该关注和不能忽视的问题，也是新发展阶段推动哲学社会科学包括社会学发展的重要内容。中国特色、中国风格、中国气派的哲学社会科学包括社会学科应当遵循这样一个逻辑：不断地从微观走向中观，走向宏观，走向对全球各种关系的理解、处理和解决问题，最终形成能够解决各种复杂问题、全球问题的学科体系、方法体系，使中国特色、中国风格、中国气派的哲学社会科学包括社会学不断完善。到晚年，费孝通从全球化视角考虑族群与族群、国家与国家之间的关系，把人与人之间关系的处理提升到全球层面。当前反思中美贸易问题、新冠肺炎疫情全球大流行等，中国特色、中国风格、中国气派的哲学社会科学包括社会学应站在新的历史起点上，研究新问题，提出新的对策建议。

（三）建设迈向中国社会主义现代化的社会学

1979年，费孝通身体力行，按照党中央的部署牵头恢复重建中国社会学。在恢复重建初期，他就提出要建立迈向中国人民的社会学，迈向中国人民实际的人类学，要求社会学必须坚持历史唯物主义指导，从中国的实际出发，推动学科建设。在这一点上，作为一个社会人类学家，费孝通的思路非常清晰。他在20世纪80年代回答英国人类学家利奇的质疑时，解释了自己从事社会人类学的历史背景：20世纪初以来，费孝通等老一辈中国知识分子所选择的道路——"天下兴亡，匹夫有责"和"学以致用"，既可以从那个时代的变革中找到它的影子，又可以从中国社会的文化及其结构中看到它的影子。从20世纪初至今，中国学人对东西方文化的讨论、思考和探索就一直没有停止过，其实质就是中国人民对自身发展道路的探索不断深入。五四运动至1927年大革命期间，各种激化的社会矛盾使蜕变中的中国社会陷入深深的危机之中，寻求中国的出路几乎成了每一个先进中国人的要求，这是我们理解近现代中国哲学社会科学包括社会学发展的历史背景。正如费孝通后来所说的："从我的这种价值判断出发，我之所以弃医学人类学是可以为朋友们所理解的。我学人类学，简单地说，是想学习到一些认识中国社会的观点和方法，用我所得到的知识去推动中国社会的进步，所以是有所为而为的。"[①]如果不能理解这一点，就无法理解当年成千上万的学生、老师在西南联大的生活和工作。20世纪30年代中期，日本帝国主义向华北发动新的侵略，华北局势日益危急，为了防止突发事件和不利情况，北平各大学开始向大后方转移。华北事变之后，日军向天津进攻。南开大学也开始转移。西南联大在极其艰苦的环境下努力维持教学和研究，涌现出

---

① 费孝通：《费孝通全集》第十三卷，内蒙古人民出版社2009年版，第342页。

一批杰出的学者、杰出的研究成果，包括费孝通后来的许多著作，如《云南三村》《生育制度》等，也都是在那个时期艰苦的环境下产生的。创建中国特色、中国风格、中国气派的哲学社会科学包括社会学，必须重新回归到马克思主义的基本理论，即人是管理的核心。必须尊重人，尊重人性，尊重人的发展规律、发展需求。只有这样，才能够体现中国特色、中国风格、中国气派。尊重人，就是尊重客观规律；千规律，万规律，尊重人性是最根本的规律。事情虽然说起来简单，但在实际过程中，人们往往忽视了人，忽视了人性，忽视了人作为社会核心的基本观点，导致的结果是：经济管理只关注投入产出，关注GDP的增长；公共管理只关注组织构架、公共服务的设施设备；社会治理只关注手段，而不关心目的；科研管理完全用公司化、行政化的方式监管，忽视科研本身所具有的基本规律，忽视了创新；等等。这使我们的管理有形式无内容，不能体现新发展理念的根本要求。社会学是研究各种管理的科学，核心是对人的管理。对人的管理方式取决于对人的理解，尤其是对人的本性的理解，这是哲学社会科学包括社会学要抓住的根本性问题。就社会学来说，人是最复杂、最难以理解、最难以把握的研究对象。费孝通晚年曾经用三个"我"来解释人，叫作"说得出来的我""说不出来的我"和"不想说出来的我"。"说得出来的我"，就是作为个体的人用语言可以表达的自己，与人可以交流的自己；"说不出来的我"，是指人的内心中有自己能感知，但表达不出来的自己，中国语言里面有"不言而喻""言外之意"等词语，都包含了这样的意思；还有一个就是"不想说出来的我"，是指每个人内心中都有自己的秘密，这是在管理过程中需要去理解、去把握的东西。只有洞悉人的内心世界，才能做好管理工作；只有理解不同文化和不同文化环境中的人，才能交往交流交融，才能重构全球治理体系。这种理解和把握，需要管理人员通过察言观色，通过话外之音，通过各种各样的洞察去理解他人的内心世界，从而对人与人之间的关系、社会行为形成深刻的认识和理解，按照这种理解去实施自己的治理之道，使管理工作更好地服务于目标，实现目标。在日常的管理过程中讲到人，人们往往也会强调人是管理的核心，但到底怎么去理解人、把握人、认识人，则需要非常综合的知识，需要社会学、人类学等各种专门学科的训练，去理解对象，把握对象，在此基础上，实现"各美其美、美人之美、美美与共"。

费孝通以自己的世纪探索和提出"各美其美、美人之美、美美与共、天下大同"的"十六字箴言"书写了"把论文写在祖国大地上"的中国故事。到晚年，费孝通对于文化自觉和文化自信，对于人的思考已经到了一个非常深的层次。费孝通曾经说，小康社会建成后，人与人之间的关系会由人与自然的关系、人与人之间的关系延伸到心与心之间的关系，心与心之间的关系会成为新时代的核心问题。"心"是什么？就是"真善美"。在社会生活中，决策人员、社会成员要真心对待他人，用心去关爱他人，就会得到他人的理解；用人性化的方式对待下属，就能把大家的积极性调动起来。真，就是真诚待人、诚实守信、实事求是、追求真理、脚踏实地；善，就是善待他人、善待自然、关心社会、与人为善；美，就是热爱生活、追求品位、追求卓越、崇尚人文。就个体而言，真善美就是真我，表现为个体的坦诚、上进、谦虚、反省、感恩、知足、利他、乐观、勇敢等行为和心态。习近平总书记在2014年全国两会期间曾指出，社会治理的核心是人，关键在基层。这不仅为社会治理工作和社会治理研究指明了方向，也为有中国特色、中国风格、中国气派的哲学社会科学包括社会学学科建设指明了方向。不仅社会治理的核心是人，其他管理，包括经济管理、公共管理等各类管理的核心都是对人的管理，都离不开对人的理解，离不开对人与人之间关系的处理，都是对人与人之间的社会关系模式的调整。

中国共产党成立100多年来取得的伟大成就，包括社会主义革命和建设的胜利，以及改革开放的成功，都是立足中国实际，不断借鉴和学习的结果。从学习马克思主义理论到将马克思主义基本原理与中国革命具体实践相结合,再到改革开放,就是一部中国共产党人不断理论联系实际,与世界交流和对话,与他国相互学习的历史,我们的哲学社会科学包括社会学要根植于中国深厚的文化沃土,不断耕耘。习近平总书记提出的构建人类命运共同体的宏大理论和深刻思想,为我们建设中国特色、中国风格、中国气派的哲学社会科学包括社会学指明了方向,要求我们扎扎实实、认认真真研究中国的历史、中国社会主义革命史、改革开放史以及我们党的历史,在历史探索过程中不断总结学术史上的成功案例,使中国哲学社会科学包括社会学的学科体系、学术体系、话语体系不断得到完善和发展。

回顾费孝通一生的学术探索,细品他在各个历史时期的研究著述,"十六字箴言"是其一生学术探索和各个历史时期思想的凝练,是一位世纪学人世纪思考的结晶。

第二篇

构建蕴含中国文化底蕴的学科话语体系

　　我们现在所提出的社会科学的发展方向，其实是极简单的，就是我们要一个综合的、实地的、对于本国的文化现象的认识。综合的是和分科专门的、各不顾各的、偏面的相反；实地的，是和凭空的捏造的、抄袭的、不足考实的，雇用"劳工"间接搜集的相反；对于本国的是和对于外国的相反。最后一项是暂时的矫正，因为现有所谓"社会科学"是洋牌话匣子，在文章上可以引证一百个外国例子，而一句都没有提及问题所在的本国。我们要外国材料，不过是做比较之用，着重还是"自己"。

　　——费孝通，《伦市寄言：关于〈动变中的中国农村教育〉的通讯》
（1937）

第四章
"社区"概念：中国社会和文化底色

无论是瑶山调查还是江村调查，费孝通使用的研究方法都是社区研究，这也是现代中国社会学派的特色和风格之一。不仅如此，费孝通还对"社区"这一概念的提出有着自己独到的贡献。他和现代中国社会学派的老师及同学们立足中国基层社会，继承中国学术传统，借鉴国际上的理论和方法，提出了"社区"概念。

至今，"社区"这一概念在中国使用频率依然极高。无论是社会学和人类学的理论与方法、社会治理与社区服务、民族调查，还是政府相关政策，都不时提及这一概念。到目前为止，人们对"社区"这一概念在中国的来龙去脉仍有不同说法，对社区建设的含义有不同理解，为此，笔者拟在学术界已有研究的基础上，厘清作为在中国社会学、人类学、民族学、社会建设、社会治理、民族发展中具有基础性意义的中文概念——"社区"，在中国现代学术史上的来龙去脉。

一、改革开放以来我国学术界对"社区"概念的研究回顾

改革开放尤其是中国社会学恢复以来，人们对"社区"进行了多层次多维度的研究，大致可以归纳为民族学和人类学意义、社会学意义、

政治学意义三个维度上的探索。

（一）民族学和人类学意义上的"社区"

有人从民族学和人类学的角度对民族社区进行研究，试图勾画社区研究的古典类型学理论、人类生态学理论、城市理论、社区权力理论以及中国社会学派的理论等。[①]实际上从民族学角度审视社区问题与从人类学和社会学视角分析这个问题大致相同。有学者研究，社会学的社区研究着眼于对文明社会的研究，人类学则侧重于对传统农业社会的研究，强调"未来的社区研究要承袭此前将社区与外界联系起来的研究脉络，但更应该重视社区作为一个独特世界所具有的地方性意义和对多元社会文化所具有的贡献，这是新时期学术与时代共同赋予的主题"[②]。

（二）社会学意义上的"社区"

社会学意义上，一是把20世纪80年代开展的小城镇建设与农村发展、边疆地区开发等归结为社区研究。[③] 这是把"社区"作为一种研究方法，即用社会学的研究方法研究特定区域中的问题，主要是借鉴老一辈社会学学者在20世纪30—40年代开展实地研究的方法。这个时期也有人介绍国外的社区研究方法，如法国社区分析方法，并对社区特征到社会变迁进行研究。[④]也有人提出，由费孝通等学者开创的中国社区"微型"研究在人类社会进入全球化时代是不是已经不适应新的发展形势，或者说需要创新和变革，因此认为有必要对面临的挑战进行

[①] 高永久、朱军：《民族社区研究理论的渊源与发展》，《西南民族大学学报（人文社科版）》2009年第12期。
[②] 崔应令：《回顾、反思与重构：近百年来中国社区研究》，《华中科技大学学报（社会科学版）》2011年第1期。
[③] 方明：《社区研究述评》，《天津社会科学》1990年第2期。
[④] 胡韦：《法国社区分析的发展》，《中山大学学报（社会科学版）》1987年第2期。

梳理。① 二是对"社区"的基本理论进行研究，如何肇发主编的高等学校文科教材《社区概论》，阐述了"社区"的概念、基本类型、主要原理、研究方法，以及"社区"的基本结构和变迁过程。② 三是对国外社区研究的理论进行介绍、研究和评论，如桑德斯在20世纪70年代提出的社区研究的三种模式，"即社会体系的模式、社会冲突的模式、社会场域的模式，并对此作了比较分析"③。夏建中在《现代西方城市社区研究的主要理论与方法》一文中，讨论了当代社会学对城市社区研究的主要理论和方法，"第一是城市社区邻里关系与社会网络研究，包括'社区失落论''社区继存论'和'社区解放论'；方法主要是网络分析方法。第二是社区权力的研究，包括'社会精英论'和'多元政治论'"④。四是关于社区研究方法首创者的讨论，有学者认为美国人类学家路易斯·亨利·摩尔根（Lewis Henry Morgan）在塞纳卡部落和其他印第安部落所做的实地调查中开启了社区研究的先河。⑤ 五是关于滕尼斯"社区"概念的历史变迁，认为滕尼斯主张"社区"是"社会类型"之一。持有相同观点的学者还认为，滕尼斯提出的Gemeinschaft 和 Gesellschaft 反映了两种不同的生活方式和社会进程，后流传到美国转化为 community 和 society，成为社会学芝加哥学派的基本概念。⑥ 持此类观点的还有，把"社区"界定为本体论意义上的"'社区'研究"和方法论意义上的"社区研究"，

---

① 焦圆圆：《社区研究"中国化"的困境与前景》，《科教导刊（中旬刊）》2010年第12期。
② 赵巍：《社区研究有新著——何肇发主编〈社区概论〉评介》，《学术研究》1992年第1期。
③ 范会芳：《论社区研究的三种模式》，《理论月刊》2001年第8期。
④ 夏建中：《现代西方城市社区研究的主要理论与方法》，《燕山大学学报（哲学社会科学版）》2000年第5期。
⑤ 舒萍：《摩尔根是社区研究的开创者》，《中南民族学院学报（人文社会科学版）》2002年第3期。
⑥ 陈美萍：《共同体（Community）：一个社会学话语的演变》，《南通大学学报（社会科学版）》2009年第1期。

"从国家—社会与行动者、社区参与、社会资本与社会网络、日常生活与阶层、社区的分化与分化的社区五个主题梳理了国内社区研究的新进展"①。"中国社区在本体论和方法论上的双重意义决定了其在中国社会学研究中的重要地位，也决定了在研究时无法照搬西方经验。"②这些观点从总体认识上对"社区"概念进行了考察和分析，但在一些具体细节上尚需要进一步考据和梳理。

（三）政治学意义上的"社区"

有人认为社区与国家的关系是最重要的社会关系，是观察中国社会关系变迁的重要视角，它内含了社会建构、公共政策等一系列议题。③在国家—社会范式的视野中，在邻里研究中应更多地强调行动者分析。④也有学者从国家与社会分析、社区治理、社会资本三个理论视角来审视社区，把自2010年以来政府倡导的社会治理理念引入了社区领域，成为社区建设越来越重要的内容。

通过以上概述我们认为，学界在社区研究方面已经做了大量基础性探索，为进一步研究中文"社区"概念奠定了坚实基础。在此，我们仍想就中文"社区"概念在20世纪30—40年代的由来及之后的发展作一些探索，由此反思和深刻认识作为基本社会单位的社区在当今国家治理体系中的基础作用。

---

① 肖林：《"'社区'研究"与"社区研究"——近年来我国城市社区研究述评》，《社会学研究》2011年第4期。
② 于显洋、任丹怡：《社区研究方法：反思、实践与讨论》，《学习与探索》2019年第9期。
③ 刘继同：《由边缘到主流：国家与社区关系的历史演变及其核心议题》，《理论研究》2004年第1期。
④ 马卫红、桂勇、骆天珏：《城市社区研究中的国家社会视角：局限、经验与发展可能》，《学术研究》2008年第11期。

二、20世纪30—40年代中文"社区"概念的由来

(一) 从"基本社会""地方社会"到"共同社会"

"社区"这个中文词在中国出现之前,20世纪初期的中国学术界根据英文中的community和德文Gemeinschaft来翻译,涉及的相关中文词汇有三个,一个是"基本社会",另外一个是"地方社会",还有一个是"共同社会",都是指社会的基础性组织和结构。

关于"社区"这个中文词的由来及community的翻译,1948年10月16日,时任清华大学教授的费孝通在一篇题为《二十年来之中国社区研究》的演讲中称,20世纪30年代,在燕京大学社会学系的老师和同学把community翻译成"社区"之前,中国学术界将community称之为"地方社会"。这里需要注意:一是费孝通在1948年谈及这个问题时,中文"社区"的英文对应词是community,而不是人们经常提及的滕尼斯在其名著《共同体与社会》中使用的Gemeinschaft;二是以吴文藻为代表的"社会学中国学派"使用的"社区"概念是来自英语世界而不是滕尼斯。费孝通当时的解释是:"最初community这个字介绍到中国来的时候,那时的翻法是用'地方社会',而不是'社区'。当我们翻译Park的community和society两个不同的概念时,面对'co'不是'so'成了句自相矛盾的不适之语。因此,我们开始感到'地方社会'一词的不恰当。那时,我还在燕京大学读书,大家谈到如何找一个贴切的翻法,偶然间,我就想到了'社区'这么两个字样。后来大家采用了,慢慢流行。这是'社区'一词之来由"①。

这里又引申出一个问题,就是community被翻译成中文"社区"的时间。费孝通提到community来自Park,即芝加哥学派代表人物派克,从费孝通1933年写的《社会学家派克教授论中国》一文中推断,派克

---

① 费孝通:《费孝通全集》第六卷,内蒙古人民出版社2009年版,第296页。

1932年暑期来到燕京大学，1933年初离开，community被翻译成"社区"大约也在这个时间。检索历史文献，"社区"这一概念首次出现在中国社会学文献中大约是1933年。最早的论述出现在费孝通的著述中，能够查到他最早使用"社区"概念是1933年11月15日写的《社会变迁研究中都市和乡村》一文，在这篇文章中他说道："都市社区是许多小社区的组合体。这许多小区域自成一格，各具特性，实可以说是有其特别生活形式的群体，这些群体的形成是出于两种势力：一是移民旧有生活形式的持续，一是都市经济分工的隔离。"①什么是具体的都市社区形式？费孝通在文中没有展开讨论。而查阅吴文藻同期的著述，他于1934年1月28日所写的《〈派克社会学论文集〉导言》中首次使用了"社区"一词。也就是说，师生二人使用"社区"这一概念的时间间隔大约两个月。这个时间顺序与费孝通1948年的表述是一致的。

那么在此之前是谁使用了"地方社会"这一概念呢？在此之前community的使用又是怎么演变的呢？我们发现在"地方社会"被使用之前，人们将community翻译为"基本社会"。这一点，可以从孙本文在其重要著述《当代中国社会学》中找到一些线索。大约在1930年，学者刘叔琴翻译的、由日本学者加田哲二著述的《社会学概论》中有一章叫作"基本社会"，在孙本文看来，这个"所谓'基本社会'，就是'社区'（Community or Gemeinschaft）"②。拓展开来，"基本社会"的翻译也有其道理，基层社会单位是最基本的社会组织形式。"基本社会"中"社会"一词，按照钱穆的说法，也是来自日本。钱穆说道，中国"自来本无社会一观念，因亦无社会一名词"③。但是，中国有"群"的概念，大致也表述了"社会"的含义。近代以来，中国从日本借鉴了很多概

---

① 费孝通：《费孝通全集》第一卷，内蒙古人民出版社2009年版，第128页。
② 孙本文：《当代中国社会学》，商务印书馆2011年版，第40页。
③ 钱穆：《晚学盲言》（上），东大图书股份有限公司1996年版，第270页。

念,诸如社会、文化等概念都是从日本翻译过来的。"基本社会"反映了在"地方社会"出现之前,中国学界对community的一种理解。

吴文藻是燕京大学社会学系倡导社区研究的第一人。1932年,也就是费孝通在燕京大学社会学系读书期间,时任社会学系教授的吴文藻在《现代法国社会学》一文中将英文的community翻译为"地方社会"。这是继"基本社会"之后,对community的又一种翻译,也反映了对其含义的不同认识。《英华大词典》成稿于新中国成立之前,新中国成立之后又被修订,其中把community定义为地方社会,包括公社、村社、集体、乡镇、群落、社群等。①

(二)集体智慧推动"社区"概念形成

从已有资料可以断定,中文"社区"概念是由费孝通提议、燕京大学社会学系师生集体讨论产生的。当时的燕京大学社会学系形成了一个以吴文藻为代表的社区研究的团体,1933年费孝通在文章中最先提出"社区"的概念,吴文藻则在不同场合把这个概念推向学术界。

尽管"社区"一词在1933年前后已经被使用,但并不是被人熟知的,这一点可以从吴文藻1935年应清华大学社会学会的邀请前往而作的公开演讲中得到佐证。在清华大学,吴文藻作了题为《现代社区实地研究的意义和功用》的学术报告,他在演讲开头便说:"今晚我所讲的题目是'现代社区的实地研究'。初看起来这标题内所用的名称,有些生疏,其实一经解释,就很容易明白的。"②由吴文藻这句话可以推断,"社区"这个概念是个新名词。这次演讲的记录者则是曾在燕京大学社会学系读书、时为清华大学研究院研究生的费孝通。根据吴文藻的论述,社区研究萌芽于19世纪末期的西方,但成为一种研究趋势则是在第一次世

---

① 郑易里、曹成修主编:《英华大词典》(修订第2版),商务印书馆1984年版,第275页。
② 吴文藻:《论社会学中国化》,商务印书馆2017年版,第432页。

界大战之后,直到20世纪30年代才形成风气,这种风气在中国始于燕京大学社会学系,但却导源于派克。

吴文藻是中国社区研究的首领,这一点可以从多个方面看出,一是当时国际学术界的认可。马林诺夫斯基在《江村经济》的序言中说道:"吴教授和他所培育的年轻学者首先认识到,为了解他们的伟大祖国的文明并使其他的人理解它,他们需要去阅读中国人生活这本公开的书本,并理解中国人在现实中怎样思考的。"[①]二是后来国内学术界的评价。我们从孙本文的评价中也可以看到,吴文藻对社区研究有着特别偏好,他甚至认为社会学就是研究社区的。[②]由此就能理解马林诺夫斯基为何将燕京大学社会学系师生所的社区研究称为"现代中国社会学派"。

对于以吴文藻、费孝通等为代表的现代中国社会学派与芝加哥学派的历史渊源及各自的特色,学者们讨论得比较多。[③]一是认为芝加哥学派的思想是一种通过"有形社区"的有血有肉的素描来把握社会或国家发展的基本特征及其机理的方法。[④]二是现代中国社会学派的特色是把"社区"与"文化"有机结合起来,通过类型比较来把握整体社会的特征。[⑤]这些分析和研究都有道理,我们在下面的研究中进一步阐述这些问题。

从"基本社会""地方社会"到"社区",反映了中国学术界对于community认识不断深化和发展的过程。"基本社会"在当时的意义,如乡村、街区都是基本的社会单位;"地方社会"对应的是对中央层面的认知,这与后来人们将"基层社会"归为"社区"也有契合;"社区"

---

① 费孝通:《费孝通全集》第二卷,内蒙古人民出版社2009年版,第280页。
② 孙本文:《当代中国社会学》,商务印书馆2011年版,第262页。
③ 焦若水:《人文区位与育中和——中国社区理论的渊源与民族品格》,《学海》2014年第4期。
④ 刘小峰:《以"有形"过渡到"无形":中国社区研究史再反思》,《中国农业大学学报(社会科学版)》2013年第9期。
⑤ 齐群:《社区与文化——吴文藻"社区研究"的再回顾》,《浙江社会科学》2014年第3期。

融合了"基本社会""地方社会"的含义,又加上了人类学的实地研究方法,是一个更加综合的概念,包含了更丰富的内容,在这点上就可以理解为什么孙本文说吴文藻把社区研究就作为社会学研究的缘由了。

三、20世纪30—40年代Gemeinschaft和community在中国的传播及不同认知路径

那么,滕尼斯的理论在中国是如何传播的?人们是如何认知的?他的Gemeinschaft与community在新中国成立之前的中国社会学界又是一种什么情况?

新中国成立之前,中国学术界在谈到"社区"一词时也经常提及滕尼斯的"共同体"(Gemeinschaft)一词。与community一样,20世纪30年代,Gemeinschaft在国内学术界已为人们所认识,因此方有1935年吴文藻所说"现在我们除了纯理的社区研究,如德国杜尼斯(即滕尼斯——笔者注)的《社区与社会》(*Gemeinschaft und Gesellschaft*,初版于1887年,亦可译作《自然社会与人为社会》)"[①]。从吴文藻的论述看,当时是他把德文Gemeinschaft翻译为"社区"的,有时又译为"自然社会",他将二者统称为"纯理的社区研究"。

与燕京大学社会学系师生们使用的community相比,Gemeinschaft更像是一个理论体系。仔细比较起来,滕尼斯与派克也不一样,前者是一个带有鲜明理论色彩的社会学家,后者更像一个田野工作者。吴文藻也是这样看的:滕尼斯的*Gemeinschaft und Gesellschaft*更像纯理论的阐述,他将其称为"普通理论的社区研究",它的意义在于,"他以为自然社会(Gemeinschaft——笔者注)与人为社会(Gesellschaft——笔者注)的区别是极其根本的,明白了这二分法,则近代生活在经济、政治、法

---

① 吴文藻:《论社会学中国化》,商务印书馆2017年版,第200页。

律、道德、宗教各方面的表现，可以了若指掌"①。在这里，吴文藻又将Gemeinschaft翻译为"自然社会"，指的是一种社会形态。而且，吴文藻在文中还提到了"二分法"。他这里讲的"二分法"是对近代传统农耕社会向工业社会转型的表述，"自然社会"就是传统的农业社会，再往后，沿着这样的思想脉络去阅读费孝通的《乡土中国》就更加容易理解其深层次含义了。与同时代的学者和思想家一样，滕尼斯通过历史和理论建构来重新发现传统——人类共同体的传统，也重新发现历史。而派克则是通过实地研究理解当下的社会事实，正如费孝通在燕京大学跟随派克学习时所感受到的："他（指派克——笔者注）所以能享受着芝加哥社会学派正宗的尊荣，实是因为他有一种魔力能把他的学生从书本上解放出来，领到一个活的世界中去领悟人类生活的真相。"②"但是有一点可以注意的，就是派克教授偏重个人的直接经验和经验的交通，凡是经验到的都是真实，凡是可以交通的经验，都是科学。"③

在吴文藻看来，把Gemeinschaft和Gesellschaft进行区分，是滕尼斯的独特贡献，这是世界公认的。这个时期，美国学者的相关论著也相继被介绍到中国，如罗伯特·麦克弗（Robert Morrison MacIver）的《社区》，吴文藻写道："《社区》（*Community*），初版于1917年；第2版于1924年；美国版于1928年。已有张世文的汉译本，原书名改为《社会学原理》由商务印书馆于民国二十三年出版。"④张世文翻译Community一书时使用了"社会学原理"一词。根据孙本文的说法，张世文翻译的这本书的出版时间应该是1933年。⑤在书中，张世文将community翻译为"人群"。这是按照中国人的文化传统对社会的理解翻译的，对比严复

---

① 吴文藻：《论社会学中国化》，商务印书馆2017年版，第156页。
② 费孝通：《费孝通全集》第一卷，内蒙古人民出版社2009年版，第137页。
③ 费孝通：《费孝通全集》第一卷，内蒙古人民出版社2009年版，第138页。
④ 吴文藻：《论社会学中国化》，商务印书馆2017年版，第200页。
⑤ 孙本文：《当代中国社会学》，商务印书馆2011年版，第50页。

1897年将英国社会学家赫伯特·斯宾塞（Herbert Spencer）的《社会学研究》（*Study of Sociology*）译为《群学肄言》也就比较容易理解了。

现代中国社会学派中对"社区"概念进行全面阐述的首推吴文藻。吴文藻在《西方社区研究的近今趋势》一文中对社区研究的来源进行了梳理，认为它有五大来源：社会调研、文化人类学、人文区位学、地域调查运动、文化社会学。"五者之中，则以文化人类学为最重要，因为人文区位学、地域调查运动以及文化社会学，或在起源时，或在发展中，多少是受过它的影响的。并且除了民族调查的开始较社会调查稍早外，其余的几种社区研究，都是社会调查后期的产物，代表一种修正或改进的运动。"① 吴文藻的这种理解和解释奠定了现代中国社会学派的方向，他和他的学生在20世纪30—40年代开展的研究基本是按照这样一个思路进行的。20世纪70年代末，费孝通受命恢复重建中国社会学也坚持从社会调查开始，尽管他一开始并没有过多提及和阐述社区研究的理念。"民国学界将美国农村社区与农村社会学理论系统引入中国，并初步构建起中国农村社会学理论体系。民国时期都市社会学研究深受美国芝加哥大学以人文区位学为方法的都市社区研究影响。"② 现代中国社会学派在"基本社会""地方社会"的基础上，赋予"社区"（Community）更加明确的空间意义——这是它的最大贡献——并使其可以在实地研究中操作，也使其与Gemeinschaft有区别。

滕尼斯在《共同体与社会》中提出的"共同体"概念是用德文Gemeinschaft来表述的。③ 20世纪30年代，滕尼斯的名字已经为国内社会学界知晓，但是他的著作并没有被全面介绍进来，当时介绍进来的主

---

① 吴文藻：《论社会学中国化》，商务印书馆2017年版，第200页。
② 阎书钦：《范式的引介与学科的创建：民国时期社区研究理论的美国学术渊源》，《中南民族大学学报（人文社会科学版）》2013年第5期。
③ 张巍卓：《译者导言》，载［德］斐迪南·滕尼斯：《共同体与社会：纯粹社会学的基本概念》，张巍卓译，商务印书馆2019年版，第xvi页。

要是他对社会发展类型的划分。大约在1930年前后，*Gemeinschaft und Gesellschaft* 经由杨正宇从日文版本翻译了部分章节，取名为《共同社会与利益社会》①，把现代人翻译为"共同体"的词语译为"共同社会"。1932年，黄凌霜翻译了《德国系统的社会学》②，书中也介绍了滕尼斯的思想。也就是说，滕尼斯的思想大约于1930年前后进入中国社会学视野。而他的《共同体与社会》直到1999年才有完整的中译本。在分类上，孙本文将滕尼斯的《共同社会与利益社会》分在"其他社会学研究类"，而将美国芝加哥学派和燕京大学倡导的社区研究放在"社会实地调查类"。③现在看，这既符合滕尼斯和派克学术理论的性质，也符合中国社会学史的实际。以吴文藻为首的现代中国社会学派将社区研究作为一种方法使用，即"社区型研究"。1944年秋，国民政府教育部规定了社会学系的必修课程和选修课程，将"社区研究"和"社区工作"分别列为选修课程，使社区研究和社区工作有了分野。④这使我们看到，到20世纪40年代，"社区"在中国高校系统，一方面是作为社会学研究方法，另一方面又是作为社会工作或社会政策的方法，二者是有分野的。这样我们对作为研究方法和社会工作方法的分类就比较好理解了。

进一步说，吴文藻对"社区"进行了全面的介绍和阐述，而把"社区"作为一种研究和认识中国问题的方法应用于中国实地研究的当属费孝通和王同惠。1934年，费孝通携新婚妻子王同惠赴广西大瑶山进行大瑶族社会组织研究，开启了中国社区研究之先河。从芝加哥学派发展出来的"community"，即"社区"是一种实地研究方法，一种解释现实问题的田野调查方法，而从滕尼斯的Gemeinschaft，即"共同体"引申出来的是一种社会类型，一种带有理想状态的社会类型，一种对传统的创

---

① 孙本文：《当代中国社会学》，商务印书馆2011年版，第205页。
② 孙本文：《当代中国社会学》，商务印书馆2011年版，第314页。
③ 孙本文：《当代中国社会学》，商务印书馆2011年版，第314—316页。
④ 孙本文：《当代中国社会学》，商务印书馆2011年版，第238—239页。

新和发明。①滕尼斯提出"共同体"概念的年代正是欧洲社会历经数千年农业社会向工业社会转型、资本主义大发展的时代，是千年未有之大变局。"共同体"是滕尼斯为自己所期望的社会变化提供一种来自历史上已经表现出来的惯例、社会的连续性和自然法则的想象，通过这种方式来表达自己对未来社会的期望和希望。"共同体"是一个跨学科的传统发明，它将历史学、社会学、人类学和其他学科的研究联系在一起形成了一个新的领域，它需要广博的知识、多学科的合作、共同的研究，由此也可以理解为什么吴文藻说社区研究来自多个领域以及滕尼斯的共同体理论为何能为当代多个学科认可和接受。19世纪的伟大思想家是这样一群人，他们拥有广博的历史、文化、社会学、考古学、人类学、哲学等方面的知识，且喜欢从历史发展脉络梳理当代和未来发展的问题，马克思、恩格斯、韦伯、滕尼斯等都是这样的人。

综上所述，"共同体"是滕尼斯等学者为了回应18世纪以来的工业革命、城市化等社会进步带来的巨大社会变迁而进行的社会理论构建。它貌似是对过去历史的社会形态的描述，实际上隐含了滕尼斯对理想社会的期待。在中国社会学史上，新中国成立之前，以吴文藻为代表的现代中国社会学派与滕尼斯的共同体理论是分别演进的，无论是具体到人还是当时的学科分类，都不能完全视为一回事。中国社会学恢复重建后，这两个原本分列的概念在不经意中被人们理解成为先后关系，于是就有了"社区"概念最早由滕尼斯提出的说法。事实上，当前意义上的"社区"既具有理想类型，又具有实地研究的内涵，同时又使人们对其充满了丰富的想象和期待。

---

① 张巍卓：《译者导言》，载［德］斐迪南·滕尼斯：《共同体与社会：纯粹社会学的基本概念》，张巍卓译，商务印书馆2019年版，第v页。

四、新中国成立后"社区"概念使用情况

(一)改革开放前情况

中国社会学因20世纪50年代初期的院系调整而沉寂了一段时间,那些研究和讲授社会学的学者被划分到新的学科。这个时期,一些原先在各大学教授社会学的学者也曾讨论过社会学学科的重建问题。1957年在《社会学的对象和内容决定于它的任务》一文中,费孝通指出:"旧社会学也积累了一些方法和技术,这些调查研究的方法和技术,譬如人口统计,城市的区位图表等,都是整理材料时必要的过程。"[①]他在这里没有使用"社区"这一概念,而是使用了芝加哥学派社区研究的重要方法"区位"一词,强调了社区研究的意义。

(二)改革开放初期的情况

中国社会学恢复初期,人们使用"社区"概念是以英文community为基础的,鲜见使用滕尼斯的Gemeinschaft。"社区"这一概念又重新出现在费孝通的著作中。1981年,他在《略谈社会学——对〈中国青年报〉读者的回答》一文中说道:"对某一个生活集体,我们叫它作'社区',先得把它的基本情况搞清楚。例如:这个社区有多少人口?他们的年龄、性别、职业又是怎样?他们分成多少户?各户住些什么人?他们之间有什么关系?他们的收入有多少?生活水平怎样……更重要的是要熟悉这个社区里的人,和他们交朋友,拜老师,取得他们的信任和合作,要使他们愿意参与社会调查的工作。"[②]这种表述有点像他在《花蓝瑶社会组织》和《江村经济》中的分析方法,即社区研究方法,也有他后来在讲课和与学生交流中表达的含义,即共同体的意义。也就是说,

---

① 费孝通:《费孝通全集》第八卷,内蒙古人民出版社2009年版,第46页。
② 费孝通:《费孝通全集》第九卷,内蒙古人民出版社2009年版,第43页。

在这个时期,他更多的是谈论"社会调查",而不是用他们曾经使用的社区研究方法。这个时期,第一篇对"社区"的解释性文章出现在原上海大学创办的《社会》杂志上,时间是1981年,这篇名为《小词典》的文章主要介绍了社区的共同体特征及其形态和学科研究特点,并没有讲其来源。①

关于滕尼斯的思想如前所述,尽管人们经常谈论滕尼斯的"社区"思想,但他的整本《共同体与社会》中文版在中国首次出版是1999年。20世纪70年代末中国社会学刚刚恢复重建,人们首先介绍和翻译了滕尼斯的朋友——马克斯·韦伯的《新教伦理和资本主义精神》(德语:*Die protestantische Ethik und der Geist des Kapitalismus*),这本书于1987年由三联书店出版中文版,曾风靡一时,影响深远。

(三)从学术领域到政府政策的拓展

"社区"概念进入政府政策领域大概始于20世纪80年代中期。一是政府开展基层组织建设,但没有使用"社区"概念。中国共产党和人民政府对基层和地方社会建设高度重视。新中国成立伊始,基层社会组织就开始建设,那时人们将其称为居委会,全国人民代表大会常务委员会于1954年12月通过的《城市居民委员会组织条例》规定:居民委员会是居民的自治组织,在有关政府部门及其派出机构指导下,开展公共服务、居民意见反馈、社会治安维护等方面的工作。北京市人民政府于1980年11月颁布实施《北京市人民政府关于贯彻〈城市居民委员会组织条例〉的决定》,也同样规定城市居民委员会是群众自治性组织,这个时期的居委会主要是指机关、部队、企事业等单位家属集中的宿舍区形成的基层组织。二是"社区"概念进入政府工作领域。1987年,民政部倡导兴办社区服务业,到20世纪90年代,社区服务在全国大中城市已初

---

① 林立:《小词典》,《社会》1981年第00期。

具规模。1993年8月,民政部、国家计委、国家体改委、国家教委等14个部委联合发布了《关于加快发展社区服务业的意见》,推动了社区服务工作的全面开展。2006年,十届全国人大四次会议通过的"十一五"规划纲要把社区建设作为构建和谐社会的工程之一。2009年1月发布的《民政部关于组织开展〈城市居委会组织法〉颁布实施二十周年纪念活动的通知》中明确写道:"社区居委会是我国城市基层群众性自治组织。"2009年11月发布的《民政部关于进一步推进和谐社区建设工作的意见》中指出:"社区是社会的基本单元,是人们社会生活的共同体和人居的基本平台,社区和谐是社会和谐的基础。"这个时期,随着工业化、城镇化进程加速和流动人口进入城镇,政府在工作中与时俱进,把新时期的"社区"界定为城市和农村基层群众自治组织的同时,也考虑到了城乡接合部、"城中村"、工矿企业所在地、新建住宅区、流动人口聚居地的自治组织建设和治理。

  新中国成立前的社区研究的理论与方法与滕尼斯的共同体理论有一定关系,后者是前者的思想来源之一。但作为一种社会研究方法,滕尼斯的共同体理论的影响对于社会学,尤其是对于现代中国社会学派来说不是主要的,社区研究的思想主要源自文化人类学、社会调查、人文区位学、人文社会学等,尤其是文化人类学的田野调查,此外还包括派克的思想。简言之,"社区"概念来源于19世纪以来思想家们把社会理想变为社会实践的积极探索,这在芝加哥学派的城市社会学中得到了很好的体现,或许与滕尼斯有关系。

  经历了从单纯的学术研究到后来的社区工作,再到政府部门的政策概念,"社区"这一中文概念慢慢在学界和实务界融合,走向一体。眼下,人们讨论"社区",基本上聚焦在城市居民居住区和乡村村落,它们既是基层组织,也是社会学、人类学、政治学的研究单位,成为社会治理、公共服务的重要依托,也成为城乡社会学研究的重要对象。

在这里我们是本着马克思的理论研究思路拓展开来的。恩格斯指出:"历史从哪里开始,思想进程也应当从哪里开始,而思想进程的进一步发展不过是历史过程在抽象的、理论上前后一贯的形式上的反映;这种反映是经过修正的,然而是按照现实的历史过程本身的规律修正的,这时,每一个要素可以在它完全成熟而具有典范性的发展点上加以考察。"①这里的"历史"可以理解为作为英文的community和德文的Gemeinschaft在中国是如何被使用的;这里的"思想"是指"社区"这一中文概念所具有的历史和现实含义。通过这样的梳理,对我们认识"社区"这一概念在中国的来龙去脉具有十分重要的意义。无论从历史还是从现实来说,基本社会、地方社会、共同社会、社区和共同体都有其合理的一面,也都有其现实意义。"社区"思想在历史发展进程中几乎积淀了它所应有的全部意义,也反映了community和Gemeinschaft所拥有的含义。"基本社会"反映了国家治理体系内作为社会的基本单位的应有之义,如新中国成立以来所说的居委会;在中国这样一个有着五级行政架构的国家,"地方社会"对于中央层面而言,其所具有的基层意义无可置疑,如现在常说的基层治理;"社区"作为一种研究方法,它所具有的社区分析方法和社区工作方法意义重大;"共同社会"则是人们一直追求的社区认同和社区共同体。

今天,我们用"社区"这一概念把上述四个含义囊括在一起,其现实意义就在于:要关注作为基本社会单位的"社区"在国家治理体系中的基础作用,从社会基本单元培育基层社会组织,完善社区工作方法,把居民组织起来共同建设幸福家园,建立理想的社区生活。就其学术意义而言,社会学、人类学、政治学等都在"社区"研究中找到了各自的立足点。

---

① 《马克思恩格斯选集》第二卷,人民出版社2012年版,第14页。

第五章
社区研究："共同体"的逻辑演进

"社区"概念的提出以及"十六字箴言"思想的产生，是费孝通长期关注和思考中国社会问题、民族问题、全球问题的结果，深入理解他的思想，有几个核心概念是绕不过去的，如文化、社区、共同体。我们更需要把费孝通和现代中国社会学派放在19世纪以来人类波澜壮阔的历史发展和精彩纷呈的思想历程中去考察和审视。

"共同体"是一个关乎人类命运共同体建设的重大问题。传统共同体理论是人类面对由农业社会向工业社会转型这一千年未有之大变局提出的学术解释和未来愿景。第一次工业革命距今已200多年，传统共同体理论历经百年未有之大变局后何去何从？共同体理论建构是时代性、历史性重大课题，对我们当前建构全球化、现代化方向具有重要意义。

自有人类就有共同体，甚至某些动物也以共同体形式生活着。从18世纪开始的传统共同体解体至今，已历时200多年，面对传统共同体解体，当时的人们提出了共同体理论来解释这种文化变迁和提出未来的愿景。

当今世界，主权国家的技术、市场、制度、思想以及文化的传播与渗透已经远远超出传统共同体理论提出那个时代的民族国家对领土诉求的意义，这就赋予我们这个时代的"共同体"前所未有的含义。

这里讨论的问题是：为什么共同体理论会在19世纪被提出来并得到系统阐述？这段历史与我们当代人类建设人类共同体有什么关系？

一、源远流长的历史和思想脉络

（一）大转型：从乡土社会到城市社会

工业革命和城市化可谓千年未有之大变局。传统共同体理论是对这千年未有之大变局的理论回应。从时间序列看，18世纪从欧洲开启的工业革命把人类从传统的农业社会、乡土社会带入工业社会、城市社会，推动了人类历史上前所未有的深刻变革。18世纪中后期，蒸汽机的发明使机械制造和纺织工业从以家庭为单位的手工生产转向大规模、大批量、机械化生产，集体劳动代替了个体劳动，装配线工人代替了农户、工匠和小商户等。伴随着工业化和生产组织变革，交通运输、金融和通信等领域快速发展。工业化和城市化把大量劳动力从农业中解放出来，农村人口离开乡村进入城市工作和生活，在城市中创造了自由的劳动力市场，形成了产业大军。"18世纪前半期，英国、法国、德国等欧洲国家的农民仍用木犁耕地，用镰刀收割，技术工人用手工纺纱织布，交通工具主要靠木轮车，航海靠帆船，或用木桨划行。当时欧洲的经济和商业生活与印度、中国相差无几。"[①]到了18世纪后期，情况出现了变化，"1780年，20%的法国人口主要受雇于小型工业——英格兰的这一比例达到40%"[②]。英国成了工业革命的发源地。当时世界上城市化程度最高的国家是英国。到19世纪中期，大部分英国人都生活在城镇或城市中。"到了1900年，英国四分之三的人口都居住在城镇或城市中，只有大约十分

---

① 王树英：《印度文化史》，时代出版传媒股份有限公司、安徽文艺出版社2020年版，第194页。
② ［英］克里斯·哈曼：《世界人民的历史：从石器时代到新千年》（上），潘洋译，北京大学出版社2017年版，第304页。

之一的人口依然从事农业劳作。"①之后的日子里,很多国家都仿效英国这种方式进行经济和社会转型。

从空间结构上看,这个转型在200多年前始于英国,逐步扩散到法国、德国、美国等国以及东亚、南亚等地区,形成若干著名的城市带,在这些城市带上聚集了世界上的主要生产力、技术创新和国民经济产值。技术进步使人类社会的财富急剧增加,"在18世纪前的1000年里,欧洲人均收入的年增长率只有0.11%,也就是说每630年才增长1倍。从1820年到1990年,也即从第一次工业革命到第三次工业革命期间,人均收入年增长在英国翻了10倍,德国翻了15倍,美国翻了18倍,日本翻了25倍"②。技术进步、工业革命和城市化开启了一个从乡村到城市的历史大转型。第一次(18世纪)和第二次工业革命(19世纪)所做的主要工作是:使用蒸汽机提高纺织业的效率和使石油成为重要能源,电力成为主要动力,实现大规模生产,这主要是在美国实现的。20世纪70年代,电子技术的应用带来工业生产自动化③,日本就是在这个阶段崛起的。未来一个时期,被德国人称为"工业4.0"的第四次工业革命将通过数据链接,把生产商、供应商和客户链接起来,"创造出可以跨组织、跨领域共同利用的数据、信息、知识的循环"④,进而实现智慧工厂建设目标,将人类社会发展推向一个新的发展境界。

迄今为止,18世纪开始的工业革命、城市化在全球范围内并没有结束。当前,有三个因素对这个进程产生了重大影响。一是发生在2020年

---

① [英]克里斯·哈曼:《世界人民的历史:从石器时代到新千年》(下),潘洋译,北京大学出版社2017年版,第482页。
② [美]托马斯·K.麦格劳:《现代资本主义:三次工业革命中的成功者》,赵文书等译,江苏人民出版社1999年版,第590页。
③ [日]日本日立东大实验室:《社会5.0:以人为中心的超级智能社会》,沈丁心译,机械工业出版社2020年版,第28页。
④ [日]日本日立东大实验室:《社会5.0:以人为中心的超级智能社会》,沈丁心译,机械工业出版社2020年版,第28—29页。

初,后来迅速蔓延全球的新冠肺炎疫情,为了遏制疫情传播,个体、社区、地区乃至国家都采取了社会疏离措施。二是美国针对中国在21世纪头20年的迅速崛起断然采取了遏制措施,全球孤立主义盛行。三是互联网在社会生活中的广泛应用改变了传统大工业带来的规模经济模式,快递业务迅速发展,人们在分散居住条件下依然可以有效进行资源配置和提供服务。由此带来了三个新问题:第一,新冠肺炎疫情若是得不到有效遏制,人类会不会长期保持社交距离,人口在城市高度聚集还是不是最佳选择?若是人口不需要继续向城市集中,由此会不会带来商业模式的根本转变?第二,互联网和快递业务的迅速发展,规模生产和规模居住是否还是最佳的经济社会选择?如果不是,城市化的进程会不会发生逆转?人口分布会不会另辟新径?第三,始于18世纪的全球化会不会因为孤立主义、社会疏离发生逆转?即便是信息流动和物品流动仍然进行,人口流动会不会大大减少?等等。一系列新问题摆在了人类面前。

传统共同体理论创建初期,正值工业化国家向其殖民地和欠发达国家进行资本扩张、技术传播和贸易往来,客观上使各个国家的共同体意识得到进一步强化:一方面,工业化国家在这个过程中作为强国,其霸权意识不断得到增强,并将其文化作为一种优势文化向其他国家输出和展示,为推动其经济贸易扩张铺路;另一方面,殖民地国家和欠发达国家因为遭受贸易技术和西方文化入侵而产生抵触情绪,尤其是工业化国家工业产品的倾销,导致欠发达国家手工业、农业破产,激起这些国家的民族意识以及文化主体性的反省、文化自觉意识等,欠发达国家维护民族独立的意识不断加强。关于这一点,可以从费孝通的《江村经济》《乡土中国》中看到非常清晰的描述:"目前,中国实际上正面临着这种传统工业的迅速衰亡,这完全是由于西方工业扩张的缘故。在发展工业的问题上,中国就同西方列强处于矛盾之中。""我要强调的是,上述问题自从日本入侵以来并未消失。这种悲剧在建设我们的新中国过程中是不可避免的。这是我们迟早必然面临的国际问题的一部分。"①近代以来，中华民族意识也正是在这样的背景下形成的。

印度历史上的情况与中国类似。著名学者季羡林指出："关于东方历史的某一些特点，马克思已经指出，印度的生产方式是农业与手工业在家庭里的结合。手织机和手纺机产生了无数的织工和纺工，这就是印度社会构造的枢纽。"②这是季羡林对印度较早时期的描述，相当于19世纪末、20世纪初的中国。马克思描述的是100多年前的印度，那正是大英帝国进入印度，对其进行殖民统治同时又引入西方工业的时期。印度在被英国殖民统治时期并没有形成自己独立的工业化体系，仅成为英国工业链条的组成部分，为其生产黄麻和棉花；直到印度共和国成立，印度都没有完成自己的工业革命。包括英国人在内的欧洲殖民者来到印度，主要是为了购买印度的香料和其他物品，后来随着贸易的发展，欧洲的机器工业产品进入印度和亚洲其他国家，这也是东印度公司进入印度的目的之一，如同发生在近代中国历史上的情况一样，机器大工业产品的倾销扼杀了东方国家（包括印度和中国）的小型工业，甚至家庭手工业。不仅如此，印度还慢慢地接纳了英国的政治制度，以及英国的语言和部分文化，形成了当前印度的体制和机制，造就了它与其他国家不同的共同体的组织方式。

俄罗斯作为一个横跨欧亚的国家，其社会形态转型过程与欧洲经历的历程差不多。在工业革命之前，它基本是一种公社社会形态——农民、贵族、小手工业者组成的公社社会。这样一种社会形态，随着工业革命和工业化的进程逐步转型，其转型的基础是市场经济和工业生产。"城市的平均人口在1856年时尚为8500人，到1910年已高达2.5万人。随着人数的不断增加，等级内部成员彼此之间要保持密切友好的关系实

---

① 费孝通：《费孝通全集》第二卷，内蒙古人民出版社2009年版，第266页。
② 王树英编：《季羡林学术著作选集：印度历史与文化》，新世界出版社2016年版，第3页。

为一件难事。况且,人数越多分歧越大,意见也越不统一,因此而形成的不同利益团体也就越多,等级内部成员彼此之间的关系也就日趋复杂。"①造成俄国公社解体最直接的原因主要有:商品经济发展,货币关系形成,独立经营的业主向农业及产业工人转化等。这一时期,市民和农民呈现出跳跃式发展,城市的商人同市场关系越来越密切,商人在社会中发挥越来越重要的作用,市场生产越来越成熟,原来的家庭小市民逐步变为工人,社会结构发生了深刻变化。

(二)从"孤立和隔膜"的乡土社会生活到万物互联的社会生活

工业革命和城市化带来了人类生活方式的变迁,对社会进步意义重大。"从20世纪60年代的观点看,这场工业革命开始于200年前的英国,仅仅一个多世纪以后就达到了真正大规模的繁荣,构成了我们时代之前的一场人类经济与社会生活的突变,看来似乎完全可以与从捕猎过渡到农牧业的新石器时期的变化程度相比拟。"②传统文明中的生活方式开始发生变化,甚至崩溃,包括印度、日本、中国等。伴随着工业革命和技术传播,这种变化继续向非洲地区、亚洲的落后地区扩散。面对如此深刻的变革,各种对于未来社会反思的理论和思想纷纷出现,人们为再造一个新的世界思考着,甚至幻想着未来。"每个社会,无论大小,都按独特方式对新的刺激、机会和危险有所反应。致使1850年以来的年代显得极不寻常的是,每个社会几乎都遇到了来自外部的刺激;因此从工业革命和民主革命中产生的以西方为中心的世界主义,使世界再没有什么

---

① [俄]鲍里斯·尼古拉耶维奇·米罗诺夫:《俄国社会史:个性、民主家庭、公民社会及法制国家的形成(帝俄时期:十八世纪至20世纪初)》(上卷),张广翔等译,山东大学出版社2006年版,第544页。
② [美]威廉·麦克尼尔:《西方的兴起:人类共同体史》,孙岳等译,中信出版社2018年版,第750页。

重要的地区能与世隔绝了。"①整个世界都卷入了这个过程，这是全球化社会不断演化的过程。

建立在技术进步基础上的经济增长创造了更高的收入，更多的财富，普遍改善了人们的生活。"个体化进程基于从传统和限定的社会形态中的释放：传统的社会关系、家庭、当地社区、邻里关系，全部都变得不那么重要。然而矛盾的是，现代化的个体最终要依赖社会，因为他摆脱了传统社会关系。随着越来越多的人生活移动性变强，人们往往不再与父母住在同一条街上，因此需要一个可以在上班时帮忙照顾小孩的日托中心。"②各种公共服务和社会服务相继出现。传统意义上的社会衰落已经成为"现代化"的副产品。伴随着城市化进程，教育、住房、就业、公共卫生、交通等基本公共服务需要建设，贫富差距扩大、城市犯罪等问题相继出现，这些都成为工业革命和城市化进程中必须纳入全盘解决方案的一部分。

乡村生活和都市生活形成鲜明对比。传统农业经营是由家庭、家族来完成，知识可以代际传播，无需正规教育；与生产相适应的家庭聚集在一起，经常共进晚餐和举行节假日活动。在城市里生活则是另外的景象：人们的就业方式发生了根本性变化，新的职业模式要求教育和职业训练要与之相适应，大学教育和职业教育也随之发展起来。"不仅劳动大军的实际生活发生了剧烈的改变，他们的心态和思想也发生了剧变。在拥挤的卫星城中心的生活，缔造了与隔绝乡村截然不同的心态。"③传统是人类及其历史的骨架，当代人可以从中解读出意义。在工业社会和

---

① ［美］威廉·麦克尼尔：《西方的兴起：人类共同体史》，孙岳等译，中信出版社2018年版，第818页。
② ［德］海因里希·盖瑟尔伯格：《我们时代的精神状况》，孙柏等译，上海人民出版社2019年版，第57页。
③ ［英］克里斯·哈曼：《世界人民的历史：从石器时代到新千年》（下），潘洋译，北京大学出版社2017年版，第409页。

城市生活中，咖啡馆、广场、公园、餐厅出现了，既调整了城市的人口分布，也重构了人群功能。在伦敦，人们可以聚集在咖啡屋中喝咖啡、看报纸，咖啡屋成为城市生活的信息中心。到19世纪，咖啡桌已经摆到了路边和街头，公共空间进一步扩大。在城市中，竞争一开始是发生在各个专营产品和某种货物之间，后来发展到区域性和某类产品的竞争，市场推动了这种网络的扩张，地区市场、地区公共空间和社会空间慢慢扩展开来。"大城市的社会关系和经济关系十分复杂，当你和某个人发生交往的时候，就算你了解他所从事的工作，了解他要抚养多少个孩子，总而言之，就算你了解他的谋生方式，你也无法判断他是什么人。"①这种情景对于长期生活在熟人社会的人们是一种震撼。"对于一个生于古代政制时期，直到19世纪仍然健在的巴黎老太太来说，她年轻时的巴黎和她年老时的巴黎之间的对比显示了公共生活在19世纪突飞猛进的发展。"②这既是经济转型时代，也是社会转型时代，更是文明转型时代。

进入工业革命和城市化之前，"孤立和隔膜"使居住在同一个村落的人们形成相对独立的生产和生活圈子，加上单个村落人口规模少，人们低头不见抬头见，相互熟悉，形成熟人社会。在这样的熟人社会里，约束人们行为的不是现代意义上的法律，而是规矩，即习惯和习俗。"差序格局"是发生在农业社区的中国乡土社会的关系模式，即遵循着传统的人伦规则，个体以自己为核心，以生活在一个很小区位上的家为单位，自己、家庭和家族是社会的核心，人们的社会空间是从家庭往外拓展。

理解费孝通在《乡土中国》中提出的"差序格局"需要理解和把握两个概念，一是中国乡土社会，二是现代西方社会。在分析当时中国社

---

① ［美］理查德·桑内特:《公共人的衰落》,李继宏译,上海译文出版社2014年版,第165页。
② ［美］理查德·桑内特:《公共人的衰落》,李继宏译,上海译文出版社2014年版,第173页。

会的结构特点时,费孝通对中国和西方的社会结构是跨越时空进行比较的,即比较发生在不同空间结构上的不同发展阶段的社会特征。在比较中,他发现了中国的"差序格局"和西洋的"团体格局"。中国当时处于农业社会发展阶段,西方处于工业化阶段。"差序格局"和"团体格局"是对不同发展阶段上的社会结构的表述,就当时的时空来说是同时发展的两种不同的社会结构。

由于历史、地理、文化等原因,"共同体"概念在东方国家有自己的内涵。"西方社会不是家庭型社会,而是大众型社会,其范围大于我们的社会(指印度社会——笔者注)。它在家庭中的领域远不如在外面的领域。我国所谓的家庭,不适合欧洲,欧洲人处于松散的状态。"① 这是泰戈尔在20世纪初对印度和英国的描述,这种描述类似费孝通在《乡土中国》中对中国乡土社会的描述。泰戈尔描述的不仅是东西方的差异,也是不同发展阶段上的差异——农业社会和工业社会之间的差异。"英国社会范围宽广,它所有的活动在外部扩展,所以它随时准备各种社会规则的制约。"② 这些所谓"各种社会规则"如同滕尼斯的"法理"。英国殖民者把西方的文化引入印度,推动印度旧的社会风俗习惯的改革,同时也保留了印度的一些习惯;在"促进基督教传播的同时,殖民政权开始采取立法手段改革印度教的某些陋习。……印度新兴的资产阶级知识分子也呼吁当局采取措施。这样,就导致20年代末期颁布一系列社会改革的立法"③。1853年,马克思在《不列颠在印度的统治》和《不列颠在印度统治的未来结果》两篇文章中分析了殖民主义对印度影响的双重性:"英国在印度要完成双重的使命:一个是破坏的使命,即消灭旧的亚洲式的社会;另一个是重建的使命,即在亚洲为西方式的社会奠

---

① [印]泰戈尔:《泰戈尔笔下的印度》,白开元编译,中央编译出版社2015年版,第137页。
② [印]泰戈尔:《泰戈尔笔下的印度》,白开元编译,中央编译出版社2015年版,第137页。
③ 林承节:《印度史》(修订本),人民出版社2014年版,第213页。

定物质基础。"①从马克思的论述可以看出,殖民主义者从来就不是为了印度的发展,而是为了宗主国自身的利益。

从农业社会到工业社会、从农村社会到城市社会的转变历经200多年,当前人类面临百年未有之大变局,技术革命在这个百年未有之大变局中发挥着决定性作用。互联网技术在社会领域的广泛应用,"这样的社会是很大程度上将人从劳动中解放出来"②。这也实现了马克思对于人的全面发展的理想:使人人幸福,建设人性化的社会。这个阶段上的共同体将是高标准、更舒适、更便捷、更富裕和更健康的社会,也是人们的各种需求得到全面满足的社会。未来的智能社会中,技术在先,社会在后,但社会是目标和目的。技术能够帮助人们解决社会问题,接纳人类的多样性,形成包容、多元的社会结构。这将激励人们对19世纪以来传统共同体思想的进一步发展和提出新的想象。

(三)从民族国家到人类命运共同体

自从民族国家产生以来,共同体建设就成为维护国家统一和领土完整的文化和价值纽带。1649年建立的英联邦被视为民族国家的最早尝试。也有人认为,法国大革命(1789—1799)建立了世界上第一个民族国家。18世纪以来,民族国家作为一种政治模式秉承两个基本原则:一是坚持主权国家,即一个国家在不受外来干涉的前提下治理其领土,承认领土内部的民族自治;二是国家的权力属于人民,这意味着国家治理需要人民的参与和承认人民的治权。民族国家实行公民身份制度,公民通过社会化过程接受共同的社会规范和共同文化;公民身份是一种超过群体和族群归属感的国家组织形态。国家作为独立的群体,使其成员逐

---

① 《马克思恩格斯全集》第九卷,人民出版社1995年版,第247页。
② [日]日本日立东大实验室:《社会5.0:以人为中心的超级智能社会》,沈丁心译,机械工业出版社2020年版,第198页。

步具有相同的文化特征，族群作为社会成员融入主权国家的社会；领土内部的各个民族互相融合、相互团结，以实现对国家的忠诚，保证国家统一目标的实现；民族国家内的民族多样性和宗教多样性带来了生产方式和生活方式的多样性，以及国家治理的多样性，形成多样性的国家治理体系；这样的国家治理体系建立在同化、排斥和适应等文化价值基础之上。19世纪以来，民族国家把政治限定在了国家范围之内，使国家范围内的政治、社会与国家之间的关系变得越来越密切。多民族统一的国家一般都有共同的历史记忆，同时各个民族的自我意识也有深厚的历史根基。在民族国家历史发展中，各个民族之间的适应和同化最为普遍，但排斥也不可避免，甚至冲突时有发生，因民族问题导致国家解体的现象也曾出现过，苏联就是典型例证。美国作为历史最短的民族国家，采取了"熔炉"政策，有成效，也有问题，而且问题越来越多。

20世纪后期，全球化加速，人们也将其称为"全球化时代""后工业时代""后现代时代"。凡此种种，都是对最近几个世纪以来的民族国家制度遭遇挑战的表达方式。20世纪后期还出现了一种风靡世界的现象，这就是所谓的"社团全球化"。大量国内社会组织和国际社会组织涌现出来，造就了一批围绕原住民权利、环境保护、反地雷运动、人权等问题寻求解决方案的组织。这些组织把民族国家内部问题国际化，借助新媒体平台的影响力，把一些话题拓展到全球公共领域，使其成为国际领域的重要政治话题，直接挑战了民族国家的主权原则，赋予"共同体"概念新的含义。

与西方近代形成的民族国家不同，中华民族共同体有着自己的特点，这使其区别于19世纪以来出现的西方各类共同体。如费孝通所说："我们东亚这一块大陆和西欧相比，在这方面大不相同。西欧至今统一的局面还没有形成，甚至所谓'共同体'也不牢固，而我国统一的主流是没有断过的。所以，在我国民族问题上的'一'和'多'的矛盾，一直是个内部矛盾，是在统一局面里怎样正确处理各民族之间的关系问题。"①费孝通的这个观点,可以从派克1932年访问中国时的印象中得到佐证。当时,派克被中国的文化和文明深深打动,他说:"中国就是这一种有机体。在它悠久的历史中,逐渐生长,并在地域上逐渐扩张。在此历程中,它慢慢地,断然地,将和它所接触的种种比较文化落后的初民民族归入它的怀抱。"②在派克看来,中国是一个已经完成了的文明,它的文化、习俗、制度相互搭配而形成一个完整的系统。派克这一印象也得到历史学家许倬云的证明:"秦汉时代,一个庞大的共同体网络终于形成。这一'天下'格局,以其开放性不断吸收与消化外来的影响。"③这是中国区别于其他民族国家的典型特征之一。中华民族这个概念的提出恰恰是在东西方文化碰撞的过程中形成的共同体意识。近代以来,不同国家由于经济、政治、历史、文化等原因,在面对外国资本、技术、商品入侵的过程中,表现出不同的对抗方式或接纳方式。例如,中华民族面对外敌入侵,同仇敌忾、浴血奋战,坚持民族独立,寻求民族解放,在中国共产党的领导下,最终走上了独立自主的发展道路。在这个过程中,中国人民铸牢了中华民族共同体意识,进一步建设了中华民族共同体。而前面所讲的印度则是另外一种方式。

以上我们给出了东西方工业革命的大背景:千年未有之大变局与百年未有之大变局。发源于欧洲的工业革命带来了人类历史上的千年未有之大变局。之后这场革命向世界各地拓展,自西向东,自北向南,又形成了百年未有之大变局。人类要适应千年未有之大变局和之后的百年未有之大变局,就必须对共同体作出新的阐释。

---

① 费孝通:《费孝通全集》第十卷,内蒙古人民出版社2009年版,第18页。
② 费孝通:《费孝通全集》第一卷,内蒙古人民出版社2009年版,第134页。
③ 许倬云:《说中国:一个不断变化的复杂共同体》,广西师范大学出版社2015年版,第7页。

二、共同体思想产生和发展的理论逻辑

"共同体"是一种自然历史现象,它是人类在组织成为群体过程中形成的相互认同、共同归属等组织形式和文化价值。不同个体和群体在特定的人文环境中形成某种特定的组织形式和文化价值,它们在不同的历史阶段有不同的表现形式,如原始社会的部落、农业社会的村落,以及在村落基础上形成的各种区域性的共同体,等等。《不列颠百科全书》将community翻译为"群落"(Biological Community),将其视为生物学术语,"指居住在同一个地区的各种物种的个体组成的相互作用的群体"[①]。"共同体"并非人类所独有的组织形式,共同体思想在柏拉图和亚里士多德等思想家的著述中已经有所阐述。

(一)"共同体"在语言中的历史演变

面对千年未有之大变局,"共同体"这一概念的历史变迁首先在语言和词汇上反映出来,最为典型的是英文的community和society,德文的Gemeinschaft和Gesellschaft,它们反映了不同群体、族群在历史变迁中的自我意识状态,以及逐步形成的共享身份。他们以何种形式共同生活取决于人们之间的互动程度,更取决于被马克思称之为"基础"的生产活动。15世纪开始的全球探险活动,加速了地球上原先各自独立的群体、族群之间的交往交流交融,也开始唤醒各个共同体的自我意识。

1. "共同体"的语言演变逻辑

英文community从词源上可以追溯到古法文comunete(社区、共同体、每个人、公社)和拉丁文communitatem,以及拉丁文的communis

---

① 《不列颠百科全书》国际中文版(修订版)第四卷,中国大百科全书出版社2007年版,第393页。

(公社、社区、社会、团契、友好交往、礼貌、谦逊和可亲)。在拉丁语中,前缀com表示"联合、合作、一道"等意思,删除"com"后,留下munis,意思是指"加强、防御",communis一词表示:一是人们在关系与情感基础上形成的共同体,二是具有普遍和共同的意思。与community比较接近的德文词是Gemeinde,而不是Gemeinschaft,后者是指彼此产生活动的行政单位和宗教活动区域,在词语使用上与滕尼斯的用法有一定区别。

新中国成立之后修订的《英华大词典》把community定义为:一是地方社会(吴文藻在20世纪30年代对community就是这样翻译的),包括公社、村社、集体、乡镇、群落、社群;二是共有、公用、共同体;三是共(通)性、类似性。①

在Gemeinschaft这个概念被滕尼斯界定和诠释之前,不少民族语言中已经有了类似的对应词来表述Gemeinschaft所提出的社会生活形态的表述形式。从历史上各个国家的生产力状况来看,各个国家都有自己的国情,但在相似的生产力基础上的发展,大致经历的发展形态是一致的。这符合马克思对人类发展的分析,即大致相同的生产力水平会造就类似的社会组织结构。各个民族在自己的语言中对于共同生活的经历会有类似的语言表达,证实了马克思主义的基本原理:不是人们的意识决定人们的存在,而是人们的存在决定人们的意识。

2.英文community的历史演变

中文的"社区"一词源自英文。"community这个英文词,自从14世纪以来就存在"②,最初是指居住在同一地点的人们联系起来的意思。它

---

① 郑易里、曹成修主编:《英华大词典》(修订第二版),商务印书馆1989年版,第276页。
② [英]雷蒙·威廉斯:《关键词:文化与社会的词汇》,刘建基译,生活·读书·新知三联书店2016年,第125页。

在英文中的含义是不断变化的,从14世纪起,community先是用来指政府或有组织的社会,尤其指小型社会组织或政府组织。14世纪至17世纪,它主要是指平民百姓,以区别于有地位的社会成员。自16世纪起,它拥有了公共特质,诸如共同利益、共同财产、共同身份等。"从17世纪开始,有些迹象显示community与society这两个词含义的不同。"① 到了18世纪,community指的是一个地区的人民。进入19世纪,community在词义上比society更接近人们的日常生活,更具有现代意义上的社群关系之意义,society则更有现代国家建构下的社会关系的含义。community和society这两个词在词义上有些接近滕尼斯的Gemeinschaft和Gesellschaft。这两个词在进入19世纪后,与工业革命和城市化进程、民族国家的发展、社会主义思潮以及社会学研究呼应起来。

3.中国传统文化中的"大同"

中国传统文化对于初民的共同社会生活有自己的描述,对人类的未来提出了愿景。《礼记·礼运》篇中讲"大同",一方面阐释了先民们对共同生活的美好憧憬;另一方面阐释了先民们对实现这种美好憧憬的共同社会准则的制度安排,即"大同"的要义:"男有分,女有归。货恶其弃于地也,不必藏于己;力恶其不出于身也,不必为己。是故谋闭而不兴,盗窃乱贼而不作,故外户而不闭,是谓大同。"② 我们将《礼记·礼运》中的"大同"视为中国传统文化对"共同体"的早期探索。到了近代,康有为在其所著《大同书》中则把"大同"视为一种理想社会形态,并对其进行了细致的描述,例如:"大同之世,人无所思,安乐既极,惟思长生,而服食既精,忧虑绝无。盖人人皆为自然之出家,

---

① [英]雷蒙·威廉斯:《关键词:文化与社会的词汇》,刘建基译,生活·读书·新知三联书店2016年,第125页。
② 《四书五经》第三卷,燕山出版社2007年版,第1102—1103页。

自然之学道者也。"这只是康有为对"大同"的美好憧憬之一,在《大同书》中他从诸多方面阐述了未来"大同"社会的特征,包括所有制形式、生产力水平、居住方式、交通出行、饮食服饰,甚至洗浴的规范等都做了描述和展望。

4.费孝通把community翻译为"社区"的文化意义

英文community和德文Gemeinschaft都可以翻译成"共同体"或"社区",但在中文中,"共同体"和"社区"表达的意思从其进入中国就不一样,不过"社区"在其研究中吸收了"共同体"的理念。[①]费孝通把community翻译为"社区",将其深深扎根于中国大地,使其紧紧围绕中国的前途和命运,并在晚年将其演化为"天下大同"的理想。

1948年10月16日,时任清华大学教授的费孝通在一篇题为《二十年来之中国社区研究》的演讲中说道,20世纪30年代,在他将community翻译成"社区"之前,当时的中国学术界有"基本社会""地方社会"等多种译法。

(二)近代共同体思想的集体发明和共同创造

1."共同体"成为18、19世纪大转型时代的公共话题

18世纪各国思想家,尤其在工业革命发源地欧洲的思想家们深度关注、认真研究、大胆预测,提出了一系列诠释和解读社会转型进程的思想和理论,"共同体"便是其中之一。孔德、马克思、滕尼斯、迪尔凯姆等人关于社会形态的分析是这个时代社会转型历史的理论展示。18世纪以来,"社群主义者痛惜社区功能正在丧失。自由主义谴责个体在做

---

① 丁元竹:《中文"社区"的由来与发展及其启示——纪念费孝通诞辰100周年》,《民族研究》2020年第4期。

出自由的、负责的决策时已不再处于中心位置。社会主义者关注失掉的团结精神和稳健的社会凝聚力"[1]。为了实现各自的目标，他们从不同的视角进行研究，提出解释框架和解决办法。"共同体与社会"理论是这些思潮中的一种，是对工业革命及其带来的社会变迁中的人类境况做出的回应。与社区研究比较密切的美国人类学家弗朗兹·博厄斯（Franz Boas）就发现：农村人对问题的反应比较慢，但是他们的判断更加准确；城市人追求效率，反应非常快，但是准确率低。这是由于效率和压力造成的。博厄斯多次率队开展民族调查，阿拉斯加、匹兹堡都留下了他的足迹。除了博厄斯，这个时期研究城市和乡村的学者大有人在，"在这些研究中，人们重视价值观甚于事实"[2]。在当时的人们看来，"共同体"是人类在自然状态下发展进化出来的组织形式，人们之间相互传播信息、开展互动活动和个体之间在互动过程中的相互表达、交流、释放，这是人的本性，是自然过程的一部分；而"社会"则是通过工业革命和技术进步造成的人工特征的社会形式。

在当时，研究工业革命、城市化给社会生活带来的影响成为学术界的重要话题。面对这样的社会变革，人们在意识形态上自然分成了不同的阵营，阶级意识的形成，资本主义的发展，社会主义思想的兴起，工人运动的萌芽，等等，都在那个时代的思想家的著作中得到了深刻反映。

2.共同体思想的集体探索

对于发生在这个历史时期的巨大社会变革，思想家们从各自的视角进行分析，形成了自己独具特色的解释，在这里我们列举一二。

一是托马斯·霍布斯（Thomas Hobbes），英国哲学家和政治理论家，

---

[1] ［意］皮耶尔保罗·多纳蒂：《关系社会学：社会科学研究的新范式》，刘军、朱晓文译，格致出版社、上海人民出版社2018年版，第26页。
[2] ［英］阿萨·布里格斯：《英国社会史》，陈叔平等译，陈叔平、陈小惠校，商务印书馆2015年版，第235页。

他对人类本质属性进行了系统解读,探索了国家主权、国际关系、家庭生活等重大理论问题。他认为,社会通过建设自己的功能实体获得发展,这些实体之间具有自己的协调能力,设定自己的发展目标,协调发展的各种资源。在现代社会中,每个人都生活在多重社会组织形态中,包括公司、政府组织、立法机关、理事会等,形成复杂的经济社会关系。在《论公民》一书中,霍布斯对罗马共和国进行了研究,探讨了政府起源、社会法则对人的规定等。霍布斯的国家学说对滕尼斯产生了重大影响。1876年,滕尼斯以极大热情阅读了霍布斯的《论公民》,如他自己所言:"这本对我来说最重要的著作确定了我未来的思想方向。"①

二是马克思,19世纪最伟大的思想家,他和恩格斯通过研究和观察发现了人类社会发展的基本规律。马克思不仅强调物质力量在人类社会发展中的决定性作用,也强调了精神力量的重要性。通过人类社会演变的规律、结构和功能的分析,马克思展示了他在社会领域的智慧。滕尼斯在《共同体与社会》第二卷中探讨了意志的内涵及形式,马克思对这个问题也进行了深刻研究,指出人们在社会生活中必然建立起意志的关系,但起决定性作用的是人们之间的物质关系,意识只是社会发展的一部分。马克思在《1844年经济学哲学手稿》中比滕尼斯更早阐述了"共同体"这一概念,他写道:"共同性只是劳动的共同性以及由共同的资本——作为普遍的资本家的共同体——所支付的工资的平等的共同性。相互关系的两个方面被提高到想象的普遍性:劳动是为每个人设定的天职,而资本是共同体的公认的普遍性和力量。"②在马克思看来,人类在其发展的一定历史阶段,尤其发展初期,由于生活和生产需要共同组成家庭、部落,并以血缘、语言、习惯等为制度基础,共同实现生存和发

---

① [德]斐迪南·滕尼斯:《共同体与社会:纯粹社会学的基本概念》,张巍卓译,商务印书馆2019年版,第539页。
② 《马克思恩格斯文集》第一卷,人民出版社2009年版,第184页。

展的目的。每个人作为共同体成员,遵循共同体的基本规范。理解了这点,就可以推断为什么滕尼斯在写《共同体与社会》之前,既认真阅读马克思的著作,又极力避免受马克思影响的原因了。后来恩格斯在《家庭、私有制和国家的起源》一书中,也将群婚制度中的性关系称为"性共同体",在马克思和恩格斯那里,"共同体"是作为早期人类的一种社会生活形态来使用的,后来他们又将其用于对资本主义社会的分析,提出货币共同体、资本家共同体、劳动者共同体等。在对资本主义基本矛盾深刻分析的基础上,马克思和恩格斯将共产主义视为人类社会发展的最高形式,作为一种理想类型的共同体,认为只有在这种共同体中,人类才能得到自由、全面的发展,这种自由和全面发展是通过人的自由联合实现的。在马克思和恩格斯的思想中,"共同体"显然不仅包含滕尼斯所阐述的"共同体"的含义,即人们的各种组织形式和生活形态,历史的和现实的,它同时也是一种社会理想。马克思在《德意志意识形态》中阐述,共同体有原始的共同体、虚假的共同体和真正的共同体三种类型,想以此勾画人类社会发展的脉络,构成其唯物史观的基本内容。①马克思是从经济学的抽象中分析了从农业社会到工业社会的转型过程,强调了经济力量这种带有普遍性意义因素的价值,而滕尼斯则关注那些从农村中转移出来的工人们的居住和日常生活形态。②在形成其共同体思想过程中,马克思还吸收了柏拉图、亚里士多德、康德、黑格尔、圣西门、傅立叶等人的思想。马克思不仅关心欧洲社会,也在东方社会研究中倾注了巨大精力。

三是迪尔凯姆,他对社会形态进行了区分,即区分了小型工业化前社会的机械团结与现代工业社会的有机团结。机械团结是指将同质性的

---

① 王超奕:《〈德意志意识形态〉中的共同体思想及其当代意义》,《甘肃社会科学》2019年第5期。
② [加]丹尼尔·亚伦·西尔、[美]特里·尼科尔斯·克拉克:《场景:空间品质如何塑造社会生活》,祁述裕、吴军等译,社会科学文献出版社2019年版,第181页。

个体结合在一起而形成的社会纽带,这种结合在很大程度上取决于共同的信念、习俗、仪式、惯例和象征,它们背后都代表着一种心态。有机团结则是基于社会差异而建立起来的社会秩序,以社会高度分化、社会成员充分分工为基础。在有机团结中,维系社会成员的纽带是因社会分工和社会专业化而造成的成员之间不可超越的相互依赖关系。在工业城市中,人们不再受机械团结的束缚,个人之间的有机联系更加容易。广泛的分工、人际关系、各类种族、新的亚文化等打破了传统的控制。

四是摩尔根(Lewis Henry Morgan),美国著名民族学家、人类学家,长期从事印第安人社会制度、人类婚姻制度、亲属制度和氏族制度的研究。摩尔根把社会发展形态分为蒙昧时代、野蛮时代、文明时代,其最重要的著作《古代社会》(*Ancient Society*)于1887年出版。在中国学术界,有人把摩尔根视为社区研究的第一人。[①]当然,人类学的社区研究与滕尼斯的共同体理论是有区别的,前者是一种实地研究单位和研究方法,后者是一种社会理论解释框架。实地研究方法是把理论作为分析框架扎根实际,获得知识,向下延伸;而解释框架则是对宏大社会进程进行理论描述,向上延伸。18世纪以来,进化论、考古人类学、文化人类学的发展,使人们有机会对早期社会发展的认识获得更加全面的认知,追溯社会发展历史和历史上的人类发展形态的条件已经具备。

五是梅因(Henry Sumner Maine),19世纪英国颇具盛名的法学家,1861年出版的《古代法》(*Ancient Law*)一书使其声名显赫。在这本书中,梅因把社会分为两种类型,即静态的社会和动态的社会。静态的社会主要是指非西方社会,包括印度和中国等,在这样的社会里,以家庭为主导的风俗习惯约束着人们的行为,法律对人们的行为约束非常有限;动态的社会里,民法发达,人们的人身权利和财产权利交给公共法

---

① 舒萍:《摩尔根是社区研究的开创者》,《中南民族大学学报(人文社会科学版)》2002年第3期。

庭管理，形成契约社会，建立了现代社会秩序。除了对法律事务有着深刻研究外，梅因对古代民族社会风俗也有诸多研究，例如，他对雅利安人不同支系的风俗习惯进行深入研究和比较分析，并于1871年出版了《东西方村落共同体》(*Village Communities in the East and West*)。1883年，社会史学家希波姆（Frederic Seebohm）出版了《英国的村落社区》(*The English Village Community*)。1875年，梅因出版了《早期制度的历史》(*The Early History of Institutions*)，又于1883年出版了《早期法律和习俗》(*Early Law and Custom*)等。梅因对于社区、法律和制度的历史分析具有开创性意义，这些研究都发生在滕尼斯写作《共同体与社会》之前。在吴文藻看来，梅因和希波姆的乡村研究，"对于现代乡村社区研究，尚有熟读的价值"①。

六是奥托·冯·基尔克（Otto von Gierke），他以提出社团（Genossenschaft）性质和作用理论而闻名。他一生大部分时间都在研究德国结社概念的历史发展，由此出发，他的研究涉及现代股份公司、工会、教会、协会等社会组织模式。在滕尼斯的《共同体与社会》中可以看到这些概念和思想的影子。

七是乔治·齐美尔，他在《大都市与精神生活》(*The Metropotis and Mental Life*)一文中指出，城市生活具有极大的刺激性，并塑造着人们的思想和行为。城市生活可以为摆脱传统控制带来思想解放，为人们改善生活和实现个人主义的目标创造众多机会。在城市中，人们可以获得自治权，可以发挥创造力。派克提出的"社会距离"思想是从齐美尔那里借用的，用来描述现代城市中的种族关系。

八是马克斯·韦伯，他关注中世纪城市发展形态，于1921年出版了《城市：非正当性支配》(*The City: Non-Legitimate Domination*)一书，成为研究中世纪西方城市的经典范例。韦伯关注中世纪城市，中世纪城市

---

① 吴文藻：《论社会学中国化》，商务印书馆2017年版，第447页。

的新发展秩序表明古代社会发生巨大变化。滕尼斯和韦伯曾经在20世纪初年结伴赴美国参加国际会议。

以上只是部分地列出与滕尼斯有直接关系的社会学者和思想家,其实那个时代关注社会形态和共同体理论的学者不止这些。我们想说明的是,这些思想家,包括滕尼斯本人,都是潜心研究社会转型的先驱,他们几乎都是从历史到现实,从理论到实地,综合研究和考察欧洲社会转型,并进行系统解释和构建出自己理论体系的学术巨人。在这样的学术氛围和历史环境中理解滕尼斯的共同体思想就比较容易,比较客观。如果说霍布斯、马克思、滕尼斯等一代学者经历了从传统农业社会向工业社会转型,从纵向来反思传统农业社会与工业社会之间的关系,进而提出了社会形态理论、共同体理论,那么到了20世纪,西方文化、西方工业向世界各地渗透,向发展中国家渗透,引发发展中国家和发达国家共同考虑民族问题、民族意识和民族主体性问题,则构成工业革命后,多元文化理论、共同体理论兴起的历史基础。

19世纪中叶后,马克思也把目光从欧洲转向东方。1859年他在《〈政治经济学批判〉序言》中写道:"大体说来,亚细亚的、古希腊罗马的、封建的和现代资产阶级的生产方式可以看做是经济的社会形态演进的几个时代。"①尽管人们对马克思所说的"亚细亚的"的内涵还有不同理解,甚至存在针锋相对的结论,但有一点大家是承认的,那就是马克思自19世纪50年代后,把自己的视野从比较集中关注欧洲经济社会及其历史逐步放宽到东方,包括中国、印度、俄国等,并启其东西方的比较研究,拓展了历史唯物主义的视野。

(三)滕尼斯集欧洲19世纪共同体理论之大成

滕尼斯是共同体思想的集大成者。总体而言,滕尼斯的《共同体与

---

① 《马克思恩格斯文集》第二卷,人民出版社2009年版,第592页。

社会》深深打上了19世纪三大学术思潮的烙印,即达尔文的进化论、马克思的经济学说以及摩尔根的古代社会理论。

滕尼斯是欧洲从乡土社会转向城市社会的见证者。他在德国艾德施泰德乡村农家大院里度过了快乐的童年,备受父母呵护。他在乡村中的家庭、乡村共同体中度过了9年时光,在那里,感受到了温暖、亲情、快乐和认同。"这些启迪远远影响到后来他的基本理论的构想。"①正如英国历史学家尼尔·弗格森所说:"史书将大部分人都粗略地划分为'农民',典型的农民阶层被局限于一个叫作'家庭'的小群体中,而家庭又属于一个叫作'村庄'的略大的群体,这些地方跟外界几乎完全没有联系。"②这大概是滕尼斯童年时代生活状态的真实写照,也是其共同体的最初想象空间。这种生活空间在费孝通的《乡土中国》一书中被称作"空间隔膜",即乡土社会。

滕尼斯在构思"共同体与社会"理论框架过程中,反复阅读马克思、梅因等人的著作,最终把自己的理论与社会主义和共产主义学说联系在一起,后来为了政治上的考虑又将其学说上升到社会学基本理论层面。对滕尼斯思想产生影响的思想家还有奥托·冯·基尔克。在某种程度上,滕尼斯的共同体思想更类似于孔德、马克思和梅因的社会形态思想,与人类学家研究的"社区"有所不同。

滕尼斯在1878年夏天第一次阅读了马克思的《资本论》,对马克思产生了敬意,之后又阅读了恩格斯的著作,他说:"我赞成将'共产主义'和'社会主义'视作一对科学概念。"③在滕尼斯着手写作《共

---

① [德]乌韦·卡斯滕斯:《滕尼斯传:佛里斯兰人与世界公民》,林荣远译,北京大学出版社2010年版,第6页。
② [英]尼尔·弗格森:《广场与高塔:网络、阶层与全球权力竞争》,周逵、颜冰璇译,中信出版集团2020年版,第2页。
③ [德]斐迪南·滕尼斯:《共同体与社会:纯粹社会学的基本概念》,张巍卓译,商务印书馆2019年版,第528页。

同体与社会》的1883年，马克思去世了。滕尼斯在马克思去世的头一年还与其见过面。与同时代的学者一样，滕尼斯不希望自己完全跟在马克思和恩格斯身后邯郸学步，想要另辟蹊径，创立自己的思想体系。1885年，滕尼斯全身心投入到《共同体与社会》的写作。当时，马克思和恩格斯的共产主义思想已经成为欧洲思想界的重要思潮之一，滕尼斯考察了这个时代的社会哲学体系，把"历史主义"和"理性主义"与"共产主义"和"社会主义"一同分析，逐步形成了关于传统农业社会特征与现代商业社会特征的理论构想。在方法上，滕尼斯把德国人擅长的思辨分析与英国人擅长的实证分析有机结合起来，分析欧洲乃至整个世界由传统农业社会向工业社会变革的过程。在写作过程中，他不断阅读历史学和人类学文献，还从经济、政治、法律、历史等诸多方面丰富"共同体"和"社会"的理论内涵。他在1887年2月完成了这本书的创作，并将副标题确定为"作为经验的文化形式的共产主义与社会主义"。之所以采用这样一个副标题，是因为他想以此来回应当时社会上流行的"共产主义或社会主义"口号，试图将其视为现实生活的一部分，而不仅仅是空想或幻想，这种提法与当时的德国政治氛围不相适应。在德国皇帝统治下的国家，"社会主义或共产主义"被认为是对当时政治体制的挑衅，在1912年第二版出版时，他将副标题改为"纯粹社会学的基本概念"。滕尼斯晚年因反对希特勒的法西斯主义暴政而被解除国家公职，不再留任大学教职，生活无着落，著作出版也受到了限制，生活悲惨。

滕尼斯把自己的基本理论和主要概念放在一个大时代变迁中去界定，他在《共同体与社会》中写道："在宏伟的文化发展过程中存在着两个相互对立的时代（Zeitalter），即一个社会的时代跟随在共同体的时代之后。共同体时代通过作为默认一致、习俗与宗教的社群意志表现出来，社会的时代则通过作为协定、政治与公共舆论的社群意志表现出来。"①这实际是对农业社会到工业社会转型的描述。在接下来的论述中，他把共同体生活概括为家庭的生活（背后的意志是默认一致，主体是大众）、村庄的生活（背后的意志是习俗，主体是公社）、城镇的生活（背后的意志是宗教，主体是教会）；社会生活则包括大城市生活（背后的意志是协定，主体是绝对的社会）、民族的生活（背后的意志是政治，主体是国家）、世界性的生活（背后的意志是公共舆论，法权秩序是共和国）。滕尼斯采取把人类社会发展分为传统社会和现代社会的二分法，与同时代的马克思把人类社会分为五个发展阶段，以及迪尔凯姆在《社会分工论》（1893）一书中把社会分为有机社会和机械社会等不同的分法一样，都是对那个时代的社会变迁从不同角度进行反思和认识。细究起来，他的理论探索细节还是值得推敲的，尤其是每个社会中的不同类型、背后的意志支撑以及主体都有可推敲之处。"在他看来，Gemeinschaft存在于中世纪晚期资本主义尚未兴起、城市化尚未出现的世界或者传统的社会之中。这意味着人们彼此之间进行完整而开放的情感交流，Gesellschaft只能在等级社会中出现。与之相反的，Gesellschaft的关系则适合现代社会，因为现代社会出现了劳动分工和不稳定的阶级，人们的身份不再由世袭而来。"②

滕尼斯通过《共同体与社会》一书系统分析并界定了Gemeinschaft（共同体）和Gesellschaft（社会），赋予这两个概念学术意义和学术价值，通过其学术思想表达了一定的社会思潮，例如社会主义和共产主义思想。关于这一点，可以从梁启超在20世纪初期的论述中窥见一斑："近代的欧洲，新思想和旧思想矛盾，不消说了。就专以新思想而论，因为解放的结果，种种思想同时从各方面迸发出来，都带有几分矛盾性，如

---

① ［德］斐迪南·滕尼斯：《共同体与社会：纯粹社会学的基本概念》，张巍卓译，商务印书馆2019年版，第460—461页。
② ［美］理查德·桑内特：《公共人的衰落》，李继宏译，上海译文出版社2014年版，第309页。

个人主义和社会主义矛盾，社会主义和国家主义矛盾，国家主义和个人主义也矛盾，世界主义和国家主义又矛盾。"①梁启超所谓的"矛盾性"实质上是指经济社会矛盾本身，这是大转型时期的基本矛盾，集中反映了"旧"与"新"，即从传统的农业社会向现代工业社会转型，持续了数千年的经济结构、社会结构、心理状态都充满矛盾和问题，并反映在这个时代思想家的著述中。胡适则把这个时期的思潮概括为："十八世纪的新宗教信条是自由，平等，博爱。十九世纪中叶以后的新教条是社会主义。"②《共同体与社会》深深打上了大转型时代的烙印。

此外，滕尼斯的《共同体与社会》也已经触及了世界性话题，例如，他将"社会生活"的第三种形态表述为"世界性的生活"，心理基础是"公共舆论"，法权秩序是"共和国"。滕尼斯生活的时代，全球化运动已经开启，有人将其称为第二次全球化（第一次是哥伦布发现新大陆），他从自己生活的那个时代的全球化和民族国家视角分析共同体与社会。

从1888年开始，学术界对《共同体与社会》有一些评论，书中的观点也开始被引用。滕尼斯此时是基尔大学的私人讲师，《共同体与社会》是他为了谋取基尔大学哲学系私人讲师职位而撰写的。这本书第一次出版时，销量并不大：印刷了750册，售出不到一半。可见受到的关注并不多。到1889年，出版社甚至打算销毁这个版本的绝大部分。总之，在《共同体与社会》出版的头几十年，其影响局限于很小的范围内。到了魏玛共和国时期（1918—1933），共同体理论受到了重视，《共同体与社会》才有机会成为畅销书。由此还可以佐证"共同体"不仅是对历史的描述，也是一种社会愿景。

传统共同体理论是人类对千年未有之大变局的积极回应。19世纪以

---

① 梁启超：《欧游心影录》，《时事新报》1920年3月3日。
② 胡适：《我们对于西洋近代文明的态度》，《东方杂志》1926年第23卷第17号。

来,以滕尼斯为代表的思想家对"共同体"传统进行挖掘并赋予其现代意义,形成其现代根基,本质上是试图找到人类的本质属性。

(四)芝加哥学派开启20世纪城市社会发展共同体之先河

工业革命开启之后,人们先是震撼,后是反思。到20世纪初期,城市化在欧洲和北美迅速发展,各种城市问题相继出现,人们开始有计划地推动社会复兴。"社区"建设便是这个背景下的产物。"社区"概念是"共同体"在中国的另外一种表述形式。滕尼斯和派克二人所处时代不一样,侧重点不一样。由此可以理解马克思所说的,"哲学家们只是用不同的方式解释世界,而问题在于改变世界"。从认识世界到改造世界需要一个过程,既取决于历史自身的逻辑,也取决于思想发展的逻辑。

芝加哥学派的重要思想贡献之一是提出了以下观点:"城市决不只是与人类无关的外在物,也不只是住宅的组合;相反,城市中包含着人类的本质特征,它是人类的通泛表现形式,尤其是由空间分布特征而决定的人类社会关系的表现形式。"①如果说滕尼斯从宏观角度阐释了共同体的宏大叙事,记述了从农业社会向城市社会的转型,那么芝加哥学派则是从微观领域和具体社区入手来寻找城市变革的途径和方法,解决城市化进程中出现的新问题,在理论与现实之间搭起了一座桥梁。现代意义上的社区建设、社区规划、社区分析,尤其是城市社区建设或许可以从这里找到它们的活水源头。如同马克思和恩格斯的共产主义思想在20世纪初期的俄国和中国被付诸实践一样,滕尼斯和派克在人类社会发展的不同阶段上,面对的是不一样的社会存在,因此就有了中国学术界对"共同体"与"社区"的不同内涵的不同认识。

有一种说法认为,滕尼斯提出了"共同体"(Gemeinschaft)概念,

---

① [美]R. E. 帕克等:《城市社会学——芝加哥学派城市研究文集》,宋俊岭等译,华夏出版社1987年版,第1页。

而派克将共同体思想应用于芝加哥的城市研究，拓展了这一概念的地域视野。[1]到目前为止，我们还没有找到能够直接证明这一说法的材料和事实。滕尼斯的"共同体"与现代意义上的、社区意义上的"共同体"是有较大差别的，它在更大程度上是指一种社会形态和社会发展愿景，这也许是为什么吴文藻在谈到社区研究的理论来源时，仅把滕尼斯算在"纯理的社区研究"[2]的理由。到芝加哥学派那个年代，人们已经不单从理论层面阐述社会变迁的过程，还引入了社会规划来改变社会，按照人的意志引导社会发展，逐步把19世纪末期以来的社会理想付诸实践。这一点在20世纪40年代费孝通所著《乡土中国》一书中也反映出来，在这本书的第十四章，费孝通讨论如何对社会发展和面临的社会问题进行规划和引导，讨论了个人的欲望及其实现方式；探索现代社会的人类对于自身发展的谋划和规划，他称之为社会工程或者社会计划。在现代社会里，人们有欲望可以通过实施计划去实现。派克提出的人文生态学（Human Ecology），着眼于人与环境之间的关系。派克着眼于生活环境——城市土地、交通运输系统、自然景观、人行道、自行车道、人口分布等因素，以此预测和规划人们的社会生活和社会关系。最为著名的例子是布吉斯（Burgess）提出的同心带模型。"从1915年到1940年这段时间内，城市社会学芝加哥学派的著述曾风靡一时，影响深远。"[3]芝加哥学派从社会变迁和社会规划入手研究城市问题，这种社会变迁理论与作为社会形态的共同体思想密切相关，也是自19世纪以来，包括孔德、滕尼斯在内的所有社会学家非常关注的领域。芝加哥学派试图把共同体的理想变为现实。

---

[1] 李慧凤、蔡旭昶：《"共同体"概念的演变、应用与公民社会》，《学术月刊》2010年第6期。
[2] 吴文藻：《论社会学中国化》，商务印书馆2017年版，第200页。
[3] ［美］R.E.帕克：《城市社会学——芝加哥学派城市研究文集》，宋俊岭等译，华夏出版社1987年版，第1页。

派克早年留学德国。在柏林期间，派克偶然读到一篇关于社会科学的逻辑的论著《社会与个人》(*Gesellschaft und Einzelwesen*, 1899)，作者是俄国社会科学家基斯佳科夫斯基（B. Kistiakowski）。派克写道："这是我发现的第一部谈论我开始关心的问题的著作。据索罗金说，基斯佳科夫斯基在这本书中阐述了一系列关于现代社会特有的倾向的观点，它们在许多方面很像西美尔以及滕尼斯在《共同体与社会》中所表达的观点。"① 这段话表达了两个意思，一是派克本人关注的问题是现代社会，即工业社会和城市化。二是他间接从基斯佳科夫斯基那里了解了类似滕尼斯的思想。因为受基斯佳科夫斯基观点影响较大，派克决定去海德堡大学跟随基斯佳科夫斯基的老师文德尔班（Wilhelm Windelband）学习，最终成为文德尔班的学生，在文德尔班指导下完成了《民众与公众》(*Masse und Publikum*)的博士论文写作。1903年，派克回到美国，在哈佛大学担任助教一年，教授哲学。在这期间，他对自己的博士论文进行了最后的修改和完善。派克社会学思想的主要渊源是他在德国学习期间接触的各种思想和理论。齐美尔的授课对其影响最大。齐美尔与韦伯、滕尼斯一样，都是德国社会学协会的创始人。他经常出席哲学家、社会学家组织的各种会议，与韦伯、滕尼斯经常见面。在齐美尔看来，社会由多重关系和相互影响的单个人组成，是经常相互作用的复杂网络。社会的大型组织，包括家庭、氏族、经济组织，乃至国家都有着天然的自治权，可以长期存在，它们有时会成为一种外部力量与个体对抗。这里可以看到马克思关于社会和人的理论的一些影子，事实上同时代的人对于同一问题的认识总是相互影响，反映着同时代的社会存在。2000年，麻省理工学院社会学名誉教授加里·T. 马克思（Gary T. Marx）在《转发给斐迪南·滕尼斯：一种舆论理论》一文中，谈到了滕尼斯和派克，尤

---

① ［美］刘易斯·A. 科塞：《社会思想名家》，石人译，上海人民出版社2007年版，第328—329页。

其是关于派克的大众与舆论理论,他说:"任何对集体行动和社会运动领域历史有兴趣的人都必须从滕尼斯开始,他的主张是'坚持和表达意见是一个互动的过程'。在美国,这个领域由芝加哥大学的派克和赫伯特·布鲁默开启。派克在世纪之交时曾在德国学习,并以《民众与公众》为题撰写他的论文,尽管滕尼斯在这里没有提及。"①加里·T.马克思试图说明滕尼斯对"集体行动和社会运动"的最早贡献,也想说明派克思想与滕尼斯思想的历史脉络,但没有给出明确的佐证。科塞在《社会思想名家》一书中认为,派克可能通过德国哲学家保尔森(Friedrich Paulsen)知道了滕尼斯的《共同体与社会》,保尔森是滕尼斯的至交。"这部著作对他必定产生了影响,并与西美尔(即齐美尔——笔者注)和德国哲学家施宾格勒的著作一同构成派克对大都市文化与简单文化之间做出区分的基础。很可能正是通过派克、雷德菲尔德——派克的学生和女婿——了解了滕尼斯的学说,并创造性地用于他著名的对墨西哥民族文化及其转化的研究。"②派克在哈佛大学任教期间,1904年9月,滕尼斯被邀请去美国密苏里州圣路易斯参加世界艺术和科学大会,同行的有韦伯、齐美尔等。在美期间,滕尼斯访问了芝加哥,与人类学家弗朗兹·博厄斯以及哈佛大学的同行建立了联系。只是没直接证据证明他与派克有什么联系。当然还有一个原因,派克比滕尼斯小9岁,刚刚作为助教服务于哈佛大学,而滕尼斯此时已经颇有名气,他在世界艺术和科学大会上所作的演讲《关于社会结构的现存问题》,得到与会者的普遍认可,被刊登在1905年的《美国社会学学刊》上,并受邀成为该杂志的顾问和出版人之一。此外,派克在德国学习期间,《共同体与社会》德文版已经出版了12年。

---

① Gary T. Marx, *Forward to Ferdinand Tonnies, A Theory of Public Opinion*, Translated by H. Hardt and S. Splichal, Rowman and Littlefield, 2000.
② [美]刘易斯·A.科塞:《社会思想名家》,石人译,上海人民出版社2007年版,第334页。

与德国社会学传统不同,"美国社会学在本质上是分析论和经验论的"①,由此可以理解发生在美国的社区研究与滕尼斯的共同体理论的区别。"社区一词,经区位学派的提倡,已变为社会学上的钥匙名词。"②派克开创的社区研究与一般意义上的社区调查不同,"它不但要描写事实,记录事实,还要说明事实内涵的意义,解释事变发生的原因"③。当年,派克和他的学生奔走于芝加哥各处,研究芝加哥地区的社会问题。

滕尼斯在《共同体与社会》第一卷中描述了生活形态,第二卷则探讨了生活形态背后的心理因素。1879—1880年冬季学期,滕尼斯在莱比锡大学研修冯特(Wilhelm Wundt)的心理学课程,这是他日后写作《共同体与社会》第二卷的最早动因。而芝加哥学派在研究城市社会组织和制度的过程中,从不忘记制度背后的价值因素。在派克看来,任何制度背后都有一套价值体系支撑着。如果说,滕尼斯把"共同体"作为人类关系的一种类型,那么以派克为代表的芝加哥学派则把"社区"变成了"实实在在的、看得见摸得着的团体或社团"④。从《共同体与社会》到芝加哥学派的产生,中间间隔大约50年,时代大大不同,历史发展阶段也完全不一样。每个时代的学者只能解决自己时代的问题。

(五)20世纪以来东方国家对共同体思想的探索和创新

1.费孝通"十六字箴言"的共同体内涵

18世纪末19世纪初,发端于英国的工业革命逐渐扩展到欧洲大陆和

---

① [法]雷蒙·阿隆:《社会学主要思潮》,葛智强等译,上海译文出版社2000年版,第3页。
② 吴文藻:《论社会学中国化》,商务印书馆2017年版,第500页。
③ 吴文藻:《论社会学中国化》,商务印书馆2017年版,第154—155页。
④ [德]斐迪南·滕尼斯:《共同体与社会:纯粹社会学的基本概念》,张巍卓译,商务印书馆2019年版,第547页。

北美，20世纪在亚洲和其他国家陆续兴起。与工业化进程相呼应的共同体理论也是沿着这样的脉络发展的。

自鸦片战争以来，中国人民面对列强入侵，不屈不挠，奋起抗击，在社会主义革命和社会主义现代化建设中，在处理与其他国家关系的过程中逐步形成了自己对于中华民族、共同体、社区理论的一套认识和思想——中文"社区"概念就是中国学者对于舶来品的community和"共同体"等概念在中国文化和社会结构基础上进行改造和创新所形成的具有中国特色、中国风格、中国气派的学术话语。费孝通提出"十六字箴言"，并将其推广到中华民族乃至人类文明的层面，这一思想立足中国，放眼世界，形成了对中华民族共同体、人类命运共同体的认知和探索。

20世纪30年代，派克到燕京大学讲学，其间他带领社会学系的学生在北平进行实地研究，通过对城市居民的生活状况、习俗习惯、生活态度的观察，发现隐藏在生态环境、经济状况、产业发展背后的社会关系、社会组织形态和人们的心理状况。这期间，派克把自己对于community的理解和应用教授给燕京大学社会学系的师生。时代赋予滕尼斯的"共同体"与派克的"社区"完全不同的含义。

芝加哥学派之后，人类经历百年发展，又在当前面临百年未有之大变局。人类从微观层面探索社区重建问题，在中观层面探索民族共同体建设，在宏观层面探索人类命运共同体构建——这正是"共同体"发展的历史逻辑和思想逻辑。如果说发生在18、19世纪的第一次工业革命引发人们思考从传统乡村共同体向工业社会的转型，当时先贤们探索的是由纵向历史变革所带来的人与人之间关系的变化和社会组织形式的变化，进而探索共同体问题，探索社会形态的发展，思考人类的未来，那么经过长时间的发展所形成的人类命运共同体思想则是对新阶段面临新问题的新思考。工业革命以来，随着贸易、人口、信息、技术、金融等广泛流动，部分国家由乡土社会变为城市社会，人口流动加速导致个体与个体之间、群体与群体之间、族群与族群之间关系的变化，从19世纪到21世纪慢慢演化。随着时间的推移，各种矛盾和问题越来越突出，最为典型的表现就是20世纪90年代的海湾战争和2020年由新冠肺炎疫情引发的美国社会内部不同文化、不同群体之间的矛盾与冲突，以及由于各种原因导致的国与国之间的矛盾与冲突，这是百年未有之大变局下出现的新情况新问题。重新反思这种环境下的人类命运、社会关系、个体地位、族群之间以及国家之间的关系，已经成为当代人类在百年未有之大变局中不能回避的问题。新的思考、新的理论探索正是在这样的背景下展开的。

这里要提及费孝通在20世纪90年代提出"各美其美、美人之美、美美与共、天下大同"的"十六字箴言"。"十六字箴言"中，"天下大同"强调了个体、群体、亚文化、共同体乃至国家之间的基本准则和共同命运。为什么会是费孝通？因为费孝通有着得天独厚的历史文化背景、时代背景和个人成长经历。他历经中国乡土社会开始瓦解的历史转变，把探索中国的前途和命运作为自己一生的追求，与前辈、同辈以及后来者一道去实现民族复兴这一共同目标；他的姐姐费达生从事乡村事业为他了解中国社会，尤其是中国乡土社会提供了良好的环境和机会；他的老师们——尤其是吴文藻、潘光旦——与20世纪早期各国思想家、社会学家、人类学家有着密切的联系和交往，为其理解近代以来的全球思想变迁提供了良好的条件；他于20世纪30年代赴英国攻读博士学位，亲历了这个时期英国的工业革命和城市化；40年代出访美国，他与当时美国学界巨擘进行了密切交流，也使他对美国社会有了深刻认识和了解，其间写下的《美国人的性格》可以佐证；他本人对中国社会有着的长期实地研究，从广西大瑶山调查开始到20世纪末，长达近70年，这使他能够跨文化、跨时代进行比较研究，展开历史反思。20世纪70年代末，费孝通复出，领衔恢复重建中国社会学，使他有机会目睹和参与中国社会主义现代化建设和改革开放，看到了世界在这个过程中所发生的深刻变革以及带来的种种问题，他对此也进行了深刻反思。这样的阅历不是和他同时代的学者都有的,用他自己的话来说,他"一生经历了20世纪中国社会发生深刻变化的各个时期"①,他"所有的学术研究,都是和中国社会变化的大背景联系在一起的"②。他早年受到的社会发展理论熏陶和长期对社会发展形态的关注,以及一生紧跟实践关注现实问题,使他能够把长期的社会发展与现实问题结合起来一并思考。在这个意义上,他晚年提出"各美其美、美人之美、美美与共、天下大同"的思想不是偶然的,是他长达近一个世纪对中国、对世界的认识和反思,其背后隐含了思想探索、现实感受、理论思考与实地研究的有机结合;积淀了包含人类学、社会学与中国历史深度结合形成的认知;包含了中国文化与其他国家文化之间的比较而形成的深层次认识。雷蒙·阿隆(Raymond Aron)说过:"现代社会学不仅来源于19世纪的历史社会理论,而且还有其他来源,即行政统计资料、调查报告和凭经验的调查。"③相对于《江村经济》这部实地研究著作,《乡土中国》更类似于滕尼斯的《共同体与社会》。费孝通所经历的时代,历史上的两种类型社会——乡土社会与城市社会——在后发国家是叠加的,因此,关于上述两种类型社会的研究和思考可以也能够集中在一个人身上,《乡土中国》便是这样一种尝试。新中国成立后,当中国从传统的农业社会向工业社会转型时,它遇到的情形与19世纪的西方国家开启的社会转型完全不同,19世纪的美国"不过是人口只有区区2000万(1850年)的国家,而中国在1980年进行工业化革命的时候,人口规模已经达到了9亿8000万(差2000万就是10亿)"④。中国在开启由乡土社会转向工业社会时,在人口规模上已

---

① 费孝通:《费孝通文集》第十五卷,群言出版社2001年版,第292页。
② 费孝通:《费孝通文集》第十五卷,群言出版社2001年版,第293页。
③ [法]雷蒙·阿隆:《社会学主要思潮》,葛智强等译,上海译文出版社2005年版,第9页。
④ [美]弗兰克·道宾:《〈探寻社会学之旅:20位美国社会学家眼中的社会学〉序言》,载陈龙:《探寻社会学之旅:20位美国社会学家眼中的社会学》,北京大学出版社2019年版,第1页。

经是一个巨型国家。不仅中国，20世纪和21世纪的许多转型国家都有着不同于19世纪那些转型国家的经历，例如印度。对于这样的问题，费孝通在20世纪90年代，尤其是海湾战争发生之后就有过思考。

2.百年未有之大变局下人类命运共同体的时代价值

整个20世纪，学术界在探索人与人之间的关系、人与自然的关系等方面都作出了巨大的努力，例如，联合国倡导的可持续发展、费孝通提出的"十六字箴言"等，都是对这个时代新发展新变化新问题的思考和试图找到解决问题的答案的积极尝试。

20世纪的一个时期里，在国人和西方人眼里，工业社会就是西方工业社会，哈佛大学著名学者傅高义（Ezra F. Vogel）在《日本还是第一吗》一书中写道："早在我的研究生时代，就记得当年的老师们如何将'西方工业社会'作为一个意涵单一的术语来使用，相信所有工业社会都理应是西方式的。"①后来在对日本进行深入研究，对东亚韩国、中国细心观察之后，他开始反思东西方的工业化道路是否一样。他在对中国的研究中发现，中国的政策研究和制定者们"试图指出中国如何基于国家利益，发展出一个有中国特色的体制"②。傅高义的反思道出了近代以来后发国家在面对西方文化入侵时表现出来的不同态度和作为民族主体人格的共性意识。

千年未有之大变局后的百年工业化、市场化、城镇化和全球化进程中，人类不断交往交流交融，各国、各民族在共同生产和生活方式中寻找自己共同体的主体性。本土化成为这个历史时期的流行语。如果说，第一次和第二次工业革命对社会的影响主要发生在个体和基层层面，促成了民族国家的形成，民族国家内部的社会关系主要反映在个体和基层

---

① ［美］傅高义：《日本还是第一吗》，沙青青译，上海译文出版社2019年版，第140页。
② ［美］傅高义：《日本还是第一吗》，沙青青译，上海译文出版社2019年版，第53页。

社会关系上，那么，20世纪后半叶的工业革命通过互联网和人工智能把人类推进到新的发展阶段，也带来了人与自然关系的紧张、人与人之间关系的变化，造成国与国之间发生冲突，危及人类生存，因此探索人类的共同命运问题就提上了议程。如果说，20世纪初期的社区建设是针对基层人民生活的话，那么，20世纪后半叶的人类命运共同体建设则发生在国与国之间、人与自然之间，跃升到了一个更高的层次。在这个历史过程中，作为社会转型反映的社会学理论也完全不一样。尽管后来者引用和借鉴先行者的理论，但是适应和反映本土社会的理论一定是另外一个样子，即更加复杂和有自己的特色，这也是主体性每每被提及的主要原因。近代以来，随着西方技术、经济和文化的传入，国人围绕"西化"与"本土化"、"全盘西化"与反"全盘西化"、"中学为体，西学为用"等展开了广泛的讨论，甚至激烈的争论。这些讨论和争论直到今天也没有停止。

全球化表面上是贸易、人口、信息和资金的流动，实质上是人们的意识、心态、文化的交流和碰撞。2020年发生的新冠肺炎疫情全球大流行，再一次显示出了意识形态、社会形态、地方文化在其中的意义，再一次促使人们去思考全球化时代的人类命运共同体和各个地方共同体之间的关系。铸牢中华民族共同体意识和构建人类命运共同体是中国共产党人针对近代中国历经磨难和当前世界面临百年未有之大变局，在民族复兴进程中提出的共同体建设愿景。

共同体理论、思想发源于欧洲，在百年实践中逐步形成一个全球性理论和认识全球问题的学术视角。进入互联网时代，网络全球化和社会生活地方化造成了不同文化之间的隔膜与冲突，这在2020年以来发生的新冠肺炎疫情大流行中看得非常清楚，也促使人们进行新思考：在微观层面上，基层的社区如何保护和改善人民生活？宏观层面上，人类共同体如何实现人类一道面对共同的灾难？中间环节就是，民族国家如何实现内部的团结一致？

展望历史的同时更应倾注全力去创新当下，让世界变得更美好、更和谐、更充实。面对错综复杂的国际国内形势和百年未有之大变局，习近平总书记在出席博鳌亚洲论坛2015年年会时发出了"通过迈向亚洲命运共同体，推动建设人类命运共同体"的倡议，旨在倡导世界各国在追求本国利益的同时兼顾其他国家的利益，在谋求本国发展过程中促进人类社会的共同发展。习近平总书记提出人类命运共同体这个概念是基于当代世界发展大趋势，是迈向民族复兴进程中的社会主义中国在新时代对共同体思想的新发展。

从19世纪至今，人类对共同体理论的探索和实践在不断推进。当今世界面临百年未有之大变局，重塑共同体和创新共同体理论的任务摆在了人类面前。百年未有之大变局的含义还在于：工业化、贸易、城市化加速了人与人之间的交往交流交融，技术上的趋同性较百年前更进一步，而文化和价值观念上的多元化则有过之而无不及。工业革命以来产生的巨大生产力在改变人与自然之间关系的同时，因制度等原因也导致了人与人之间、族群与族群之间、国与国之间关系的紧张，重新定义"共同体"成为新时代人类必须面对的新问题。如果说共同体理论产生的历史逻辑是发生在18、19世纪的工业革命和城市化进程中，那么人类命运共同体倡议则是在人类历经工业革命和城市化之后，面对个体之间、族群之间、国家之间的新挑战而做出的新回应，是在新的历史发展阶段上的新回应，展现了中国特色、中国风格、中国气派，进一步体现了对当代人类社会发展和人类命运的关心、关爱、关怀。把人类命运共同体倡议与人类共同命运密切结合起来，探索国家与国家之间、族群与族群之间、心与心之间的关系，探索不同文化之间的交往交流交融，最终形成一个在全球范围内各种文化、各个群体、各个国家之间能够友好交往、密切交流、深度交融、"天下大同"的人类社会。

综上所述，人类命运共同体倡议是对当今人类面对百年未有之大变局的积极回应，是中国特色、中国风格、中国气派的共同体思想。200

多年来，技术革命基础上的工业社会发展得力于全球化，全球化基础上的社会互动又为人类带来巨大红利，全球将继续在事关人类生存和发展的重大问题上开展合作，共同推进人类共同体建设。如果说百年前的千年未有之大变局改变了人与人之间的关系模式，那么近百年来的工业革命则彻底改变了人与人以及人与自然之间的关系，全人类必须共同面对工业革命、人口膨胀、疾病、战争带来的威胁，形成人类的自我意识，通过国与国之间的人类命运共同体建设来共同处理好人与自然之间的关系，实现人类社会的永续发展。如何构建人类命运共同体，是当代中国和全世界面临的共同问题，也给新的历史发展阶段上的共同体理论创新提出了新要求新任务。

当前面对新冠肺炎疫情如此严峻的考验，各个国家独立作战，各自应对，似乎一下子把人们带回到19世纪。令人欣慰的是，互联网正在重塑世界。2017年2月，全球最大的社交媒体平台脸书（Facebook）创始人扎克伯格提出了"全球社区"的愿景，"认为他的公司的角色应该是推动建立'有意义的'地方社区，通过讨滤煽动仇恨的内容加强'安全'系数，同时促进思想的多样性，促进公民参与——在全球的层面上"[1]，探索社区治理的大规模运作，建立全球最大的人类命运共同体。人们期待主权国家政府能够在这个问题上达成一致，建立全球新型治理体制，共建人类命运共同体。

---

[1] ［英］尼尔·弗格森：《广场与高塔：网络、阶层与全球权力竞争》，周逵、颜冰璇译，中信出版社2020年版，第53页。

第六章
《乡土中国》：国内经验与国际视角

学者的认知方式除了取决于自己的知识积累和认知习惯，还取决于他所处的社会关系模式：他接触了什么人，与什么人进行了交流和学术碰撞，引发了什么思考，等等。换句话说，《乡土中国》这部作品的形成不仅基于费孝通长期的实地研究、理论探索的积累，还基于他个人在当时的时间和空间结构中形成的社会关系模式。这里，我们除了探讨《乡土中国》的创作过程，还想通过这个过程去了解一位学者生产知识的社会关系的建构过程，进而告诉人们知识是如何在社会关系模式中产生的。《乡土中国》知识生产过程中的社会关系模式只是一个案例，费孝通的许多著作都是其理论研究和认识现实的结晶，也是他与实践者、政策制定者、学界同仁在互动过程中的思考和认知。

一、抗战后期和解放战争时期的蹉跎岁月

从20世纪30年代末自英国留学归国，到云南的昆明、魁阁以及美国的芝加哥、波士顿等，再到二访英国，最后重返清华，十年间，费孝通跨越中国南北、东西两半球，历经实地研究、国际交流、历史研讨，他活动的公共空间不断变换，社会空间不断扩大，形成了一个时间和空间

上相互交错的社会关系模式,《乡土中国》就是在这样的时空结构变换中产生的。

从具体的社区研究到对中国社会的整体把握是费孝通在大瑶山对瑶族进行的田野调查中与王同惠一起确立的认识中国社会的目标。《乡土中国》这本小册子是他从西南联大回到清华园给研究生讲授课程"乡村社会学"的讲稿汇集。为了讲授这门课,他先是使用美国教材做参考书,后来觉得美国教材不能表达自己的意愿,又尝试着使用自己过去在瑶山、江村、"云南三村"的调查材料。抗战后期,他还一度涉猎经济问题,在报刊上发表有关经济的时评。1947年,他决定从社会结构入手来讲乡村社会问题,他写道,要"另起炉灶,甚至暂时撇开经济问题,专从社会结构本身来发挥"①。

在《乡土中国》后记中,他称这是他工作的第二个阶段,第一个阶段是从瑶山开始的实地研究;第二个阶段始于1946年前后的生育制度写作和研究,《生育制度》是这个阶段的第一个成果,《乡土中国》则是第二个。其间,即1943年,他访问了芝加哥大学。访学期间,他把《禄村农田》《易村手工业》和《玉村农业和商业》改写成英文,编成 *Earthbound China* 一书,又把史国衡的《昆厂劳工》翻译成 *China Enters the Machine Age* 一书;此外,他还访问了哈佛大学等机构。

20世纪40年代中期以后,费孝通的学术研究开始由田野工作转向理论建构,从专注学术研究转向学术研究与时事评论写作并举。工作和政治等多种原因迫使他停止实地调查转向理论建构和开展更多的教学工作。由于在西南联大和云南大学同时兼课,以及日军轰炸昆明被迫迁住乡下等种种情况,从1940年10月至1945年初(其间有一年赴美交流)的近五年间,他更侧重授课和写作。1993年在《个人·群体·社会》一文中,他回忆说:"魁阁后期,由于兼任云大和联大两校的教职以及当时

---

① 费孝通:《费孝通全集》第六卷,内蒙古人民出版社2009年版,第180页。

政治局势的紧张，我不便直接参与实地调查，所以有更多时间从事讲课和写作。也可以提到，当时直线上升的通货膨胀使个人的实际收入不断下降，而我又在1940年成了一个孩子的父亲。我们在呈贡的农村里赁房而居，楼底下就是猪圈，生活十分艰苦。因之，我不能不在固定的薪金之外，另谋收入，我这个书生能找到的生活补贴，只能靠我以写作来换取稿费。我在当时竟成了一个著名的多产作家。大后方的各大报纸杂志上经常发表我的文章，我几乎每天都要写，现货现卖，所得稿费要占我收入之半。"[1]费孝通自少年时代开始写作，20世纪40年代的环境进一步养成了他的写作习惯，形成自己独具特色的写作风格。

　　乡村生活体验使费孝通对农村文化和社会结构有了更深刻的认识和理解。作为一个思想敏锐的社会人类学家，费孝通有抓住生活中每一个细节的能力，这在他的许多论述中都表现出来。他从农村的生儿育女中悟出："生孩子决不是件苟且随便的事"[2]；看到住房楼下的猪圈，他想到："牛羊和猪所需食料的不同，遂使它们影响到我们土地利用的方式"[3]，"人口紧密，荒地稀少，就只见猪而不见牛羊了"[4]，"因为人多地少，猪就凭着它的经济优势而把牛羊压倒"[5]。这些生活观察和体验都使他的"通论"构建具有丰富的经验内涵。一个社会人类学家一旦将自己理解的生活寓于自己的理论逻辑中，其理论内涵就包含了丰富的经验内涵。这样反复不断地进行下去，知识就会逐步积累起来。费孝通的学术研究在20世纪40年代中后期就经历了这样一个历程。

---

[1]　费孝通:《费孝通全集》第十四卷，内蒙古人民出版社2009年版，第230页。
[2]　费孝通:《费孝通全集》第四卷，内蒙古人民出版社2009年版，第436页。
[3]　费孝通:《论养猪与吃肉》,《星期评论》1942年第41期。
[4]　费孝通:《论养猪与吃肉》,《星期评论》1942年第41期。
[5]　费孝通:《论养猪与吃肉》,《星期评论》1942年第41期。

二、在拓展国际交流空间中不断深化对社会的认识

1943年6月至1944年7月出访美国，1946年11月至1947年3月重访英国，都为费孝通在跨文化中认识中国社会提供了更加宽广的视角。《乡土中国》的产生也得益于这两次出访。在这期间费孝通与美国学者进行了诸多领域的交流与合作。与20世纪30年代初期的论著一样，他在40年代的文章中经常出现国内外著名学者的名字以及他们的论述，如曼海姆（Karl Mannheim）、索洛金（Pitirim A.Sorokin）、弗洛伊德、尼采等，内容涉及哲学、历史、文学、社会学、人类学、经济学、法学、政治学等。根据大卫·阿古什的研究，在出访美国期间，费孝通曾与派克等学者进行学术合作，哈佛大学社会学系的T. 帕森斯（Talcott Parsons）与他比较合得来。我们在这里进一步还原当时的理论环境，与同时代的社会学家进一步比较来探索费孝通的"通论"。费孝通构建的"通论"是那个时代社会学的趋势之一。

在阅读了人类学家玛格丽特·米德（Margaret Mead）的 *And Keep Your Power Dry* 一书之后，他说他"看到了一个社会结构的标本"，据此，他认为"人类学的任务就在理解各式各样的文化形态。美国也好，中国也好，都可以成为我们理解的对象"①。在撰写《美国人的性格》之后，他开始考虑"对于自己文化的传统，处境和发展方向是必须要有一个全盘清理一次……我们必须用科学方法把我们中国人的生活方式，在这生活方式中所养成的观念，一一从我们的历史和处境中加以说明"②。正巧此时，《世纪评论》约他为长期撰稿人，《乡土中国》应《世纪评论》之约从1947年暑期后陆续写出发表，既是基于他讲课的内容，也是基于他这个时期的思考。由此也可以理解《乡土中国》的行文风格为什

---

① 费孝通：《费孝通全集》第五卷，内蒙古人民出版社2009年版，第230页。
② 费孝通：《费孝通全集》第五卷，内蒙古人民出版社2009年版，第239页。

么是现在这个样子,《世纪评论》作为媒体对于文章要求的可读性决定了《乡土中国》的行文风格。他解释道:"我在这书里是以中国的事实来说明乡土社会的特性,和Mead女士根据美国的事实说明移民社会的特性在方法上是相通的。"①还有,从英国回来之后不久,他觉得需要静下心来读一点书,因为在国外感觉同行们跑得很快,自己需要做一点研究工作。战争年代的兵荒马乱以及其他政治原因,使许多学者没有条件深入实地研究,费孝通是在这样的背景下说出这番话的。

三、在铸造新的学术共同体中形成新的思想

新中国成立前,对费孝通学术思想产生影响的学术共同体大致有这么几个:一是燕京大学的社会学社,这个学术共同体以学术讲座、师生交流以及《北平晨报》和《益世报》的副刊《社会研究》为平台,开展研讨和学习。二是在英国学习期间,他参加了马林诺夫斯基课程学习的研讨班活动(有关这方面的资料和数据我们掌握得还不多)。三是在西南联大和云南大学期间,以"魁阁"为基地的学术共同体,这个学术共同体推动了费孝通对中外问题的思考。他后来写道,魁阁"就是一个各学派的混合体;而且在经常的讨论中,谁都改变了他原来的看法"②,例如,民族学家和人类学家陶云逵经常参加"魁阁"的讨论,不久就成了费孝通的"畏友"。在与陶云逵的四年交往中,费孝通领会到"反对"的建设性作用。陶云逵曾师从德国人类学大师费舍(Kuno Fischer),德国学派和英国学派有很多地方针锋相对,还可以启发思考。德国学派注重历史、形式、传播,从各文化的相异之处入手。学问在辩论中发展是学术发展的优良传统,如梁启超所言:"学问不厌辩难,然一面申自

---

① 费孝通:《费孝通全集》第六卷,内蒙古人民出版社2009年版,第187页。
② 费孝通:《费孝通全集》第三卷,内蒙古人民出版社2009年版,第338页。

己所学,一面仍尊人所学,庶不至入主出奴,蹈前代学风之弊。"①四是回到清华大学后费孝通与吴晗等人结成的社会结构研讨班,在历史与实地研究的碰撞中产生了《皇权与绅权》等一系列对中国结构认识深刻的著述。此外,1943年春天,他经常与潘光旦讨论"优生"问题,后来产生了关于社会选择的理论。潘光旦是费孝通的老师,也是益友,对费孝通的影响广泛,甚至在中华民族多元一体格局理论中也可以看到潘光旦学术思想的影子。从现有的文献看,与他讨论问题的人还有胡适、吴景超、吴晗。在回答吴景超的批评时,费孝通提出了自己关于社会发展的社会经济观,他说:"我们主张把经济活动成为完整社区生活的力量,而不使它成为相反的破坏力量,是从一种社会价值的认定上发生的。"②这种社会发展的社会经济观的核心是:从中国的具体国情出发,重建中国人民赖以生活的工业,提高大多数人民的生活水平。

早在昆明时期,费孝通就结识了历史学家吴晗,他后来回忆说,回到清华后,与吴晗"一同组织了一个讨论班,聚集了一些对这问题有兴趣的朋友一起切磋。同时还在学校开了一门'社会结构'的课程……实际目的还是想借朋友们和同学们的督促,让自己多读一点中国历史,而且希望能和实地研究的材料连串配合起来,纠正那些认为功能学派轻视历史的说法"③。他还写道:"我曾跟读历史的老朋友商量,跟他们从头学起。"④这里的"老朋友"包括潘光旦、吴晗等,历史研究帮助了他对中国社会结构的研究。从1947年底起,他开始研读中国历史,准备"费几年读读中国历史"。在与吴晗的交流合作中,也是受益很多,1947年在得到吴晗的《由僧钵到皇权》一书后,他曾写道:"辰伯(即吴晗——笔者注)这本书若早出20年,我也不致和历史绝缘了。若是在20年前,

---

① 梁启超:《清代学术概论》,上海古籍出版社2019年版,第179页。
② 费孝通:《费孝通全集》第五卷,内蒙古人民出版社2009年版,第442页。
③ 费孝通:《费孝通全集》第六卷,内蒙古人民出版社2009年版,第266页。
④ 费孝通:《费孝通全集》第六卷,内蒙古人民出版社2009年版,第266页。

像这类的书有100种，我相信我一定会全部看完。"① 1948年8月28日，在《皇权与绅权》后记中，费孝通再次提到与吴晗组织讨论班，一起切磋社会结构问题。其实，这只是费孝通当时的一个愿景。

1948年5月，中国共产党发布了著名的"五一口号"，号召各民主党派、各人民团体、各社会贤达迅速召开政治协商会议，讨论召集人民代表大会，成立民主联合政府。这期间，费孝通参与了清华大学的领导工作，由燕京大学教授、北平和平谈判代表张东荪介绍去西北坡参观，与毛泽东等中国共产党领导人共商国是，参与迎接解放军进入清华园，参与迎接新中国的诞生等一系列活动。对他来说，他与整个国家都进入了新阶段，他的生活和工作发生了深刻变化，他关于乡村问题的研究暂时告一段落。1957年4月，他有机会重访江村，开展农村问题研究，但好景不长，1957年7月，他就被划为"右派"分子遭受批判。1979年他受命牵头恢复重建社会学，再次有机会开展乡村研究。《乡土中国》一书也有机会得到再版。并在改革开放的进程中不断显现其理论的穿透力。

《乡土中国》首次出版距今已70多年，中国已经由半殖民地半封建社会进入社会主义社会。新中国成立以来，特别是改革开放以来，中国进入工业化和城市化后期，社会结构已经发生而且正在发生深刻变化。

《乡土中国》写作时的中国社会已经不是孤立、互不往来的乡土社会——先是进入因资本主义入侵导致中国被卷入全球经济体系的半殖民地半封建社会，后来又经历了新民主主义革命。然而，即便是到1949年中华人民共和国成立之时，我国农村的人口依然占到90%左右，因此说中国是一个乡土社会也不过分。在这个意义上，《乡土中国》通过时间和空间关系变动分析了传统中国的社会关系模式及其变迁，具有重要的理论和方法启迪。

我国在20世纪70年代末开启的农村改革，以及由市场化改革带来

---

① 费孝通：《费孝通全集》第五卷，内蒙古人民出版社2009年版，第445页。

的乡村工业化和城市发展，把那些本可以在土地上自食其力地生活的农民送到了乡镇企业、小城镇和大城市，尽管相当一部分进城农民没有真正意义上融入城市社会生活，但是，乡村社会的组织方式和移民出来的所谓"农民工"的生活方式已经发生了深刻的变化，以往的乡村熟人社会已经不是原来意义上的乡土社会。进入工业化的农民依靠一个共同的体制，这就是正在建设的适应城市化需要的基本公共服务体系和户籍制度，也就是费孝通所说的"共同的架子"。在这个阶段上，中国出现了一个新的社会领域。经过40多年的改革开放和发展，中国的社会组织由改革开放初期的1万多个发展到2021年的近90万个是另外一个例证。从2022年国家统计局发布的城乡人口统计数据看，截至2021年末全国总人口141260万人，就业人员74652万人，其中城镇就业人员46773万人，占全国就业人员比重为62.7%，全年城镇新增就业1269万人。全国农民工总量29251万人，比上年增长2.4%。其中，外出农民工17172万人，增长1.3%；本地农民工12079万人。城镇常住人口91425万人。由此可见，中国在经历城镇化和工业化的过程中，人口结构和社会体制发生了深刻变化，城乡人口经过40多年的时间，在空间上进行了前所未有的新布局。

以上我们分析了《乡土中国》知识生产的社会过程和社会关系模式，下面我们将探讨这部著作的内在分析逻辑和生产逻辑。

第七章

时空认知：传统社会结构的特点

《乡土中国》是费孝通认识中国传统社会结构的代表作之一。这里，我们将进一步探索费孝通在《乡土中国》一书中如何利用时间和空间认知方式揭示中国乡土社会特点，以及他本人的这种认知方式是在什么样的时间和空间中形成的，转换一个角度解读《乡土中国》的意义和解读费孝通本人。费孝通在这本书中不断使用"时间"和"空间"概念诠释乡土社会的基本特征、乡土社会的社会模式关系。乡土社会的文化和治理不仅是发生在一定时间和一定空间中，它们的发生也构成（创造）了时间和空间。费孝通写作这本书的过程和使用的研究方法同样构成其时间和空间认知方式的一部分。

一、社会结构的时间和空间认知

《乡土中国》的核心是探索传统中国的社会结构，全书可分为两个部分，一部分从静态中审视乡土中国的社会关系模式（前十一章），另外一部分从变动中看传统中国乡村正在和即将发生的变革（后三章）。

（一）发生在时间和空间中的社会关系模式

1. 熟人社会始于时间上的经常接触

费孝通首先是从时间上看"乡土本色"和"熟人社会"的，它们始于时间上的经常接触而产生的心理状态和社会关系模式。他写道："熟悉是从时间里、多方面、经常的接触中所发生的亲密的感觉。"① 生活在一个小社区，鲜有流动，人们就有机会长时间接触交流，低头不见抬头见，"这自是'土气'的一种特色"②。乡土社会中，"时间"具有多重意义，社会结构在时间中形成、展开、固化。

（1）"差序格局"的时间维度。由"己"推出的"差序格局"是在时间和空间格局中展开的，书中写道："被圈子的波纹所推及的就发生联系。每个人在某一时间某一地点所动用的圈子是不一定相同的。"③ "差序格局"是发生在农村社区的社会关系模式，即遵循着传统的人伦规则，个体以自己为核心，以生活在一个很小区位上的家为单位，自己、家庭或家族是社会的核心，人们的社会空间是在某一时间点上从家庭往外拓展。理解"差序格局"还需理解和把握费孝通在其中谈到的两个带有时间特征的概念，一个是中国乡土社会，另外一个是现代西洋社会。在分析"差序格局"时，费孝通对中国和西方的社会结构进行了跨时空比较：发生在不同空间结构上的不同发展阶段的社会特征。在比较中，他提出了中国的"差序格局"和西洋的"团体格局"两个不同的概念。中国当时处于农业社会阶段，西方处于工业化阶段。最早来到美洲大陆的不是拓荒的农民，而是逃避迫害的新教激进派和追求厚利的投机商人。这就注定了拓荒时期的美国经济社会发展不会是简单的传统农业

---

① 费孝通：《费孝通全集》第六卷，内蒙古人民出版社2009年版，第112页。
② 费孝通：《费孝通全集》第六卷，内蒙古人民出版社2009年版，第112页。
③ 费孝通：《费孝通全集》第六卷，内蒙古人民出版社2009年版，第126页。

社会模式。在这个意义上,"差序格局"和"团体格局"是对不同发展阶段上的社会结构的表述,就当时的时空来说是同时发展的两种不同的社会结构,两个概念反映了同一时点上的东西方社会结构差异。

(2)长老统治的时间基础。由于缺乏经验,年轻人可能不会理解老年人的心情,但是年长的人必定可以在时间上预知年轻人即将遇到的事情。在相对孤立隔膜的社区,知识是通过时间序列展示的。这种情况也发生在其他社会的相同阶段。"但不管它在哪里发生,社交网络都稳稳地服从于等级的特权。读写能力在那个时代是一种特权,因为大部分普通男女都在辛勤地工作,他们住在村子中,与自己最近的邻居都会产生'横向绝缘'。"①

(3)知识形成于长时间的积累和代代传承。"文字下乡"是《乡土中国》的重要话题,书中用了两章篇幅进行讨论。为"结绳记事"而产生的文字,以便解决"时间上的阻隔"带来的麻烦。②费孝通赋予文字时间的意义。《再论文字下乡》从时间序列分析乡土社会对文字的需求状况:一是个人成长,从年幼到年长的短时段序列;二是世世代代延续构成的长时段序列。乡土社会的知识传播就是沿着这样的序列展开的。个人成长是一个持续社会化的过程,在这个过程中,通过长辈、家族、社区不断把生产生活知识嵌入到个体内心;世世代代积累下来的生产和生活知识,即文化,通过记忆传播,通过代际传递实现。"经验无需不断累积,只需老是保存。"③在这样的环境里,知识的传播工具依靠口头语言足矣,书中由此阐述文字不会在乡土社会有需求的理由。

(4)在时间的持续中形成习惯、社会规范,并在时间中延续。乡村不需要文字是因为,在一个熟悉的地方长大的人,可以从长辈那里习得

---

① [英]尼尔·弗格森:《广场与高塔:网络、阶层与全球权力竞争》,周逵、颜冰璇译,中信出版社2020年版,第11页。
② 费孝通:《费孝通全集》第六卷,内蒙古人民出版社2009年版,第116、119页。
③ 费孝通:《费孝通全集》第六卷,内蒙古人民出版社2009年版,第123页。

经验去生活，这些生活经验就是习惯，亦即社会规范。①由此引申到长老统治，强化教化在基层治理中的作用。书中把教化权力称作"长老统治"，以此来分析乡土社会基本治理秩序的机理。教化权力产生于每个人来到这个社会之前就必须面对一整套他必须接受的社会规范。这些社会规范是长辈们已经遵循并经过世世代代验证可以维持社会秩序的一整套习惯、习俗等。在相对稳定的乡土社会里，文化比较固定，不会变来变去，掌握文化的年长一代可以对下一代实施教化。长幼之分体现了年长一代实施教化权力的合法性。

2. 熟人社会形成于空间上的"孤立和隔膜"

《乡土中国》不仅从时间视角，也从空间视角分析社会关系模式。时间和空间认知在书中是浑然一体的。

（1）不流动是由于人们居住同一处地方，且在空间上相对独立和隔离。②乡土社会内部，空间相对较小，人们经常碰面。可以从三个方面理解这种相对独立和隔离：一是数千年来，农业生产方式和乡村生活方式几乎一成不变，农民与土地、农业生产和村落生活密切联系。"土"成为乡土社会的核心。土地不可以移动，依赖土地生计的农民被紧紧束缚在土地上，过着定居生活。除非有大的社会和经济变故，农民一般是不会迁移和流动的。定居是农民生活的常态，流动和迁移则是非常态。农民定居以村落为单位，村落与村落之间在空间上相对独立，深深打上乡土社会生活的地方性烙印，费孝通将其称为空间上的"孤立和隔膜"。"孤立和隔膜"的居住方式不仅造就了熟人社会，也使人们对周围环境了如指掌。二是由家庭往外拓展社会空间和公共活动。乡土社会里，以家庭、家族和社区为核心的基本社会秩序和社会关系模式成为人们公共

---

① 费孝通：《费孝通全集》第六卷，内蒙古人民出版社2009年版，第120—121页。
② 费孝通：《费孝通全集》第六卷，内蒙古人民出版社2009年版，第110页。

生活和社会生活的基础。英国学者彼得·沃森（Peter Watson）的研究也得出了同样的结论，他指出："在中国，经济合作的主要形式是由广泛的具有亲属关系的单位提供的，这自然限制了行业协会和企业家个人的影响力。"① 三是中国是一个以农业为基础的国家，农业产生的价值自然高不过精密分工下的工业社会，农民自给自足，除了食盐和生产工具需要外部提供，其他需求几乎自己都可以满足，再加上中国幅员辽阔，地域差异较大，天高皇帝远，一般情况下，历史上的统治者就把治理地方公共事务的权力交给地方人民。这点也得到美国学者沃尔特·沙伊德尔（Walter Scheidel）的研究的佐证，他认为"中国收入和财富集中的波动与所谓的它的'王朝更迭'形成映射"②。在这样的经济环境和历史背景下，"无为"显现其政治价值，成为政治理想。

（2）"面对面的社会，有话可以当面说明白，不必求助于文字。"③在从时间构架上说明乡土社会不需要文字之后，费孝通又从空间构架上对此做出了进一步的说明。在没有城市化、信息化之前，面对面交流是人类沟通的基本方式。

（3）空间关系反映血缘与地缘关系。费孝通指出："地域上的靠近可以说是血缘上亲疏的一种反映，区位是社会化了的空间。""空间本身是混然的，但是我们却用了血缘的坐标把空间划分了方向和位置。当我们用'地位'两字来描写一个人在社会中所占的据点时，这个原是指'空间'的名词却有了社会价值的意义。"④他由此解释了中国文化中排位和座次的规则，即"左尊于右，南尊于北"，用空间关系把人们的

---

① ［英］彼得·沃森：《20世纪思想史：从弗洛伊德到互联网》，张凤、杨阳译，译林出版社2019年版，第47页。
② ［美］沃尔特·沙伊德尔：《不平等社会：从石器时代到21世纪，人类如何应对不平等》，颜鹏飞译，中信出版集团2019年版，第72页。
③ 费孝通：《费孝通全集》第六卷，内蒙古人民出版社2009年版，第119页。
④ 费孝通：《费孝通全集》第六卷，内蒙古人民出版社2009年版，第166页。

社会地位和社会关系模式以及社会关系模式背后的社会规范讲得清清楚楚。

（4）"籍贯只是'血缘的空间投影'。"①通常人们居住在一个村落，久而久之，人口繁衍，人地关系就会紧张，一部分人就会分出去寻求新的土地，开荒拓地，另建村落，繁衍发展。他们会与迁出地（祖籍）保持着血缘的联系，其籍贯还是取自父辈。

（二）在时间和空间中应对社会变迁的社会计划

费孝通在书中绝不是简单地描述了一个静态的乡土中国，而是一个动态的社会。他写《乡土中国》既是基于自己和同仁以往实地研究的积累，也考虑到中国已经进入一个社会大变革时期，开始经历"从乡村社会向城市社会的转型，人与人之间街坊邻里鸡犬相闻的亲密感也因此逐渐变成了都市中'原子式'的孤立个人"②。尽管这种变迁相较于其他国家在当时还非常缓慢，但费孝通在撰写《乡土中国》时，中国已经迎来"百年未有之大变局"。书中主要聚焦对传统社会的静态描述，但许多部分或多或少地流露出对于这种剧烈变动的思考，尤其是最后三部分。社会进入变迁时期，传统经验、治理模式（如教化权力）都将发生变化，教化权力的作用降低，社会变化使人们不能仅靠经验指导自己的生活。③社会变迁过程中，乡土社会的亲密关系、人情关系在时间上慢慢淡化。④一些在乡土社会中形成的风俗习惯在时间里被淘汰了。⑤

---

① 费孝通：《费孝通全集》第六卷，内蒙古人民出版社2009年版，第167页。
② ［英］彼得·沃森：《20世纪思想史：从弗洛伊德到互联网》，张凤、杨阳译，译林出版社2019年版，第27页。
③ 费孝通：《费孝通全集》第六卷，内蒙古人民出版社2009年版，第164页。
④ 费孝通：《费孝通全集》第六卷，内蒙古人民出版社2009年版，第169页。
⑤ 费孝通：《费孝通全集》第六卷，内蒙古人民出版社2009年版，第178页。

1. 从血缘关系到地缘关系中衍生出的现代契约关系

在不流动的乡土社会，血缘关系衍生出来的家族居住在同一个地方、同一个社区，血缘关系与地缘关系基本上是重合的。有着相同血缘关系的人们世代繁衍，就像一棵树深深扎根于某个地方，盘根错节，形成千丝万缕的社会关系。地域是有限的，空间是不变的，经常变化的是血缘关系基础上的人口繁衍和人口规模。随着人口规模不断扩大，拥有血缘关系的人们不得不外出寻求新的生存空间。但由于土地资源限制，每个家庭向外扩展都受到约束，为了生存，不得不在土地上精耕细作，提高生产效率。外出的人们一旦在新的地缘空间居住下来，就与原来的家族发生空间上的分裂。随着社会出现变化，原有的文化不能适应人们的需要，就引导人们重新审视原有文化的价值，以更加理性的视角来看待自己的行为选择，社会关系模式从人情关系发展到现代契约关系。

2. 从"欲望"到"需要"衍生出来的社会计划

乡土社会文化经过千百年的历史演化形成维系人们生存秩序的社会准则和生活方式。《乡土中国》讨论了个人的欲望和需要的实现方式，进而深入讨论乡土社会的特征，提出了"时势权力"概念，讲的是现代社会的人们对于自身发展的谋划和规划，费孝通称之为社会工程或社会计划。在现代社会里，人们的欲望可以通过实施计划去实现。这是人类面对急剧的社会变迁，从认识社会到改变社会，从需求到计划迈出的坚实一步，社会研究也迈出了重要一步。

从以上分析可以看出，费孝通对农村生活、社会结构、家庭家族、道德规范、权力结构、社会变迁的认知是在时间和空间中展开的。他本着历史从哪里开始，逻辑就从哪里开始的原则，对乡土社会社会结构的时空建构进行了描述。

二、构建"通论"方法的时空特征

相对于《花蓝瑶社会组织》和《江村经济》等实地研究报告,《乡土中国》是一部通论性著作。《乡土中国》中社会结构的时间和空间认知方式基于费孝通的实地研究和历史分析方法。实地研究中的各种结论和各种生活经历使他的"通论"具有丰富的经验内涵。这些研究通过理论学习—实地研究—通论构建在时间上不断进行知识积累,在空间上从宏观延伸到微观,再从微观上升为宏观,构成了知识形成的逻辑。

(一)"通论"是一种思想综合

"通论"是费孝通在20世纪40年代使用的一个具有丰富理论内涵的概念,这可以从《乡土中国》《乡土重建》《云南三村》《内地农村》等著作中得到印证。由《乡土中国》一书涉及的"熟人社会""差序格局""团体格局""长老统治""无为政治"等概念和判断,可以看出"通论"是指在逻辑上相互关联的一组陈述,这些陈述具有解释相关现象规律性的功能。"通论"具有这样几个特点:一是具有一定的抽象度,每一个原则中都含括若干相关的推论;二是各变量之间有它们的逻辑,从中可以推衍出具体的范畴来;三是简单明确,可操作并可以被检验。

费孝通将"通论"的意义界定为"在理论上总结并开导实地研究"[①],理论上的总结就是思想综合。思想综合是《乡土中国》的理论特色。这种理论综合包含了已有的理论、历史知识、实地研究经验等内容。费孝通在理解乡村社会的过程中不时地运用理论框架来帮助自己分析问题。仔细品味,《乡土中国》中的每一篇章都有自己的理论框架,有的是隐含其中,有的是直接表述。这里可以试举几例:《系维着私人的道德》篇分析"差序格局"背后的价值基础。在费孝通看来,孝、悌、忠、信都

[①] 费孝通:《费孝通全集》第六卷,内蒙古人民出版社2009年版,第181页。

是支撑"差序格局"的私人道德要素,这些要素都始于"己"这样一个价值取向。由于自给自足的生活方式,乡土社会的人们遵循的社会规范是从"己"出发的,以"己"为核心来处理人际关系。分析制度背后的价值基础是费孝通一以贯之的认知方式,它源自早年在燕京大学学习期间受到派克的影响。《无为政治》篇先是讨论了社会学的两个基本理论,即社会冲突理论和社会合作理论,进而深入到对权力的分析,讨论了"同意权力"和"横暴权力"的实施条件及制度环境,在此基础上讨论"无为政治"。在《长老统治》篇中,费孝通在前一部分对"同意权力"和"横暴权力"分析的基础上,从社会继替理论出发,提出了乡土社会的另外一种权力模式,也就是通过教化产生的权力,教化权力是一种时间构建。

如果把费孝通的思想放在历史维度来看,他在20世纪30年代踏入社会人类学领域,先是学习社会人类学理论并将其用于"开导"实地研究,并进行了瑶山和江村调查;基于这些调查的结论和思路,他又开启了"云南三村"的田野调查;在系列调查基础上,他又将实地研究结论加以总结,探索乡土中国的一般特征。这是一个循环往复、不断深化的时间序列。

(二)类型比较和历史分析的时空构建

比较法是费孝通形成《乡土中国》中"通论"的基本方法之一,另外他还采用了遗传性解释,贝利(D. K. Berg)将"通过追溯某一现象,从早期的发展形式来解释目前的存在形式"[①]称为遗传性解释,也可以称为历史方法和推衍涵蕴的方法。我们还可从以下几个方面看他形成通论的方法。

---

① 余炳辉等编译:《社会研究的方法》,浙江人民出版社1986年版,第231页。

1. 对发生在具体空间中的不同类型进行比较

费孝通写道:"在比较研究中,先得确立若干可以比较的类型,那就是依不同结构的原则分别确定它所形成的格式。"① 从许多方面来看,他在此所说的"格式"除了含有他在云南调查中赋予的类型含义外,还包括他在对美国人性格研究中所提出的"模子",即代表一个文化一致的"团体"的含义。在他看来,美国社会很可能有好几个不同的"格式"。这些"格式"在空间上平行分布,"云南三村"就是这样的状况。这些"格式"在《云南三村》和《乡土中国》中进行了数量比较和性质比较,从其范围上说,又表现为文化内部的不同类型比较和不同"模子"之间的跨文化比较。在这种比较中,对象既被规定了相同点,也找到了差异点。

《乡土中国》中"通论"的得出主要是基于定性的比较方法:在相同点的比较中找出乡土文化的一般性,又在跨文化比较中对乡土文化作出规定,较典型的例子是对家庭的分析。在瑶山调查中,他和王同惠就发现:"花蓝瑶中最基本的社会组织是家庭"②。在《乡土中国》中,他进一步指出,家是传统社会的基本经济活动的单位,"农村中的基本社会群体就是家,一个扩大的家庭。这个群体的成员占有共同的财产,有共同的收支预算,他们通过劳动的分工过着共同的生活"③。由此他推演出:"我们乡土社会中的基本社群,这社群普通被称为'大家庭'的。"④ 在书中,他把西洋社会的"家"称之为"小家庭",为什么叫"小家庭"而不叫"家族",这与他的跨时空的文化比较有关,他在与西方文化中的"家庭"作比较中对中国乡土社会的"家"给予了严格的规定:"家庭在西洋是一种界限分明的团体……在中国,这句话是含糊得很。在英

---

① 费孝通:《费孝通全集》第六卷,内蒙古人民出版社2009年版,第187页。
② 费孝通:《费孝通全集》第一卷,内蒙古人民出版社2009年版,第376页。
③ 费孝通:《费孝通全集》第二卷,内蒙古人民出版社2009年版,第88页。
④ 费孝通:《费孝通全集》第六卷,内蒙古人民出版社2009年版,第138页。

美,家庭包括他和妻子以及未成年的孩子……提到了我们的用字,这个'家'可以说最能伸缩自如了。'家里的'可以指自己的太太一个人,'家门'可以指伯叔侄子一大批,'自家人'可以包罗任何要拉入自己的圈子,表示亲热的人物。自家人的范围是因时因地可以伸缩的,大到数不清,真是天下可成一家。"①由此看出,费孝通对于乡土中国这一"模子"的分析是从两方面展开的:首先,对于对象的共同特点给予规定,这需要从实地研究入手,在类型调查的基础上发现它们的共同性。之前,在《美国人的性格》一书中,他认为米德从个人性格的养成过程中去分析美国社会的文化,是对美国人类学的贡献,同时他也质疑米德忽视了美国文化的多元性,他写道:"我在上面批评她,或是想要求说明的,就是'美国'是不是一个文化一致的团体。很可能有好几个不同的模子,塑刻着不同的性格。"②他在自己的研究中,希望能够避免这一缺憾。其次,在不同文化的比较中,规定乡土社会的一般特征。费孝通使用这一方法的特点在于:他在实地研究的基础上形成对中国文化的一般认识,又在跨文化中加以规定,以此来界定中国乡土社会的特征。费孝通用比较法获得"通论"的逻辑机理是:在极不相同的对象中探求相同点,或在相同的对象中探求相异点。在极不相同的对象中探求相同点,概括和抽象出更普遍的定律;在相同的对象中探求相异点,分析出被研究对象更深层的规律。而所有这一切都是为了揭示社会发展的普遍规律。进一步分析这一机理,"通论"的产生可以还原为这样一个过程:比较可以被当作一个"收括"和"舍弃"的认知过程。"收括"就是在各类研究对象的比较中,把它们的共同的方面聚合起来。"舍弃"则是把各类型中的个别的偶然性的因素暂时排除掉,当然也可以把各类型中的普遍特点排除掉。通过"收括"和"舍弃",研究对象在自己的内部

---

① 费孝通:《费孝通全集》第六卷,内蒙古人民出版社2009年版,第126页。
② 费孝通:《费孝通全集》第五卷,内蒙古人民出版社2009年版,第237页。

得到一般的规定，又在更大范围得到了特殊的规定。了解了这个过程，就可以更好地理解《乡土中国》中的一些基本结论。

2. 通过历史时序审视现实的社会关系模式

像中国这样一个有着悠久历史但又长期处于乡土社会的国家，文化习俗、生活习惯、思维方式已经渗透到方方面面，历史解释无疑非常重要。现实中的很多行为和人与人之间的关系必须通过历史的诠释才能得到更好的说明。中国的许多东西因其历史悠久而不断处于循环之中。从燕京大学时期，到后来赴美访学，费孝通一直坚持使用历史资料对现实的文化现象和行为模式作出解释，也曾试图把历史文献，诸如地方志与人类学的田野调查结合起来研究亲迎风俗的传播与分布。① 在《初访美国》这部小册子中，他不断地追溯美国200多年来的殖民史和开拓史，说明美国这一"年轻文化"的特征。只是他没有采用人们通常使用的考据式的研究方法。后来，在写《美国人的性格》时，他的一些判断曾受到胡适先生的质疑，他对此也进行了回应。② 抛开他具体使用历史资料的方法不谈，仅就他利用历史资料解释现实生活这一点来说，他在研究方法上已经从以往或进行纯粹实地研究（如《花蓝瑶社会组织》），或进行历史文献梳理（如《亲迎婚俗之研究》），拓展到运用历史资料对实地研究结论进行诠释这样一个新境界。在《乡土中国》中，他用孔子的"人伦"思想解释"差序格局"，认为：差序格局作为中国社会结构的基本特性，"像水的波纹一般，一圈圈推出去，愈推愈远，也愈推愈薄"③，而"孔子最注重的就是水纹波浪向外扩张的推字。他先承认一个己，推己及人的己，对于这己，得加以克服于礼，克己就是修身。顺着这同心圆的伦

---

① 费孝通：《费孝通全集》第一卷，内蒙古人民出版社2009年版，第169页。
② 胡适、费孝通：《关于〈美国人的性格〉通讯》，《观察》1947年第3卷。
③ 费孝通：《费孝通全集》第六卷，内蒙古人民出版社2009年版，第128页。

常，就可向外推了"①。"《中庸》里把五伦作为天下之达道。"②孔子生活在春秋时期，他对当时的社会动荡进行了深刻思考，认为根本原因是由于传统宗法制度被破坏，因而主张恢复周礼，正定名分。汉代以后，儒家学说成为官方学说，得到至高无上的尊崇地位。孔子崇尚的"礼"也成为人人践履的行为准则，如梁启超所说，"我国的礼，也是这样，渐渐把宗教以外一切社会习惯都包含在礼的范围内"，"礼的性质，和法律差不多，成为社会上一种制裁力"。③由此我们可以进一步理解《乡土中国》中"礼治秩序"的历史和现实意义。通过对孔子学说这一影响中国数千年思想的剖析，《乡土中国》中的"差序格局"的价值基础就更能正本清源了。

对于费孝通来说，历史分析的意义在于它可以为被研究的对象提供一种解释的纵向背景。他甚至还认为："如果历史材料充分的话，任何时代的社区都同样的可作分析对象。"④就他本人而言，已经找到了一个新的视角，即历史的视角，这与他一段时间内一直关注的实地研究不一样，这一方面表明：在经历了一段以"现实的"方式来揭示中国社会的特征之后，他仿佛以被黑格尔称为"否定之否定"的方式回到了他从事社会学初期的一些研究方法上来了，例如类似于亲迎分布研究的方法⑤，只是在这个"否定之否定"的阶段上，历史资料被用来解释从现实中得出的"通论"——一种背景式的解释。当然，还不能由此认为费孝通已经从"现实的"研究方法转向被称为历史主义的研究方法上，实际上他是把二者结合起来，寻求更全面的解释。可以这样理解这句话，文化、行为规范、习俗习惯等在时间中流逝也需要在时间中积累、积淀，一个

---

① 费孝通：《费孝通全集》第六卷，内蒙古人民出版社2009年版，第128页。
② 费孝通：《费孝通全集》第六卷，内蒙古人民出版社2009年版，第128页。
③ 梁启超：《国学小史》，中国书籍出版社2019年版，第77页。
④ 费孝通：《费孝通全集》第六卷，内蒙古人民出版社2009年版，第185页。
⑤ 费孝通：《费孝通全集》第一卷，内蒙古人民出版社2009年版，第169页。

族群若是没有空间结构上的变化,没有人口流动、物品交换、信息交流,它延续的时间越长,积累和积淀的文化、习惯的稳定性也会越强,发生人口流动、物品交换、信息交流时遇到的问题和冲突也会越多。与实际研究能够得到有血有肉的素描和真实感觉不同,历史空间的长时段分析会给人们宏大的思考,让人们更能看清楚历史和未来发展的方向。费孝通这种历史资料分析的研究方法说明,我们需要从一件事情的历史脉络来说明这一事情,而不是仅仅从这件事情当前所依赖的空间及环境来说明。这一认识方式本身意味着:在历史空间和现实空间之间可以找到一种联系。那么这种联系是什么呢?这首先取决于人们对于"历史的意义是什么"的认知。从韦伯、克罗齐(Benedetto Croce)、雅斯贝斯(Karl Jaspers)到波普尔(Karl Popper),他们都在努力探索这一答案,而这个问题几乎成为20世纪以来自然科学、社会科学和历史科学共同关心的重大问题。其实质就是:一种社会行为、社会思潮的出现,要想得到更好的解释,必须将其放在时间和空间的维度中反复审视。《乡土中国》进行了这样一种探索,也显示出了它的价值。

综上所述,《乡土中国》在研究方法上体现了费孝通对发生在不同时间和空间中的各类实地研究成果的综合,同时他又将这种综合放在漫长的时间序列中进行深度解读。简言之,微观区位的比较和历史资料的有机结合成为"通论"建构的基本方法。

在认识社会的过程中,时间不仅仅是一种流逝,也是社会规范、社会习惯的积累或消失,社会知识的生成或消亡;空间不仅仅是器物的布局,也是人际关系和社会规范的空间建构,是社会关系模式在时间和空间中的发展与重构。时间和空间在不同发展阶段对社会关系的重构模式是不一样的,这点可以从费孝通的《乡土中国》中看到。时间和空间在乡土社会中是一种形态,在城市生活中又是另外一种形态,但不管是哪种社会形态,时间和空间提供了认识社会结构的视角。温故知新,《乡土中国》借助于费孝通本人及相关学术共同体对时序结构、空间结构以及鸦片战争以来社会急剧变迁的深入探索,反映了那个时代社会发展的历史和逻辑。

总之,《乡土中国》既是费孝通认识中国社会的一个认知案例,也是对中国传统乡村社会的全景式素描。接下来,我们将进一步探讨费孝通在对社会进行分析的过程中是如何运用社会整体观的,即如何把我们通常讲的社会建设与文化建设有机结合起来。

第八章
社会整体观:社会与文化

在费孝通的学术研究和学术观察中,社会和文化被视为一个整体,这里我们从费孝通自新中国成立以来至20世纪80年代中期的学术探索来分析他是如何在这两条基本主线之间穿梭,并最终将其融为一体的。换句话说,他把早年对社会问题和民族问题的探索在社会学和人类学(也有人称他为社会人类学家)研究基础上统一起来了。在晚年的研究中,从小城镇到区域的拓展,再到中华民族多元一体格局的考察,他在寻求农民致富和边区开发的具体路径基础上逐步实现了早年和王同惠立下的目标:明了中国社会。例如,他在研究农村发展过程中审视乡村发展背后的文化价值,在了解各民族风俗习惯过程中探索它们的现代化进程及其意义,等等。他不是简单地从学科视野去切块认识问题,社会与文化在他的思想中是一个整体。

一、社会人类学家视野中的社会与文化

在费孝通的思想中,社会和文化是互为一体的。在早期思想中,费孝通谈论文化实际上是用"社会"这个概念的,例如《花蓝瑶社会组织》实质上讲的是花蓝瑶的文化体制,如风俗习惯、伦理道德观念等。

社会制度、社会组织通过文化、习俗、仪式等体现出来，通过人们的社会行为表现出来。

费孝通的这些思想既得益于吴文藻的言传身教，也得益于马林诺夫斯基的深刻影响。马林诺夫斯基说："我们发现文化含有两大主要成分——物质的和精神的，即已改造的环境和已变更的人类有机体。文化的现实即存在于这两部分的关系中，偏重其一，都会成为无谓的社会学的玄学。一种器物的同一性并不在于它的特有形式，一个观念或风俗的同一性也不在于它的形式。器物的形式始终是人类行动所决定，所关联，或为人类观念所启发。信仰、思想和意见也是始终表现于被改造的环境中，要认识文化的现实，只有从此着眼。"①

纵观费孝通一生的学术活动，贯穿其全部论著和学术活动中的两条主线就是社会和文化。他从20世纪30年代初期立志解决"中国农村的基本问题"的初心中引申出来的对中国社会发展的探索，并将这种探索贯穿于他的一生：从"中华民族文化变异"的思考，到形成"中华民族多元一体格局"的思想，以及在此基础上形成的"各美其美、美人之美、美美与共、天下大同"的至理名言；从"江村经济"到"志在富民"的学术实践，可以将其视为费孝通学术思想的两条基本主线。

二、在践行"志在富民"的学术信念中形成的社会观

基于20世纪30年代和40年代分别对江村和云南的调查，1957年春天，费孝通试图对中国农村发展问题做出进一步的探索，这年他重访了江村。新中国成立以来江村的发展变化证实并发展了他以往的思想：第一，依靠农业生产不能完全解决农民的收入问题，必须发展农业以外

---

① ［英］马林诺夫斯基：《文化论》，载《费孝通译文集》（上册），群言出版社2002年版，第290—291页。

的其他产业。针对江村他说:"要显著地提高这类地区的农民收入,单纯从农业入手是绝对不够的。如果忽视了副业的多种经营,那就会发生严重问题。"①第二,发展乡村工业是中国工业发展的形式之一,他认为:"在我们国内有许多轻工业,并不一定要集中到少数都市中去,才能提高技术的。以丝绸而论,我请教过不少专家,他们都承认,一定规模的小型工厂,可以制出品质很高的生丝,在经济上打算,把加工业放到原料生产地,有着很多便宜。"②这就是说,一些工业企业可以分布在农村。后来,由于反右运动,费孝通关于农村发展的研究活动没能进行下去,上述观点还被当作妄图从恢复贩运、恢复合作丝厂两个方面来策划资本主义的复辟活动而遭到了批判。从此,他步入了长达20多年的沉默期。

1979年,费孝通复出并受命恢复重建中国社会学。在费孝通重新进行乡村工业研究和大力倡导发展乡镇企业之前,即1978年,中共中央在《中共中央关于加快农业发展若干问题的决定》中明确要求社队企业要有一个大发展。费孝通的长期思考和探索与党中央国务院的决策不谋而合,他把自己融入了中国轰轰烈烈的伟大改革实践中,"行行重行行",追随和记述中国现代化的步伐。国务院在1979年7月颁发了《关于发展社队企业若干问题的规定(试行草案)》。这是国家制定的第一个专门针对社队企业发展的文件,它有力地促进了全国社队企业的发展。从1980年起,经济理论界就乡镇工业的意义展开了热烈而深入的讨论。

1981年10月,在"三访江村"中,费孝通惊喜地发现"开弦弓村在苏州地区却处于中级,个人平均年收入接近300元,略高于这个地区的平均数。我们抓这个在全国居上游,上游中又居中级的农村进行解剖,就可以和比它好的和比它坏的农村相比较,从而看到当前中国农村经济

---

① 费孝通:《〈花蓝瑶社会组织〉重版前言》,江苏人民出版社1988年版,第2页。
② 费孝通:《费孝通全集》第八卷,内蒙古人民出版社2009年版,第56页。

正在怎样变化，要致富上升应采取什么道路"①。究其原因，是由于1979年以来落实了多种经营方针，大力发展多种多样的副业。是年底，他在伦敦政治经济学院就中国农村的基本问题发表了自己对于中国工业化的看法："在一个人口众多、土地有限的国家里，要进一步提高农民的生活水平，重点应当放在发展乡村工业上。"②这个结论已经不能简单地视为是20世纪30—40年代他在江村和云南调查所得结论的重复。这是一个被近60年，尤其是改革开放几十年来的巨大社会变迁事实所证实了的结论。它后来成了费孝通其他理论思想发展的出发点。1980年初，他就预见到：乡村工业的发展会对农村经济社会结构、人口模式等产生重大影响。如果不是承担着重建中国社会学的重任，也许费孝通会全力以赴地对社队企业进行研究。尽管公务繁忙，"三访江村"之后，1982年他又两次下江南，对江村和苏南农村进行研究。在1982年底的考察中，他由农村商品经济中的"出"与"进"问题上升到对市镇的研究。他看到："农村发展之后，必然会产生一个商品集散中心，也就是市镇。"③市镇是农村商品发展的重要条件。他将农村问题的研究推进了一步，在江村调查的基础上，他发现了在20世纪30年代就关注的城乡关系问题，他想在这一方面下点功夫，沿着既有的线索深入研究下去。后来的"小城镇、大问题"就是在这个基础上进一步引申出来的。从一个村庄到市镇，社会的概念在费孝通的学术视野中不断扩大。

小城镇研究是从农村研究中引发出来的。在费孝通看来，它对农村发展所具有的意义十分重大，它是"整个农村发展战略中的一个'瓶口'"④。"小城镇、大问题"的意义并不在于它揭示了中国城市化的特点，而在于它揭示了小城镇在乡村发展和城乡关系中的地位。"工农相辅""无

---

① 费孝通：《费孝通全集》第九卷，内蒙古人民出版社2009年版，第137页。
② 费孝通：《费孝通全集》第九卷，内蒙古人民出版社2009年版，第142—143页。
③ 费孝通：《费孝通社会学文集：社会学的探索》，天津人民出版社1985年版，第216页。
④ 费孝通：《谈小城镇建设》，《社会学通讯》1983年第2期。

工不富"几乎可以说是对费孝通的第一条思想主线的简单概括。

毫无疑问,费孝通的这条思想主线是他在对中国的数十年的考察中形成的。仅仅看到这一点似乎还不足以说明他为什么会坚定不移地坚持这一点,也不能准确把握他的社会观。乡镇工业和小城镇的发展所受到的批评之一,是它们的规模效益太低。事实上,乡村工业和小城镇在经济的聚集规模效益上确实低于大工业和大都市。效益大小的确定是由人们对客观事实的判断决定的,而对于效益类型的追求则取决于人们的价值判断,亦取决于人们的社会观。

费孝通将自己的效益观称为"社会经济观"①,以区别于单纯追求经济效益的经济观。如前所说,在1948年回答"人性和机器"的批评时,费孝通就阐述了自己类似的观点。20世纪80年代他对于乡镇企业效率的基本观点是:中国农村发展小工业的意义比简单的经济增长多得多,乡村工业除了解决了中国的生计问题,推动了工业化发展外,还正在改变着当代社会的传统性质和结构,在乡镇企业发展的地区,人们已经开始改变他们的思想和做人的态度。所以,他不主张仅仅算经济账,而主张算总账,而算总账远比单算经济账复杂。他所谓算总账实际上是指要从经济和社会的综合效益上来对待乡镇企业和小城镇的发展。他坚持综合效益观是与其关于人的观点有关系的。他很赞同帕累托(V. F. D. Pareto)的观点:绝大多数的人类行为是非理性的,不是由逻辑而是由情绪支配的。费孝通认为,人类行为中理性成分和非理性成分这两方面都有。但是在不同时代比重不同,两者的比重是根据生活变化的。他从思想发展的深层来考察中国的发展,认为中国的发展,从思想深层来看,一直是在理性和非理性之间摇摆。因此,他主张中国的发展要提倡理性主义,中国理性主义还远远发展得不够;同时他又认为,中国的发展要记住人除了理性外还有另外一面,即非理性。

---

① 根据1949年3月8日与笔者谈话记录。

这样，费孝通关于中国发展观点的思想主线就引申到人类的意义和目的上——"要记住人类本身的意义和最后的目的"。他在1981年就呼吁："不要忽略了'人'！"①他没有专门阐述人类的目的和意义是什么，但从各种论著中可以看出：他主张人的全面发展，或者说，人本身就是目的。

追溯"人"的观点，费孝通的这个思想应该是受到梅岳的影响。梅岳非常重视工业中的"人的因素"，他认为，"我们关于文明的理论是根据这种假定，即如果技术的和物质的进步要保持的话，人和人的合作不管怎样是不可少的"②，他的这个观点是基于对"人性"的理解。1944年访美期间，费孝通曾与梅岳一起工作了三个月，并了解了他关于"人的因素"的观点。1963年，费孝通将梅岳的著作 The Social Problems of An Industrial Civilization 译成中文，即《工业文明的社会问题》，并认为该书有不少新的启发，"有许多方面是可以参考梅岳这位老先生的理论的"③。当然，后来有关中国乡镇和小城镇的解释，费孝通已经超出了梅岳的视野。费孝通将小城镇和乡镇企业与人类本身的意义和目的结合起来分析，使他的发展乡镇企业理论与人类学理论联系起来了。

20世纪80年代发生了一场由马克思的《1844年经济学哲学手稿》而引发的人道主义的争论，尽管在当时并没有形成一致性的看法，但它的基本点似乎已经明确了，即"人作为对象性的、感性的存在物……因为它感到自己是受动的，所以是一个有激情的存在物"④，同时，"人不仅仅是自然存在物，而且是人的自然存在物……因而是类存在物"⑤。因此，

---

① 费孝通：《不要忽略了"人"》，《百科知识》1981年第1期。
② [美]梅岳：《工业文明的社会问题》，费孝通译，载《费孝通全集》第十九卷，内蒙古人民出版社2009年版，第128页。
③ 费孝通：《费孝通社会学文集：民族与社会》，天津人民出版社1981年版，第107页。
④ 《马克思恩格斯全集》第四十二卷，人民出版社1979年版，第169页。
⑤ 《马克思恩格斯全集》第四十二卷，人民出版社1979年版，第169页。

这个意义上的人必定是感性和理性的统一，人的发展必然是感性和理性的全面发展。费孝通并不赞成那种过分强调"经济人"而使人性"异化"的观点。他的人类学理论奠定了乡村发展理论的基石。实际上他也把乡村工业和小城镇放到通常所谓"发展"的角度上进行分析——社会的发展应当依据人类的目的性把人看作具有多种侧面的整体，看作生物的存在，看作个体和集体的成员以及生产者和消费者，他们同时生活在自然、经济、社会、文化环境之中。人与自然、经济、社会、文化浑然一体，必须始终坚持以人民为中心的发展理念。

三、探索"中华民族多元一体格局"过程中形成的文化观

费孝通的"中华民族多元一体格局"思想的萌芽最早出现在他于20世纪30年代所作的《中国文化内部变异的研究举例》(1933)、《花蓝瑶社会组织》(1936)等论著中。从瑶山调查开始到中华人民共和国成立初期，费孝通几乎没有对这个问题再作进一步的探索。这期间，他先是奔赴英国，师从马林诺夫斯基学习人类学并撰写博士论文《江村经济》；回国后，他在云南大后方从事教学工作，同时开展西南农村调查；抗战胜利后，他回到清华园，与吴晗一道研究中国的社会结构。1950年，费孝通担任中央民族访问团负责人，考察西南少数民族地区，1951年又出任中央民族学院副院长，这在客观上为他中断多年的民族问题研究课题提供了条件，也推动了他的思考和研究。

从1950年开始，费孝通又转向了对中国民族问题的研究。从发表的论著看，"中国是一个统一的多民族的国家"[①]是他对中国民族特点的基本判断。在他看来，中华民族的统一归因于它悠久的文化和文化的冲突、融合。费孝通写道："从我们现在已有的历史知识来说，最迟在50

---

① 费孝通：《对于宪法草案有关民族问题基本规定的一些体会》，《新建设》1954年9月号。

万年前我国的土地上已经住着原始人类……在最早的文字记载中,已可以看到当时聚族而居的人们组成着不同的集团,而且有不同的名称。历史记载中不断出现关于这些集团的流动,交战和混合。"①他试图从历史考据中来解释中华民族的历史融合过程。这个时期,他写下了一系列文章,诸如《关于广西壮族历史的初步推考》《大理历史文物的初步察访》《开展少数民族地区和与少数民族历史有关的地区的考古工作》等。他也从历史的资料中找到了许多支持自己论点的根据。在对壮族历史的分析中,他发现在广西的"布越伊"人"在2000年前分布地区比现在更广","在2000多年中……已融合在汉民族里面","还有一部分仍旧保持他们民族的语言,而且还用相当于早年自称的族名来称呼自己的民族"。②

实地社区研究和历史文物研究是费孝通研究"中华民族多元一体格局"的基本方法,他交替地使用这两种方法。在他看来,"少数民族历史研究已是当前的一项重要的任务。当前这方面的工作和国家的需要是不相适应的。加强考古学、语言学、人类学和民族学的密切合作是不应当再拖延了"③。同时,他又提出:"在今后定出研究工作规划时,希望重视少数民族地区和与少数民族历史有关的地区的工作,而且这项工作应当和民族学、语言学、人类学一起密切配合,最好能做出一定区域内综合性的历史研究规划。"④他甚至还提出具体建议:以贵州或云南等地区为范围,甚至可以再小些,进行综合性历史研究的试验。

1978年之后,在"中华民族多元一体格局"的基本思路提出之前,他曾进行了一段相当长时期的实地研究和文献研究,并写下了一系列关于民族问题的文章,诸如《重访金秀瑶山》《瑶山调查五十年》《我国是统一的多民族的国家》等。可见,费孝通的"中华民族多元一体格局"

---

① 费孝通:《对于宪法草案有关民族问题基本规定的一些体会》,《新建设》1954年9月号。
② 费孝通:《费孝通全集》第七卷,内蒙古人民出版社2009年版,第152页。
③ 费孝通:《费孝通全集》第七卷,内蒙古人民出版社2009年版,第313页。
④ 费孝通:《费孝通全集》第七卷,内蒙古人民出版社2009年版,第313页。

理论的形成几乎经历了长达60年的思考。

毫无疑问,作为一个理论的提出,"中华民族多元一体格局"对中国民族学研究产生了重大影响。值得注意的是,这个在费孝通思想中酝酿已久的观点,在它正式提出之前,已经在影响着费孝通本人,离开了这点很难深刻理解他后来提出的"边区开发"和"全国一盘棋"等构想。我们可以将他的这些观点视为他多元文化观的组成部分。

与在世界的文化交流中主张文化之间的"容忍"一样,在对待中华民族的多民族关系上,费孝通主张民族之间的关系应当建立在自由平等之上。在他看来,民族之间的关系"不但是平等的,而且是自由的。各民族都有他们的语言文字,风俗习惯,宗教信仰"①。民族与民族之间不能加以强制或代替。除此之外,费孝通关于"民族平等"的观点还包含着各民族在经济上的共同繁荣及共同现代化。

中国各民族发展的不平衡性是一个基本的事实。费孝通在20世纪50年代初期就指出各民族富有特色的经济社会发展是一部活的社会发展史,以说明中国境内的各民族处于不同的发展阶段上。1979年在加拿大讲学时,他讲道:中国的现代化必须是各民族的现代化,在实现这个现代化过程中,"应当清醒地区别民族间社会经济发展水平上的差距和民族特点上的差别"②。他反对在消除各民族的经济差距时,连同各民族的社会文化特点也改变了。

四、在探索中华民族现代化问题过程中把社会与文化融为一体

费孝通将自己的"志在富民"思想拓展到少数民族的具体发展道路

---

① 费孝通:《自由平等的民族大家庭的大宪章》,《光明日报》1954年7月2日。
② 费孝通:《费孝通全集》第八卷,内蒙古人民出版社2009年版,第236页。

上,将两者结合起来,并且确认"少数民族地区的经济发展必须是少数民族的发展"[①]。其中包括:因地制宜发展适合于本地的产业和在汉族支援下,主要由少数民族人民"参与"的经济开发。在这里,已经看到他的"多元一体格局"的思想主线与"无工不富""农工相辅"的思想开始融合起来,也表明他试图通过现代化这条途径来实现"人类本身的意义和最后目的"。

费孝通关于现代化的论述最早见于《中国的现代化与少数民族的发展》(1979)一文。在这篇文章中,他将现代化理解为利用人类所掌握的先进科学技术来促进生产,提高社会的生产力,从而促进社会、文化的发展。显然,在他所理解的现代化中,经济发展的目的在于推动社会、文化发展,经济并不是目的,社会和文化的发展才是目的。这种以社会和人为中心的现代化观(或称发展观)导致了他在对中国社会发展的研究中(如小城镇研究和边区发展研究)首先强调根据人类文明和个人的社会需要的变化,把各种经济性的目标和非经济性的目标结合起来。其次,他以整体的和统一的观点来分析各地区的发展,使微观和宏观的社会结构协调起来。再次,他试图说明人们在地区布局上保持空间发展的合理性。

当然,单就这种现代化观来说,在20世纪60年代中期已经在许多国家酝酿。人们逐渐地认识到自工业革命以来支配着人们经济行为的思维模式实际基于这样一个假设:凌驾于自然之上的发展观给近三个世纪来的经济发展打上了烙印。生态环境的恶化和社会贫富分化迫使人们重新审视经济的目的。所以,在增长经济学盛行一时的20世纪60年代,发展成了经济学家们的优先议题。当时,人们片面地认为,经济增长就是发展,并试图以人均国民生产总值的水平和增长率来衡量发展。这个时期,各国把发展的重点转移到经济建设上来,以单纯的经济增长作为发

---

① 费孝通:《西部经济发展和各民族共同繁荣》,《科学、经济、社会》1986年1月。

展的根本目标。发展经济被乐观地认为是解决人民福祉问题的最核心的办法,因为个人或社会福祉都与收入直接相关。经济学家把生活水平定义为人均GDP,这就意味着生活水平的测量就是一种对食物、衣服等基本需求满意度的测量。然而,人均GDP却经常被批评,因为它忽视了公平分配、尊敬他人、隐私保护、道德评价等等。与此同时,20世纪60年代的世界发展也留给人们诸多疑问:为什么在科技日新月异和消费经济迅猛发展的时代,世界各国的人民福祉却依然遭受着环境破坏、收入不平等、医疗保健和教育卫生等基本服务的缺失、公共政策的失效、城市衰败等一系列重大社会问题的威胁?是不是人们对发展的理解出现了什么偏差?使用以国民生产总值、人均国民收入等为核心的经济指标体系来反映人民福祉的传统做法显然对人的感知和情绪的测量效果不尽如人意,只有生活的感知度和个人的精神状态才能真正反映出人们在不同标准下对人民福祉做出的主观评判。在这样的背景下,经济学家不得不寻找一些替代性的指标来测量福利。这也引发了大量研究,随之而来的是社会指标、人民福祉指标、基本需求指标和人类发展指标被提出,出现了新发展观。新的发展是为全人类和一切人的利益服务的发展,也是促进人类和一切人自身的发展,文化价值是决定减缓或加速经济增长的基础,也是检验增长目标是否合理的基础。经济的发展只有经过文化价值的检验才能够站得住脚。

费孝通对于中国现代化探索的意义在于:当人们在争论和澄清新发展观的内涵时,他已经在探索一个落后的多元文化大国怎样才能走向现代化——在发展研究的探索中,这也许是一个最复杂的题目。从这里我们了解到:费孝通的现代化思想并不是受到了同时代思潮的影响才提出的。当然,我们关心的不是费孝通与当代思潮的关系,而是费孝通所探索的活动本身:人们只有透过他的"志在富民"和"中华民族多元一体格局"的观点才能理解费孝通思想的真正意义所在。

作为一个社会人类学家,费孝通对于文化作用的感触要比别人深刻,这是一种对社会深层次的认知。通读费孝通晚年的著作,文化是他思考的核心。在他的著述中,社会和文化的概念是交替使用的,尽管他没有专门论述它们之间的相同和不同。但是,对于作为社会核心的文化,费孝通是有着深刻思考的,他写道:"'文化'就是在'社会'这种群体形式下,把历史上众多的个体的、有限的生命的经验积累起来,变成一种社会共有的精神、思想、知识、财富,又以各种方式保存在一个个活着的个体的生活、思想、态度、行为中,成为一种超越个体的东西。"[①]人的社会化是一个文化传承的过程。家庭、社区、学校扮演了传承者的角色,这些社会组织把习惯、习俗和社会规范嵌入到途经它们的个体的行为之中。内化于心,外化于行。一个个的社会人就是这样形成的,社会和文化也就是这样继替的。

1992年在"北京大学社会学10年"纪念大会上,费孝通从中国的小康社会建设引申出社会与文化的关系,指出:"现在走到小康的路是已经清楚了,但是我已认识到必须及时多想想小康之后我们的路子应当怎样走下去。小康之后人与自然的关系的变化不可避免地要引起人与人的关系的变化,进到人与人之间怎样相处的问题。"[②]在进一步谈到人与人之间的相处,他用了一个新的概念,就是人的心态关系。社会的问题自此进入文化领域,成为一个文化问题,就这么简单。费孝通讨论这个问题的时候,恰恰是中国开启邓小平同志提出的现代化"三步走"战略目标的第二步战略开启之时。

中国现代化的战略思想深深地打上了中国文化的烙印。1979年12月6日,邓小平同志会见日本首相大平正芳,大平正芳向邓小平同志提问:中国在本世纪末实现四个现代化究竟意味着什么?邓小平同志回答道:中国要实现的四个现代化,是中国式的四个现代化。中国的四个现代化

---

① 费孝通:《费孝通文集》第十六卷,群言出版社2002年版,第156页。
② 费孝通:《费孝通文集》第十二卷,群言出版社1999年版,第297页。

的概念，不是像日本那样的现代化的概念，而是"小康之家"。①这"小康"之概念源自于中国古代文化经典《诗经》，邓小平同志借用中国古代文化经典来表述中国现代化的发展之路，将中国的现代化深深根植于中国的文化土壤。正如习近平总书记所说的："中华文化源远流长，积淀着中华民族最深层的精神追求，代表着中华民族独特的精神标识，为中华民族生生不息、发展壮大提供了丰厚滋养。"②社会规范体现在人们的行为、制度、体制中，而文化内置于人们心中。

党的十九大报告在谈到社会治理时首次提出社会心理建设，要求加强社会心理服务体系建设，培育自尊自信、理性平和、积极向上的社会心态。将心态建设与社会建设紧密结合，体现了中国共产党对社会发展问题的清晰思路和认识。在中国发展的历史中，在中国现代化的进程中，社会与文化、文化自觉和文化自信从来就不是截然分开的，而是互为一体的。抛开中国5000年的文化和历史，中国就会失去发展的根基，就很难说清中国社会的发展方向和未来的选择，而没有对中华民族文化的自信也就很难有真正意义上的文化自觉。

费孝通之所以能够把社会与文化融为一体，就在于他不是从学科建设来考量社会和文化，也不是从部门工作来考虑这个问题，而是从解决现实问题出发。这样一来，无论从思路上，还是方法上，视野都将广阔得多。正如费孝通在20世纪30年代所说的，学问是有用的知识，"研究在先，政策在后，研究者不能供给正确详尽的事实，是研究者的不能尽责"③。

综上所述，社会和文化并非是截然不同的东西。在实践领域，经济建设、政治建设、文化建设、社会建设和生态文明建设互为一体，构成

---

① 参见《邓小平文选》第二卷，人民出版社1994年版，第237页。
② 《习近平谈治国理政》第一卷，外文出版社2014年版，第164页。
③ 费孝通：《费孝通文集》第一卷，群言出版社1999年版，第369页。

"五位一体"的中国特色社会主义事业总体布局,这是对几十年来中国特色社会主义道路认识不断深化的结果。在学术领域,社会人类学打通了社会与文化的界限,开启了近一个世纪的对文化与社会的探索,形成了对各民族文化和社会的纷繁复杂的认知和描绘。正如20世纪中叶英语世界最重要的马克思主义文艺评论家雷蒙·威廉斯(Raymond Wilians)所指出的,"文化"是英文词汇里最为复杂的两三个词之一,它在欧洲国家中,有着极其复杂的词汇演变史。"有一种用法是将'文化'这个词几乎等同于'社会'(Society):一种特别的生活方式——如'美国文化','日本文化'。"①在社会人类学中,不管其狭义还是广义,"文化"几乎都是用来表示一个民族、一个群体或全体人民的一种特殊的生活方式。

---

① [英]雷蒙·威廉斯:《关键词:文化与社会的词汇》,刘建基译,生活·读书·新知三联书店2016年版,第25页。

第三篇

服务现代化国家建设的学科目标

毛主席的伟大处，就是他把马克思主义的原理同中国革命的实践结合起来，从而取得中国革命的胜利。我们要发展社会学，也要走自己的路，搞中国式的人民的社会学。我们的社会学要面向中国人民的社会生活，研究如何使我们的国家一步一步地达到高度的物质文明和精神文明的目标。

我们的社会学一定要本国化。我们现在重建社会学的时候，一定要防止走老路。我们的立足点，一定要站在有着5000年文明历史、五十几个民族、10亿人口的中国国土上。我们要用科学的方法，包括吸收、学习外国对我们适用的先进方法，好好地认识我们的国家、民族、社会。

——费孝通，《建立面向中国实际的人民社会学》（1981）

第九章
"我是从食粮"：真正的学术是有用的知识

在中国学术史上，费孝通是一位非常有特色的学者，他研究的问题贴近中国发展的现实，通过探究这些问题的实际状况，分析它们的原因，寻求解决问题的办法。自20世纪40年代起，他开始以流畅的文笔把学术问题表达出来，使之成为社会关注的热点问题。20世纪70年代末，他在沉寂多年后复出，受命恢复中断多年的社会学，提出了"建立迈向人民的社会学"和"建立迈向人民的人类学"的构想，并身体力行，竭力推进。同时，他也继续用浅显易懂、雅俗共赏的文笔探讨一些重大话题，如"小城镇、大问题""边区开发""中华民族多元一体格局"等等。他把自己的研究成果转化为决策成果，推动政策的制定和实施。他晚年提出的"各美其美、美人之美、美美与共、天下大同"成为各界都能接受的至理名言。纵观费孝通的一生，他充分发挥了学术研究服务于国家建设的积极作用，履行了学者必须承担的社会责任。社会学恢复初期，费孝通的研究风格并不为人们所理解。记得20世纪90年代初期，笔者有一次跟随他出差，他讲到他的一篇关于小城镇发展的文章送到某著名期刊，曾遭到质疑，理由是学术含量和写作范式不符合学术界的惯例。他对这种拒绝并不介意，显示了一位有着自己学术价值观和学术追求的学者的襟怀。

一、不为研究而研究

(一)"彻底明了中国现代社会的真相和全相"的学术初心

《乡土重建》是继《乡土中国》之后加入当时"观察丛书"系列而出版的,时间是新中国成立前夕的1948年,即中国从独立的、传统的农业社会沦为半殖民地半封建社会100多年之后,这是理解《乡土重建》这本书的宏大历史背景。《乡土重建》和《乡土中国》虽然写作时间上不相上下,但是内容却属两个层次。在《乡土中国》中,费孝通试图勾画出中国基层社会结构的一些基本规范,诸如"无讼""长老统治"等等,这是第一步;第二步是在中国传统基层社会结构的基本规范基础上,把这些结构具体化,从整体的搭配中把具体显现出来;第三步是在以上两步分析中国乡土社会问题"症结"的基础上,提出"一些积极性的主张",来帮助解决当时中国面临的各种问题。遗憾的是,费孝通没有写出他书中提到的第二步。

仔细品味费孝通在《乡土重建》后记中对自己研究计划的构想,可以看到他一以贯之认识中国的初心:以"志在富民"的学术理想和治学态度引导自己从整体上把握中国社会;用自己的学科积累和从研究中获得的知识解释中国社会;用自己获得的知识为中国社会发展提供"一些积极性的主张"。这种治学方法贯穿费孝通的一生,在三个时期尤为突出地表现出来:20世纪30年代、40年代和改革开放后的城乡发展研究。认识中国社会是费孝通的学术初心,践行这个初心是从大瑶山调查开始的。1935年费孝通决定从简单的社区开始自己的研究工作。

"彻底明了中国现代社会的真相和全相"是20世纪初以来中国学术界一直讨论不休的问题,费孝通从事社会学学习和研究的初期,学术界就有"为研究而研究"的学术主张,对于这点,当时正在英国攻读博士学位的费孝通给国内的朋友写信提出自己的不同看法。1937年,他在《再论社会变迁》一文中写道:"'为研究而研究'是一辈'寄生性'学者的护身符。'学术尊严'！我是不懂的，我所知道的是'真正的学术'，是'有用的知识'。学术可以做装饰品（亦是功能），亦可以做食粮（亦是功能）。若叫我选择，我是从食粮。"[1]他坚持认为，中国的学术研究必须突出知识对现实生活的价值和意义，而不仅是为了发表论文。他曾嘲笑说道，人们可以写出几百篇关于周代"吃人"风俗的论文，"可是这种知识即使得到了，试问和现实的生活有什么用处"[2]。其实，这种治学态度不是费孝通本人独有的，这是自1840年以来中国学术界的核心话题之一。鸦片战争之后，中国沦为半殖民地半封建社会，国家沉沦激起了全体中国人探索中国前途和命运的热忱，一个多世纪以来，探索中国的前途和命运是全体中国人的共同要求，"天下兴亡，匹夫有责""学以致用"等等，就是这种热忱的生动体现。费孝通正是在这样一个宏大历史背景下进入社会学领域进行学习和开展研究的，他的思想和学术风格深深地打上了百年历史的烙印。

回到眼下。当前学术界出现这样或那样的争论并不奇怪，中国乡土社会的历史转型自鸦片战争至今，中间经历了不同的历史阶段，学术界一直围绕着"全盘西化"与反"全盘西化"、"古为今用、洋为中用"与"中学为体、西学为用"在争论、徘徊、探索，因此眼下出现争论亦不可避免。

（二）"乡村里可以看到中国大部分人民的生活"的人类学视角

费孝通的治学特色不仅表现在他的初衷是为了认识中国社会和推动中国社会的发展与变革，还表现在他用学术来解释中国人民的生活，尤其是中国农民的生活，无论是早期的《花蓝瑶社会组织》还是后来的《江村经济》，无论是《乡土中国》还是《乡土重建》，这些作品中描述

---

[1] 费孝通：《费孝通文集》第一卷，群言出版社1999年版，第508页。
[2] 费孝通：《费孝通文集》第一卷，群言出版社1999年版，第508页。

的中国社会"正处在从乡土社会蜕变的过程中"①。因此,费孝通对乡土中国的社会研究成为后人理解中国传统社会的经典。

20世纪30—40年代,在西南联大和清华复原时期,费孝通和吴晗曾一起从历史的角度研究中国的社会结构,同时也是为了给学生们讲述这个问题而进行授课。基于当时的研究和讨论,费孝通认为,在中国的封建社会,皇帝是政权的独占者,"朕即国家"。这里的"朕"既是指皇帝本人,也代表了皇帝的整个家族,因为"封建的政权是依照血统来分配和传袭的。不生在贵族之门的庶人,轮不到这些'宝座',看不到这些'神器'"②。只有皇帝及其家族才有机会体味皇帝宝座的滋味和使用统治社会的各种工具,普通百姓是没有这样的机会的。皇权具有垄断性,历史上不乏通过武力获取皇权的例子。"中国历史,自始即然。先是一宗法社会,封建制度即从宗法来。在其下者拥护其上,在其上者领导其下,民众一体,实即氏族一家。"③对于这种历史现象,钱穆解释道:"中国人言身家天下,进则有国有天下,退则有身有家。"④这些,都是对中国传统社会中国家与社会之间的关系以及财产关系的深刻理解和具体说明,描述了中国传统封建社会的分配制度和利益格局。

钱穆先生指出,中国"自来本无社会观念,因亦无社会名词"⑤。但是,中国有"群"的概念,大致也表述了"社会"的含义。沿着这样的逻辑,费孝通指出:"在中国,政权和这里所记载的社会威权是很少相合的。政权是以力致的,是征服者和被征服者的关系。这里所讲的威权是社会对个人的控制力。儒家固然希望政权和社会本身所具有的控制力相合,前者单独被称为霸道,相合后方是王道。但事实上并没有成功

---

① 费孝通:《费孝通全集》第六卷,内蒙古人民出版社2009年版,第155页。
② 费孝通:《费孝通文集》第五卷,群言出版社1999年版,第466、467页。
③ 钱穆:《晚学盲言》(上),东大图书公司1996年版,第258页。
④ 钱穆:《晚学盲言》(上),东大图书公司1996年版,第218页。
⑤ 钱穆:《晚学盲言》(上),东大图书公司1996年版,第270页。

的。孔子始终是素王,素王和皇权并行于天下,更确切一些说,是上下分治。地方上的事是素王统治,衙门里是皇权的统治。皇权向来是不干涉人民生活的,除了少数暴君,才在额定的赋役之外扰乱地方社会的传统秩序。"①从社会体制的视角来分析这句话,西方公共空间是产生于家庭之外的某一个地方,例如古希腊的街头;美国早期的公共活动产生于托克维尔所描述的结社生活中;中国传统社会的公共空间形成于家族内部,又向外拓展,形成了费孝通所说的"差序格局"。需要强调的是,费孝通在20世纪40年代得出中国社会结构是"差序格局"的结论,仅仅是从那个时代的乡土社会与西方社会比较中得出的结论。

绅士也是在这样的研究基础上被定位为中国基层治理中的角色的。"绅士们高踞于无数的平民以及所谓'贱民'之上,支配着中国民间的社会和经济生活。……绅士乃是由儒学教义确定的纲常伦纪的卫道士、推行者和代表人,这些儒学教义规定了中国社会以及人际关系的准则"②,决定了中国传统社会的社会关系模式。那么,绅士又是指什么?根据费孝通的界定,"绅士是退任的官僚或是官僚的亲亲戚戚。他们在野,可是朝内有人,他们没有政权,可是有势力,势力就是政治免疫性"③。绅士"导民以德"治理社会,与儒家的社会自律十分契合。所以,自宋代开始,一些儒家政论家对于社会的治理更倾向于"无为",而不是国家的控制,倒是有点道家的味道了。"导民以德"实际上是一种自我监督制度,通过个人自觉和社会团结,实现彼此监督,这样社会日常管理的工作不是由政府来负担,而是落到百姓的身上了。这是我们理解"皇权不下县"的一个视角。

在传统社会,家庭有其独立特征,基层组织也是独立的,费孝通通

---

① 费孝通:《费孝通文集》第五卷,群言出版社1999年版,479页。
② [美]弗兰兹·迈克尔:《〈中国绅士〉导言》,载张仲礼:《中国绅士》,李荣昌译,上海社会科学院出版社1991年版,第1页。
③ 费孝通:《费孝通文集》第五卷,群言出版社1999年版,473页。

过自己的研究证明了这一点，他写道："生活上相互依赖的单位性质和范围却受着很多自然的历史的和社会的条件所决定。我们不能硬派一个人进入一个家庭凑足一定的数目。同样的地方团体有它的完整性。保甲都是以人数来规定的，而且力求一律化的。"①这里讲了家庭的血缘特征和情感要素。不但在中国，在其他国家，"家"也是一个私域。不过在这里，费孝通强调了家庭的血缘关系特征，认为这样的社会单元相对独立，可以满足人类的一些基本需求。"家庭是中国文化中最重要的一部分。"②由此也可以理解为什么儒家提出"修身齐家治国平天下"的治理方略了，家庭是中国传统社会体制的重要组成部分，甚至是核心。传统意义上的"家"比现代意义上的"家"的规模要大，在这一点上中外不会有多大区别。传统的农业社会是没有现代意义上的社会保障制度的，对于家庭的劳动力来说，也就不存在退休的惯例，大多数情况下，男性劳动力必须不断地劳动才能养家糊口，直至他们残疾或死亡。

中国传统意义上的"家"，既是一个私人空间，也是一个公共空间。说它是一个私人空间，是指它是个人或家庭私生活的地方；说它是公共空间，是因为"中国的家是一个事业组织，家的大小是依着事业的大小而决定的"③。这"大大小小"的事业是指生产的安排和生产过程，以及公共服务的供给。④另外，传统农耕意义上的"家"负责家庭成员的生老病死、家庭纠纷、基本生计，还可以满足人们的精神需求。"人类为了生存，需要一个地区中人类伙伴的联合。"⑤造成家庭及其角色的变化的主要原因是经济发展，当然，行政力量的干预也不可忽视。行政体制有

---

① 费孝通：《费孝通文集》第四卷，群言出版社1999年版，第341页。
② 钱穆：《晚学盲言》（上），东大图书公司1996年版，第307页。
③ 费孝通：《乡土中国》，北京大学出版社1998年版，第40页。
④ ［英］约翰·伦尼·肖特：《城市秩序：城市、文化与权力导论》，郑娟、梁捷译，上海人民出版社2011年版，第227页。
⑤ ［日］黑川纪章：《城市革命——从公有到共有》，徐苏宁、吕飞译，中国建筑工业出版社2011年版，第47页。

时会把这种人类自然的社会单元打破，例如保甲制度。"把这种保甲原则压上原有的地方自治单位，未免会发生格格不入的情形了。原来是一个单位的被分割了，原来被分割的单位被合并了，甚至东凑西拼、支离破碎，表面上的一律，造成实质上的混乱。"①

以家庭和血缘为核心的社会关系模式容易产生对社会自私和冷漠的道德取向：对家人亲，对外人冷漠、自私，甚至对与自己毫不相关的人所遭受的苦难视而不见听而不闻。从历史唯物主义的观点来看，理解当前的社会道德问题，不仅要着眼于市场经济体制带来的影响，也要从纵深分析中国传统文化的负面影响。传统社会中，体面来自个人成就给家庭带来的荣耀（"光宗耀祖"就是一个例证），而不是对社会的奉献。中国传统的城镇与家庭密切相关。与现代意义上的城镇化不同，"中国城市是在以农为本的文明框架内兴起的。甚至到了16世纪晚期，明朝皇帝还在王宫里举行以高度舞蹈化的动作来象征丰收的宗教仪式"②。这种不是以交易和服务公众为目的的居住中心，尽管规模宏大，依然不能改变农业文明的本质。皇权、士绅、家庭是传统社会治理的三个主体，吏治和社会规范是其基本制度建构，就其思想和生活方式而言，是一种更加密集的"农业社会"，紫禁城里居住的是一个大家族。由于没有商品的扩散和交易，这种城市对外的影响是有限的，城乡各自满足着自己的需求和消费。它与后来的户籍制度有没有文化上的遗传基因也还有待于深入研究。这样的经济布局实际上也影响了城乡人口的布局和社会治理的格局。这也可以成为理解"皇权不下县"的另外一个视角。没有商业，也发展不起来工业，形不成对企业家创业的刺激，中等收入群体培育不出来，这样的社会结构不仅存在于古代的中国，也发生在古代的日本、

---

① 费孝通：《费孝通文集》第四卷，群言出版社1999年版，第341页。
② ［美］乔尔·科特金：《全球城市史》，王旭等译，社会科学文献出版社2014年版，第88页。

朝鲜、印度等国家，这也许是东方传统社会的基本特征。

在上述一系列认识的基础上，《乡土重建》针对当时中国的一些现实问题，诸如城乡关系、农业发展、基层行政、基层人才、民生与乡村经济、技术下乡、乡村工业等进行探索和寻求解决之道。这些70多年前探索的问题，依然可以在当代中国基层治理中找到它们的影子。换句话说，研究当代中国基层社会依然可以从《乡土重建》中得到某些启发。

（三）"希望有助于当前各种问题的解决"的学术情怀

如前所述，探索中国的前途和命运是近代以来先进中国人的共同要求。例如，《花蓝瑶社会组织》是费孝通和王同惠研究中国社会整体的一部分；《乡土中国》和《乡土重建》既是费孝通早年研究思路的拓展，也是后来他开展小城镇问题和整个中国发展研究的继续。它们都隐含了一代知识分子对中华民族命运深切关怀的学术情怀。

早在1936年，在《社会研究能有用么》一文中，费孝通对政策研究和学术研究之间的关系进行了初步探索，他写道："研究在先，政策在后，研究者不能供给正确详尽的事实，是研究者的不能尽责。"[①]这要求学者、研究者首先要以科学的态度研究清楚事实及其本质规律，为决策提供坚实的事实。进一步说，提出"积极性的主张"需要处理好一个重要关系，这就是，要理顺"积极性的主张"和与决策有关的科学事实之间的关系。"积极性的主张"主要是提出对策建议，科学研究主要是发现事实，弄清真相，揭示规律。对策建议是建立在对事实、真相和发展规律认知的基础上的。《乡土重建》就是按照这样的一个思路展开的，后来的小城镇和城乡关系研究也是如此。实际上，这也提出一个涉及当前各种问题的重大命题，即学者的首要任务是以自己扎实的功底明了事实，提出对问题的科学分析，并提供给决策者；决策者要充分利用科学

---

① 费孝通：《费孝通文集》第一卷，群言出版社1999年版，第369页。

知识进行科学决策。反思2020年新冠肺炎疫情中的种种现象,需要讨论的问题很多,其中核心问题是医学界能否提供准确的病情判断,包括病毒的来源以及病理分析,以及决策部门如何更好运用已有的知识去实现科学决策。

相对于各个专业学科,"积极性的主张"更具有综合性特征,需要研究人员拥有综合素质和综合分析能力。在这点上,费孝通在20世纪80年代的小城镇问题研究中就看得非常清楚,他谈道:"实事求是的科学研究不等于消除了可能的片面性,每一门学科的研究,其片面性都是不可避免的。越是专家,其片面性或许会越大。"①面对日益复杂的国际国内形势,决策者越来越需要建立在实地研究和大数据基础上的决策咨询支持系统的帮助。检验"积极性的主张"的根本标准是看它们是否能够提出解决现实问题的办法,拿出解决问题的政策措施,并能引导实践沿着正确的方向发展,尤其使政策不仅有现实性,更有前瞻性。在对苏南小城镇的调研过程中,费孝通发现,"为了不使决策陷入片面性,在决策和科研之间应当有一个中间环节。这个中间环节就是综合各个学科对某一事物的认识,进行'会诊',然后才向决策机构提出若干建议及论证"②。费孝通强调决策的"积极性的主张"不仅要把学科之间的认识综合起来,还要把现实发展中的各种要素有机联系起来。把城和乡有机结合起来始终是费孝通思考和探索的问题,这在《乡土重建》中也屡屡提到。

费孝通从20世纪30年代开始研究中国农村问题,经过江村调查、"云南三村"调查以及后来对江村数十次的访问和对小城镇的"卷地毯式"的调查,不断发现小城镇发展中的问题,不断提出自己的建议和思考,在自己的一系列著作中展现了中国近现代农村的宏大叙事和中国知识分

---

① 费孝通:《论小城镇及其他》,天津人民出版社1985年版,第16—17页。
② 费孝通:《论小城镇及其他》,天津人民出版社1985年版,第17页。

子的历史担当。实践在不断发展，费孝通的有关中国农村发展的思考和建议也在实践中不断调整，这是一个永无止境的过程。《乡土重建》是他认识中国社会历程中的重要一环，它告诉我们近代以来中国先进知识分子面对乡土中国是如何提出"积极性的主张"和如何以探索民族前途和命运为学术己任的。

费孝通从探索中国的前途和命运进入学术领域，并持之以恒地围绕着"志在富民"这一人生理想开展学术研究，其基本方法是坚持"从实求知"，实地研究是他一以贯之的治学方法。从实地中获得有用的知识，服务于国家和民族发展，以自己的治学态度和学术风格回答近现代以来围绕着中国学术发展的各种学术话题。

当前，中国处在社会大转型的历史新阶段，其显著特点之一就是，互联网时代有用的知识生产问题。毫无疑问，互联网已经成为人们获取信息的主要来源，必须明确的是，信息不是知识，"互联网上的信息未经提炼和归纳，其中有着太多纷繁复杂的细节，还称不上知识"[①]。一方面，互联网给人们带来了巨量的、未经处理的信息；另一方面，人们面对海量信息表现出无知和偏见。这次新冠肺炎疫情给学术界带来的教训有两个：一是要进一步明确学术的目的和价值是什么，尤其在中国这样一个历经百年探索，一直走在民族复兴路上的大国，学术意味着什么。疫情过后，中国学术界必须思考和回答这个问题。二是有用的知识不能仅仅靠从网络或者虚拟世界中获得，学术界必须在纷繁复杂的信息环境里不断提升自己的信息加工能力和水平。这一点与费孝通的治学态度和学术风格有相同的一面，也有不同的一面。深入实地，扎实研究，在互联网时代依然是获得有用知识的基本途径。此外，通过一定分析手段在互联网上获得大数据知识也很重要。每个时代的知识都打上自己时代的

[①] ［英］彼得·沃森：《20世纪思想史：从弗洛伊德到互联网》（上），张凤、杨阳译，译林出版社2019年版，第5页。

烙印，互联网时代知识的特点是信息海量化、真假难辨、纷繁芜杂。学术界如何通过自己的学术方法和学术理论来获取真正有用的知识，服务于中国特色社会主义现代化国家建设，是21世纪不能回避的重大命题，尤其是经历这场重大疫情后，回答好这个问题就显得更加迫切。

二、给政策制定提供正确详尽的事实

费孝通是一位社会人类学的智者。作为社会人类学家，费孝通深入实地，进行细致入微的观察、思考、分析，写出了被称为人类学史上里程碑式的学术巨著《江村经济》，奠定了他在社会人类学史上不可动摇的地位。《江村经济》也是当代学人——不论是社会学、人类学还是经济学——了解20世纪上半叶中国经济社会不可或缺的历史文献。作为一个理论家，费孝通勤于思考，善于思辨，在《乡土中国》一书中他提出了至今为社会学界解释中国社会结构所采用的"差序格局"的基本理论，依然启迪当代学人从历史的视角去分析变迁中的中国城乡社会。作为一个思想家，费孝通博古通今、学贯中西，在一些关乎民族前途和人类发展的重大问题上，提出了自己的思考，并将其表述为16个字，即"各美其美、美人之美、美美与共、天下大同"。这"十六字箴言"既描绘了人类和平共处的原则，也表达了自古至今人们孜孜以求的理想。

（一）探索科学研究和政策制定之间的关系

在中国现代学术史上，费孝通是较早探索科学研究和政策制定之间关系的学者之一，他对这个问题的思考始于20世纪30年代。费孝通从20世纪30年代开始踏上社会学研究征程，这恰恰是中国现代学术史上的革命时代。五四运动以来的文化和科学运动唤起了无数中国人对民族、文化、科学和发展等重大问题的新思考，探索中华民族的出路成为中国人的共同价值取向和行为选择。到20世纪30年代，这种自我反思由表层深入到内部，由一般表象深入到内在规律认识，人们不倦地去寻找中国所特有的发展道路和发展趋势。20世纪初以来，一辈辈先贤坚守"天下兴亡，匹夫有责"的学术信念，以"学以致用"的治学理念实践着民族复兴的梦想，其背后就是中国知识分子所特有的使命感和历史责任感。学术研究和政策探索成为流淌在中国知识分子血液里的基因，体现了中华民族生生不息的动力和活力。

进入21世纪以来，伴随日趋复杂的国际形势和中国的和平崛起，科学决策已经成为中国社会主义现代化的重要议题和学术理论界的重要任务。党的十八届三中全会要求加强中国特色新型智库建设，建立健全决策咨询制度。眼下，各类高等院校、学术机构和政策决策研究机构都在积极推进中国特色新型智库建设。打造世界一流智库正在成为一些研究机构的建设目标。在这个过程中，有关中国特色新型智库建设理论和方法问题亟待突破，不能回避。如果说20世纪初中国知识界对于决策咨询的探索是基于对中国前途命运的深切关注和自觉探索，那么21世纪加强新型智库建设则是在推进实现中华民族伟大复兴中中国知识分子必须承担的学术担当和历史使命。只有心怀历史担当，才能承载民族梦想。费孝通一生"志在富民"，"行行重行行"，为我辈留下了宝贵的精神财富。

我们正处在一个伟大的时代。伟大的时代也需要智者，需要那些能够面对现实、跨界思考、高瞻远瞩、弄潮当代、启迪未来的思想家。

自从踏上社会学、人类学学术研究征程，费孝通就把社会人类学调查作为推动学术服务于社会的手段，使其成为决策咨询的工具，这种探索终其一生都没有停止过。与此同时，在调查研究基础上，他积极探索中国特色社会学的学科建设。他的研究经历表明：研究者、学者的首要职责是科学研究，以科学的方法弄清事实；而政策制定者的责任是在科学研究的基础上，基于事实制定政策。早在1936年发表的《社会研究能有用么》一文中，费孝通就系统思考社会学、人类学的政策价值问题。在学术研究中,他一直想在决策咨询和政策制定之间寻找一个中间环节,这也是一个一直困扰学术界的难题,目前这种困惑依然存在。从这个意义上也可以说,费孝通在20世纪30年代以前就开始了对社会政策的探索,尽管那时还没有社会政策这个概念。1988年,笔者进入北京大学社会学系社会学研究所(1992年更名为社会学人类学研究所),当时的情况是,该研究所有两个研究室,一个是城乡发展研究室,一个是边区开发研究室,这是按照费孝通的研究领域和学术关注点设置的。两个研究室每年都会进行大量的实地研究,在老一辈学者、中年学者的带领下,年轻学者们每次外出调研,在农村或边疆社区住上一两个月都是常事。1991年,笔者在呼伦贝尔新巴尔虎左旗的一个嘎查(牧区的行政村)住了一个月后,旋即转到另外一个牧区的村庄又住了一个月,整个夏天,从7月至9月就完全在边区进行实地研究了,这次实地研究令笔者终生难忘。费孝通以自己的研究风格培育了北京大学社会学人类学研究所的学术风格,也培育了这个研究所的研究人员的治学态度。

  社会学传入中国到现在已经100多年。100多年来,围绕着中国社会学的应用及学科建设,人们一直在思考和探索。五四运动开启了中国的新文化运动,有人将其称为"启蒙运动"。"五四运动解决了套在圣经贤传里的中国人,使大家知道读书的目的不是'天子'的科学的考试,而是为了求得各方面的知识,只有知识才能帮助我们各个人的生活,能帮助整个人类的生活。"[①]五四运动在中国人民中间树起了科学和民主的旗帜。但这个运动从开始至1927年,它所做的大多是介绍西洋的东西,且"的确表面化"。这个时期的文化运动者,在介绍西方科学和文化的时候,因厌旧心情激发了趋新心情,或者采取"全盘受之态度",凡是西洋的东西都是新的,凡西洋的东西都介绍;或者对西洋的东西采取全盘否定的态度。当然,保持清醒思考、客观判断的也大有人在。新文化运

---

① 胡绳:《为什么要读书》,《读书日报》创刊号,1937年5月15日。

动是一场启蒙的社会运动，它引发了后来的一系列社会事件，诸如二七事变、五卅运动、国共联合战线，以及1927年的国民革命等。在这个意义上，五四运动不仅是一场新文化运动，更是一场巨大社会变革运动的前奏。

"全盘西化"派和反"全盘西化"派的斗争表面上看是如何对待西方文化问题，实质上是如何看待各国的发展规律问题，即是否承认每个国家、每个社会都有自己的特点。从社会学传入中国，中国学术界就一直围绕着这样一个问题在争论：西方文化、西方学术到中国来是全盘西化，还是西学中用，还是学以致用？学以致用和如何利用西方学术的思想来为中国的现代化服务，来探索中国的出路，是几代中国人和几代社会学家不断思考、不断探索的一个问题。

在社会学领域，关于智库建设和社会学建设，现在和将来，大家都会在这个问题上继续探索，甚至会有争论。为什么会出现这样的问题？了解了中国近百年的发展过程就很容易找到答案。20世纪70年代末，费孝通受命恢复重建被中断了20多年的中国社会学。中国社会学恢复重建的初期，就遇到了是从构建理论体系开始，还是照搬西方社会学模式，还是从中国当时的问题出发发展社会学等一系列重大问题。这也是当时费孝通倡导和提出"建立迈向中国实际的人民社会学"的原因之所在。社会学传入中国的时候就一直围绕着解决中国的社会问题和中华民族的出路问题在争论和探索。"探索中国社会的出路是中国人的共同要求"。恢复中国社会学，费孝通不是简单从学科体系入手，而是从当时中国的实际问题切入，紧紧抓住农村改革与发展、小城镇建设等问题，来推动社会学发展。

仔细品味《社会研究能有用么》这篇文章，费孝通实际上提出了这样几个问题：一是需要我们在社会学建设和智库建设时去思考决策咨询和科学研究之间的关系，以弄清事实为主要任务的科学研究是没有价值取向的，要把事实搞清楚，必须坚持价值中立；决策研究有价值取向，但是，它需要利用科学的事实做出来。二是要理清短期研究和长期学术积累的关系，学术的积淀对于我们敏感地抓住一些社会问题和现实问题非常重要。三是前沿研究和历史积淀的关系，一个研究没有历史的厚重是不行的。习近平总书记在谈治国理念时讲得非常好，他说，要知道我们要走向哪里，我们必须知道我们从哪里来和我们现在在哪里。没有历史感和现实感就会迷失方向。

1983年在江苏省委省政府的大力支持下，费孝通与有关政府部门负责人、学术机构研究人员共同探索小城镇发展问题。同年9月21日他在江苏省小城镇研究研讨会上作了题为《小城镇 大问题》的学术报告，其间由他牵头成立了小城镇研究课题组。费孝通不断提醒跟随他开展江苏小城镇问题研究的年轻学者们：一个专家会把一个问题研究得很具体、很细致、很深刻，但是决策时一般不会针对很具体的细节去决策，决策需要从总体上宏观上把握。他要求学者除了有扎实的专业训练、专业功底和专门探索，还要有综合分析和综合判断的能力。这些对今天社会学界的探索和完善中国特色社会学依然具有启迪意义。比如，在今天的社会学界，社会治理、社会管理已经成为社会学的二级学科。"社会"是从日文来的，"治理"是从西方来的。"治理"这个概念最早是政治学的概念，不是社会学的概念，最后结合在一起的时候就是综合，就具有了新的含义，也反映了新的社会生活内容。当前社会治理已经成为一项重要的战略任务，要实现社会治理目标，必须进行源头治理、综合施策，强调决策咨询的综合性就是基于现实中各类问题的复杂性。当时，费孝通对年轻学者们说道："我希望，我们的工作有所贡献。我们要开辟一条渠道，把我们对小城镇建设的意见捅上去，提供给我们的决策机构去研究。我们要组织各方面力量，请懂科学的人来会诊，拿出科学的东西来，供我们的领导采纳实施，这才是对党负责。各位回去之后，根据实际调查的情况，把好的意见集中起来。各方面的意见集中起来，就不再是哪个人的意见了,就可以比较正确地反映当前的客观形势了。"①这些观点对于当前开展社会政策研究依然具有重要启迪作用。

费孝通还提出:"为了不使决策陷入片面性,在决策和科研之间应当有一个中间环节。这个中间环节就是综合各个学科对某一事物的认识,进行'会诊',然后才向决策机构提出若干建议及论证。"就是大家对同一个问题从不同的角度去认识和分析,比如同样是户籍制度的问题,既可以从社会治理的角度,也可以从行政管理的角度来认识,还可以从公共安全的角度去分析。要推动社会学的发展和社会治理的智库建设,需要在实践当中检验,并且在实践当中提出一些新的问题。很多学者在做学术研究,也做政策咨询研究,对这些问题的认识就比较深。学术研究有一个特点,即学术研究可以从理论出发提出一个假设,然后去验证一个假设。但是重大决策多是以问题为导向,这就要求在这些研究的过程中把握研究的不同特点。

1979年以来,费孝通以自己不懈的努力使他在20世纪30—40年代形成的类型方法逐步完善,并发展成为一种具有特色的整体分析方法。尽管这种方法中存在着某些困难,但它仍开辟出人类探索多元文化和社会的一条新途径。这种整体分析方法的特点在于:它以一个具有多元文化的多元社会为研究单位,按照文化和经济的类型将这个单位进行分解,在对不同类型的研究中达到对于整体一般特点和多样性的把握。多样性研究是这种整体分析方法的特色之一。费孝通自己也承认,他自恢复重建社会学以来的工作重心就是立足国内——"市场在国内"②,探索中国乡镇社会经济的现代化是他这个时期奋斗的目标。整体分析方法是他在这个探索活动中逐步形成的。

1983年,《小城镇 大问题》的发表,为刚刚恢复的中国社会学赢得

---

① 费孝通:《费孝通全集》第十卷,内蒙古人民出版社2009年版,第239页。
② 1991年4月14日与沈关宝博士谈话记录。

了社会的高度认可，开辟了迈向人民的社会学和人类学的路径，大大拓宽了这门学科的发展空间。经济学家王于描述道："1984年上半年，小城镇问题一时成为农村改革领域内的热门问题，其中为人们谈论得最多的，便是费孝通教授的著名文章《小城镇 大问题》。"[①]1984年，时任中共中央总书记胡耀邦在谈到费孝通的《小城镇 大问题》一文时说，费孝通是一位有专长的学者，《小城镇 大问题》持之有据，言之有理，能给人以一定的启迪。毫无疑问，直到今天，"小城镇"依然是中国城镇化建设和经济社会发展中的大问题；建设"星罗棋布"的小城镇战略构想则由于技术创新和产业革命被赋予新的含义。费孝通对于小城镇的分析就是建立在综合分析的基础上的。小城镇问题之"大"，大在它触及了中国人多地少这个根本性问题。20世纪80年代初期，费孝通在做了一系列的研究，在对苏南、苏北等地的小城镇进行"卷地毯式"的调查基础上，陆续写出了《及早重视小城镇的坏境问题》《小城镇 再探索》《小城镇的发展在中国的社会意义》《小城镇——苏北初探》以及《小城镇新开拓》等著述，逐步明晰了小城镇的发展脉络和趋势。

晚年的费孝通继续在他从事社会学和人类学初期开垦的土地上行走和探索，行行重行行，但绝不是简单地重复。在文化研究上，他从单个的社区走向人类共同体的思考和探索，在文化变异与社会变迁理论的基础上走到了文化自觉。在发展问题研究上，他从单个农村走向区域，乃至全国和世界，从最初探索解决中国人民的饥饿问题到小康之后人与人如何相处，反映了他的认识在不断深入。

社会理论只有变成千百万人民群众的实践活动时，才能被检验。理论在被确认的同时，也实现了自己的价值，这样我们又回到了费孝通的学术价值观，即"学以致用"。而实践对于理论的要求是：它必须在严格的方法指导下，经研究者在实地研究中，在不懈地努力中形成，这里

[①] 于干：《大转变时期》，河北人民出版社1987年版，第37页。

不存在学科界限，只有准确性和全面性。"理论只要说服人，就能掌握群众；而理论只要彻底，就能说服人。"①只有准确反映社会实际的理论才能说服千百万人民群众。社会科学的理论只有在千百万人民的实践中才能得到检验并实现自己的价值。承认这一点，我们就必须回答：中国社会科学工作者的现实任务是什么？百年学术史已经证明，中国社会科学工作者的现实任务就是要积极投入到发展和完善中国特色、中国风格、中国气派的学科建设洪流中去，去认识中国社会发展的规律和问题，提出推动中国式现代化发展的办法。显然，目前作为学科的社会学在理论和方法上还显得杂乱，必须承认这是目前社会学研究领域中的一个基本事实。中国社会学迈向系统的学科体系还需要时间，但这并不影响其发挥推动现实发展的作用。"一门科学难道非要表面上的统一才能存在和发挥作用吗？"②我们的回答是：不是的，社会学学科体系建设是在实践中不断完善的。

社会学的建设要进一步发展，除了借鉴西方国家的理论与方法，也要研究可以生长出新东西来的旧事物。费孝通说："要真正懂得中国的特点，并根据这些特点搞社会主义现代化，就要研究可以生长出新东西的旧事物，甚至要用旧形式来发展新事物，最终使旧的转化为新的。"③不是所有新的东西都是好的。有些旧的东西，尤其是中国传统文化当中有许多值得挖掘的东西。现实生活当中也有很多东西值得我们研究。1931年底，美国芝加哥学派的创始人罗伯特·派克到燕京大学做演讲，他曾经讲道，中国是一个"完成了的文明"（A Finished Civilization），"一切中国的东西，任何一项文化的特质——器具，习俗，传习，以及制度——无不相互地极正确地适合，因之，它们合起来，足以给人一种

---

① 《马克思恩格斯选集》第一卷，人民出版社1977年版，第9页。
② ［法］雷蒙·布尔：《社会学方法》，黄建华译，上海人民出版社1987年版，第107页。
③ 费孝通：《论小城镇及其他》，天津人民出版社1985年版，第42页。

它们是适合而一致的整体印象"①。1988年,英国人类学家利奇质疑费孝通写的《江村经济》在学术规范性上有问题,他认为作为一个本民族的人研究本民族的问题,有悖于人类学的基本方法。费孝通后来从这个问题开始思考不同文化之间怎么容忍和相处的问题,以及不同文化之间怎么融合的问题,最终在不断讨论、不断思考的过程中,当然也包括跟国内外学者争论的过程中,费孝通提出了"各美其美、美人之美、美美与共、天下大同"的思想。这就是大家普遍接受的思想,既被学术界接受,也被决策界接受。这就是一个智者的作为和智者不同于一般人的地方。

当我们考虑社会学服务现实,推动决策咨询和智库建设时,当我们推动学科发展时,学术研究规范和决策咨询是不可以分开的,这两个东西是可以融为一体的,但是要努力找到一个中间环节,把学术研究和政策制定结合起来。文化之间需要"各美其美、美人之美、美美与共",同样,学科之间也要如此。这对于当代学者是巨大挑战,培育学术界的合作、沟通、交流、包容文化任重道远。

(二)决策咨询的综合性特征

决策咨询是什么?它与科学研究之间是什么关系?与决策本身又是什么关系?决策咨询建议要求决策咨询的主体,决策咨询研究人员,必须掌握相关的事实。这些事实可以通过自己的科学研究获得,也可以在别人研究的基础上获得,通过各种途径把握问题的真相和规律,一句话,决策咨询必须建立在坚实的事实基础上。从科学研究的角度看,决策咨询人员需要和科研人员一样,坚持研究中的价值中立,不带有任何倾向性,首先把事实搞清楚,把握研究对象的客观规律和真实面目。通常,决策咨询工作者可以根据大量不同学科对于同一问题的研究进行

---

① 费孝通:《费孝通全集》第一卷,内蒙古人民出版社2009年版,第134页。

综合分析，在一个更高层次上把握事实真相，因此，决策咨询带有宏观性、综合性和高度概括性。综合性和高度概括性并不排除决策咨询工作者对于某一问题和事实进行深入分析和实地研究，尤其是实地研究最为重要。概括性和宏观性的研究往往会停留于表面，而实地研究可以使决策咨询工作者找到问题的实质。决策咨询就是要在了解这个真实世界的基础上按照人们的意志去改变这个世界，告诉人们怎样去解决发展中面临的问题。通常，优秀的决策咨询是带着问题和理论去认识并告诉人们这个真实世界的。尽管决策咨询工作者的工作性质带有概括性和宏观性，但是，新型智库建设要求决策咨询工作者必须具备较高的理论素养和学术功底，必须对现行政策有深刻的了解和掌握，对现实问题有深入的研究。只有具备这些素质和素养，决策咨询者才能敏锐地抓住问题的实质和发展趋势，在大量研究成果中发现决策所需要的事实支撑。这也是为什么习近平总书记要求新型智库向高端性和专业化发展的重要原因。[①]1984年，时任中共中央总书记胡耀邦在谈到费孝通的《小城镇 大问题》一文时说，费孝通是一位有专长的学者恐怕也就是这个意思。[②]

  决策咨询要求的科学研究必须全面深刻，不可以偏概全。尤其是要处理好学科研究与全面研究和分析的关系。这就要求专门的学科把主要精力放在对各个领域具体问题的厘清上，尤其是从自己的专业眼光和视角提出对问题的深刻分析。决策咨询则是对各个学科基础上的知识进行综合和分析。相对于各个专业学科，决策咨询更具有综合性特征，需要决策咨询人员拥有综合素质和综合分析能力。推进国家治理体系和治理能力现代化需要对决策咨询的思想方法和研究方法进行深入研究思考，这是决策科学化、民主化的前提条件。检验决策咨询成果的根本标准是

---

① 《习近平主持召开中央全面深化改革领导小组第六次会议》，《人民日报》2014年10月28日。
② 参阅费孝通：《小城镇四记》，新华出版社1985年版。

看它们是否能够提出解决现实问题的办法，拿出解决问题的政策措施，并能引导实践沿着正确的方向发展，尤其使政策不仅有现实性，更有前瞻性，不至于为下一代人带来决策障碍和发展难题。这应当是相当高水平的决策咨询和决策。

针对现实中提出的问题，在研究和探索中进行理论解释、历史分析、实地验证。通过理论分析来寻求问题的本质解释；通过历史分析来解释同一问题在其他国家是如何解决的，以求得启发；通过实地研究寻求现实中问题的答案。把这些要素给结合起来，就是决策咨询。兰德公司就是走了一条综合研究的道路。随着美国空军"向兰德指派或提议的任务越来越多，全职职员也日渐增长，使得兰德成为一个以各大学各学科顾问为基础的跨领域研究机构"[①]。但是，兰德公司所取得的成就及其影响又使我们不能不深入研究其长期采用的方法：兰德作为美国政府的智库机构之一，最受关注同时也最有争议的方面就是对系统分析方法的使用。在这方面，我国有关部门也初步进行了一些探索，现在看来还需要继续探索。例如，教育部等有关部委推动的2011国家协同创新中心建设就在进行类似的尝试，应当坚持下去，及时总结经验，力争在协同上取得成果，在创新上有所突破，为推动中国式现代化建设尽职尽责，为新时代的智库建设创出一条新路子来。

在现代决策体系中，决策咨询是决策和科研之间的中间环节。费孝通对小城镇的分析就是建立在综合分析的基础上的。他预见道："到2000年，估计至少要增加2亿人口，如果维持原来两头大的葫芦型，势必发生城乡两僵的局面。所以要下活人口这盘棋，必须做两个眼：一是发展小城镇，为城乡之间的人口蓄水库；二是缩短地域间的差距，加强

---

① ［美］亚历克斯·阿贝拉：《白宫第一智囊：兰德公司与美国的崛起》，梁莜芸、张小燕译，新华出版社2009年版，第12页。

人口流动，化密为稀。"①1984年，我国的人口是103008万人，到2000年底是125786万人，实际增加22778万人，与费孝通的估计相差不大。正如费孝通所说，"苏南地区的历史传统可以概括为人多地少"②。人多地少，农民要富裕起来，必须依靠农业以外的其他产业，其他产业要发展，必须具备产品能够交换和加工的经济中心。乡镇工业的发展动力，一方面来自农村剩余劳动力的压力，另一方面来自农民增加收入的需求。抓住人口众多这个牛鼻子来考量小城镇的发展，考量小城镇在中国城镇化和现代化进程中的位置，至少有这么几个问题是不能回避的：小城镇问题之大，是因为它触及了中国这个世界人口大国的人力资源布局、劳动力就业、农民致富、城市化模式、产业格局、区域间协调发展、生态环境等带有根本性的问题。这些问题都离不开小城镇的建设和发展，也都会在小城镇的发展和建设中或多或少找到解决问题的答案。从"七五"时期开始，我国的小城镇增长速度前高后低，镇的增长速度在"七五"时期为5.7%，由于乡镇企业的发展和对于"小城镇"问题的重视，"八五"时期达到7.7%，"九五"时期逐步放缓，在"十五"和"十一五"时期均为负增长，"十二五"前期为1.2%；乡的建制一直处于下降状态，与乡级建制同时下降的还有村民委员会。

小城镇问题不仅仅是一个经济问题，也是一个社会问题，它涉及人口、资源、环境等诸多方面以及诸多学科，研究小城镇问题就需要多学科之间的合作与协同。20世纪80年代，费孝通在对小城镇问题的研究中就是吸收了诸多领域的专家参与，包括当时中国科学院南京地理研究所的专家参与，从全景角度考察这个问题。他开启了多学科之间合作和协同来推进决策咨询的先河，为决策咨询和科学研究提供了范例。

---

① 费孝通：《论小城镇及其他》，天津人民出版社1985年版，第93页。
② 费孝通：《论小城镇及其他》，天津人民出版社1985年版，第33页。

(三)政策源于实践服务实践

从决策咨询到决策执行是一个紧密相连的系列过程。现代决策中"政策在实践中起到了什么作用,客观事物发生了哪些变化,这又给研究部门提出了新课题,于是上述过程又重复进行。实践、科研、咨询和决策四个环节的循环往复体现了'从群众中来,到群众中去'的领导方法"①。

费孝通关于小城镇的思想源于江苏吴江,早在20世纪30年代,他的姐姐费达生在吴江县传授缫丝和纺织技术时,他就以姐姐的口吻撰写成《我们在农村建设事业中的经验》,指出:"论中国都乡关系的,往往不分别此种差异,熟悉前者的,常认为两者在经济上是冲突的。消费者的增加,资本的耗费,自然对于农村有极坏的影响。熟悉后者的,则认为两者是相成的,因工业和农业本来互相赖以发达的。"②他在这里讲的"前者"是指苏州,一种旧式"城市",这种城市的工商业欠发达,居住的是脱离土地、依收租为生的地主们;后者是指上海,一个现代工业和商业都市,生产是集团性的。1933年11月15日,他在《社会变迁研究中都市和乡村》一文中进一步阐述道:"近来在国内似乎有一个趋向,以为'中国问题'是一个乡村问题。若是所谓'中国问题'是指中国社会变迁而言,则在社会研究的观点上论,我们不敢附和这种见解。我们认为中国社会变迁中都市和乡村至少是有同样的重要。若是离开了都市的研究,乡村的变迁是不容易了解的。"③在关注中国乡村和农民致富问题的初期,他就注意到了城乡关系问题,注意到乡村问题不能仅仅依靠乡村自身发展得到解决,必须综合考量,协同解决。

在《小城镇 大问题》一文中,费孝通根据小城镇的功能,即小城

---

① 费孝通:《论小城镇及其他》,天津人民出版社1985年版,第17页。
② 费孝通:《费孝通全集》第一卷,内蒙古人民出版社2009年版,第117页。
③ 费孝通:《费孝通全集》第一卷,内蒙古人民出版社2009年版,第123页。

镇对于乡村的作用将吴江的小城镇分为五类。第一类是农村的商品流通中心——"震泽镇是以农副产品和工业品集散为主要特点的农村经济中心,是一个商品流通的中转站"[1];第二类是工业中心——"盛泽镇是一个丝织工业中心,是具有专门化工业的小城镇"[2];第三类是政治中心——"松陵在解放前后都是吴江县的政治中心,现在吴江县政府就设在松陵镇上"[3];第四类是同里镇,"同里过去可以说是一个消费、享乐型的小城镇,现在正在改造成为一个水乡景色的游览区,已经成为文化重点保护区之一"[4];第五类是交通枢纽——"平望已成为水陆交通干线的交叉点"[5]。被费孝通称之为第四种类型的同里镇,现在成了吴江经济技术开发区,它是中国历史文化名镇和中国十大魅力名镇。吴江的这些乡镇和乡镇企业经过长期的历史发展和改革创新,到21世纪逐步形成了具有传统特征的四个产业集群:光电缆产业、电子信息产业、丝绸纺织产业和装备制造业(包括输变电设备、汽车配件、环保装备、缝纫机、电梯、纺机等六个产业)。笔者在20世纪90年代初期随费孝通访问这些乡镇时,它们基本上还是在"独立作战"。眼下,为了适应产业布局的要求,上述四个传统产业集群相对集中布局,形成"四大片区",占吴江区工业经济总量85%左右。与此同时,吴江还通过产业政策和产业布局引导形成四个新兴产业集群,包括食品加工、新能源、新材料和生物医药,吴江的现代产业逐步成形。简言之,吴江的发展可以概括为"坚守传统,锐意创新"。所谓"坚守传统",就是从20世纪80年代的"一镇一品"逐步发展成为强大的产业集群,形成规模优势和竞争力,提高聚集效益。吴江的传统产业集群不仅在国内具有强大的竞争优势,在国际上也具有

---

[1] 费孝通:《费孝通全集》第十卷,内蒙古人民出版社2009年版,第200—201页。
[2] 费孝通:《费孝通全集》第十卷,内蒙古人民出版社2009年版,第201页。
[3] 费孝通:《费孝通全集》第十卷,内蒙古人民出版社2009年版,第202页。
[4] 费孝通:《费孝通全集》第十卷,内蒙古人民出版社2009年版,第203页。
[5] 费孝通:《费孝通全集》第十卷,内蒙古人民出版社2009年版,第204页。

强大的竞争优势，如纺织业、光电缆业、电梯业等等。这些新发展，对下一步小城镇发展乃至整个城镇化进程提出了新问题，因此新型城镇化建设也就成为眼下吴江发展的新课题，推动决策咨询进入新阶段。如费孝通当年所说，政策必须进入实践得到检验，并在实践中不断得到新的启示，提出新的课题。费孝通不仅是一个实践的追随者和记录者，更是一个智者。

当前，小城镇建设依然是中国社会主义现代化进程中的一个重大问题，是实施乡村振兴战略的重要内容。2014年3月由国务院颁布实施的《国家新型城镇化规划（2014—2020）》明确要求，要增加中小城市数量，提高小城镇服务功能，按控制数量、提高质量、节约用地、体现特色等要求，实现小城镇发展与疏解大城市中心城区功能相结合，与特色产业发展相结合，与服务"三农"相结合的新型城镇化目标。在《小城镇 大问题》发表后的近40年间，作为费孝通思想原点的吴江在推进新型城镇化建设过程中，把城乡规划、产业布局、基础设施、公共服务、就业保障"五个一体化"摆在重要位置，加快推进人口向城镇集中、产业向园区集中、土地向规模经营集中，实现城乡间的互动发展，在实现吴江加快城乡软硬件设施均衡发展的同时，让城乡居民在政治、文化、经济上差距缩小、趋于一致，在城镇化建设上迈出了新步伐，取得了新成就，走出了自己的新路子。这些发展，包括产业升级、经济全球化和技术进步，远远超出了改革开放初期人们的想象。市场机制一旦建立，它释放出来的活力就会超出人们的预期。对于这种超出预期的发展，人们自然要纳入决策视野。当然，也还需要看到，一些客观的因素影响了吴江新型城镇化的建设和推进，诸如村民居住分散、村级集体经济比较薄弱、被撤并的老镇区功能弱化、"集"的进程慢、村落房屋风貌凌乱等等，这些或多或少影响了吴江新型城镇化建设进程，也对吴江今后进一步发展提出了新要求。这些问题，要求下一步的决策必须考量。

费孝通对小城镇的认识从20世纪30年代开始，一直到21世纪初，持续了半个多世纪。这个过程本身就说明了科学研究和决策咨询是一个持续互动的过程，在实践中提出问题并解决问题，又在新的实践中提出更新的问题，这是一个不断积淀的过程，也是决策咨询的基本规律，吴江当前的发展为我们提供了很好的范例，前提是，费孝通为我们奠定了雄厚的学术基础。如何在费孝通长达半个多世纪研究的基础上来探索吴江乃至中国的城镇化，这的确是一个大问题。吴江城镇发展深深打上了费孝通的烙印，吴江也是一部鲜活的城镇发展史。

（四）决策咨询"要研究可以生长出新东西的旧事物"

费孝通强调："要真正懂得中国的特点，并根据这些特点搞社会主义现代化，就要研究可以生长出新东西的旧事物，甚至要用旧形式来发展新事物，最终使旧的转化为新的。"[①]懂得中国的特点就是了解中国的国情。中国的特点，正如费孝通一直强调的，人多地少。要下活人口这盘棋，一是要发展小城镇，二是要开发西部。在发展小城镇问题上，他建议把"离土不离乡"和"离乡不离土"两种方式作为解决中国人口问题的两条具体途径来开展研究。当前方兴未艾的新技术革命赋予这两条道路新的内涵。

20世纪80年代，费孝通就指出："工业规模越大，越能趋向合理化，这是别国的经验。我们不该不假思索地把它硬搬过来。我们首先要考虑到怎样在发展工业中解决广大农村中居民的生活问题，而不应重复西方资本主义国家工业发展、农村破产的老路。"[②]他这里讲的工业规模是指第二次工业革命的特征，即机器大生产和规模化经营。在此基础上产生劳动力的集中、人口的集中、生活方式的集中，这就是城镇化。针对中国特有的问题，费孝通主张中国不要简单重复发达国家的道路和简单借

---

① 费孝通：《小城镇及其他》，天津人民出版社1985年版，第42页。
② 费孝通：《小城镇及其他》，天津人民出版社1985年版，第41页。

鉴发达国家的经验。中国在自己的发展中始终要以人民的生活为中心，这也是他的成名作《江村经济》中的基本思想。

费孝通强调决策咨询不仅要把学科之间的认识综合起来，还要把现实发展中的各种要素有机联系起来。把城和乡有机结合起来始终是费孝通思考和探索的问题。早在20世纪30年代，他就注意到了这个问题，"我们认为中国社会变迁中都市和乡村至少是有同样的重要"[①]，"所谓都市和乡村就是现代文明社会中人口分布的两种形式罢了"[②]。"星罗棋布"是费孝通基于当时苏南乃至中国农村"人多地少"这一区情和国情提出的中国城镇化发展的基本方向和基本思路。在后来的一段时期，由于乡镇企业对生态环境的影响以及农民工的跨区域流动，"星罗棋布"这一构想曾一度受到人们的质疑，主要来自"不效益"和"环境污染"，有悖于发达国家的发展模式。的确，在那个时代，传统制造业遍布苏南，像在《小城镇 大问题》中描述的盛泽镇，就是"一个丝织工业的中心，是具有专门化工业的小城镇"[③]。这个时期的工业，以机器大工业为核心，属于时下人们议论的"第二次工业革命"，以产业聚集和城镇规模集中为其内在属性，这也是自20世纪80年代以来，中国改革开放中，尤其是沿海地区制造业发展的基本特点。2021年，盛泽镇完成地区生产总值442.96亿元，全口径财政收入75.20亿元。龙头企业持续引领，恒力、盛虹上榜"世界500强"企业，分别列第107位、第455位。盛虹集团入围国家制造业与互联网融合发展项目。

当时，费孝通还注意到了小城镇的环境污染问题，他特意举了一个例子说道："震泽是江苏东南一个古老的市镇……历史上是当地农副产品的集散中心。""70年代以来，工业发展起来，经济确是繁荣了，可是

---

① 费孝通：《费孝通文集》第一卷，群言出版社1999年版，第110页。
② 费孝通：《费孝通文集》第一卷，群言出版社1999年版，第114页。
③ 费孝通：《论小城镇及其他》，天津人民出版社1985年版，第21页。

生态环境却变坏了。"①作为力主发展小城镇的学者,费孝通并没有掩饰这个新生事物在发展中存在的问题。在1984年的第二届全国环境保护大会上,费孝通就呼吁:"不要忽视小城镇的环境问题。"②如费孝通所愿,进入21世纪的第二个十年,包括震泽镇在内的整个吴江区的生态环境呈现出新的面貌。现在回过头来看历史,我们说,学者必须有预见性,尽早发现问题,提出问题,提醒世人,提醒决策者;至于问题如何解决,则需要考量时机、条件和环境。通过对吴江的观察我们发现,经过几十年社会经济的飞速发展,地方政府已经具备解决环境问题的财力和政策执行能力。

费孝通关注家乡吴江的发展,积极从中寻找"可以生长出新东西的旧事物"。近年来,面对国际产业结构的深度调整和新技术革命的蓬勃兴起,吴江发现,如果继续坚持以工业化数量的扩张带动城镇化,大搞工业园区、产城融合,无论从资源供给还是从生态容量上,都是不可持续的。因此,乘借国家城乡一体化发展综合配套改革的东风,紧紧抓住新一轮的产业革命的机遇,吴江把"城"与"乡"的建设有机结合起来,始终把人的发展摆在首位,从保障城乡居民享有平等的政治、经济、文化、社会权益出发,探索新型城镇化道路。

费孝通基于对中国文化、历史和现状的认识是具有远见卓识的。吴江立足于传统产业和城镇布局,发展新兴产业和新型城镇化,形成了新的产业格局和城镇布局。从国际和国内大势来看,眼下,吴江正在通过产业的转型升级,积极推进新型工业化,在"星罗棋布"小城镇战略构想上进行新的创新和探索。1984年,费孝通在香港中文大学演讲时说:"我国的工业化并不是把农民赶到城市里去受现代化的洗礼,以致在社会生活各方面出现差距相当大的城乡差别。我们是把工业送进农村,或

---

① 费孝通:《论小城镇及其他》,天津人民出版社1985年版,第86页。
② 费孝通:《论小城镇及其他》,天津人民出版社1985年版,第90页。

送到离村里很近的镇上,把生活各方面的现代化也送进了农民的家里。这是一件极重要的事情。"①提出这个思想的时候,整个世界还是处于第二次工业革命的后期,费孝通还没有把他的农村现代化思想与新技术革命具体联系起来并加以细化,但是他看到了发展的大势。当前,设计这样的现代化思路正当时。2014年6月9日,习近平在两院院士大会讲话中指出:"进入21世纪以来,新一轮科技革命和产业变革正在孕育兴起,全球科技创新呈现出新的发展态势和特征。……科技创新活动不断突破地域、组织、技术的界限,演化为创新体系的竞争,创新战略竞争在综合国力竞争中的地位日益重要。"②面对国际国内环境的重大变化,习近平总书记提出了转型升级的重大战略思路,值得当前在推进新型城镇化进程中全面体会,深刻认识,牢牢把握。2012年,美国学者杰里米·里夫金(Jeremy Rifkin)的《第三次工业革命:新经济模式如何改变世界》的出版在世界范围内引起了不小反响。里夫金把21世纪的两种新技术——互联网和再生能源结合起来,探索人类未来新的经济发展模式。在世界范围内,互联网经济将成为创新型经济的主要形态和实施创新驱动及新战略的重要载体。人工智能代表着互联网的发展趋势,也代表着计算机科学发展的未来,蕴含着国家产业变革和升级的重大机遇。地处长江经济带的吴江区,可以通过充分利用信息技术革命带来的机遇,破题产业发展瓶颈,率先实现转型升级。第三次工业革命还有一个重要的技术,就是3D打印技术,这种新型铸造技术可以满足个性化需求,与第二次工业革命中的标准化机器大生产形成鲜明的对照。3D打印技术不仅可以满足人们的个性化需求,还将大大改变现有的生产方式、生活方式和居住方式,也必将带来人口布局的革命。在这点上,吴江正在进行探

---

① 费孝通:《论小城镇及其他》,天津人民出版社1985年版,第95页。
② 习近平:《在中国科学院第十七次院士大会、中国工程院第十二次院士大会上的讲话》,《人民日报》2014年6月10日。

索与创新。吴江新型城镇化面临的问题，正好可以通过新的技术革命和产业创新来加以解决。创新意识、互联网思维是新时期突破发展瓶颈的关键。

也正是在这个意义上，费孝通当年提出的"星罗棋布"的小城镇构想也将在吴江的实践探索中进一步完善并被赋予时代内涵。吴江在新型工业化过程中必然会走出新型城镇化的道路，形成有自己特色的城镇格局。但我们也要认识到，在这个问题上，有的学者还是沿用第二次工业革命的思维方式设计沿江经济发展、布局沿江经济，这势必带来一系列环境和生态问题，最终危及长江生态安全。从时代和整个世界经济发展来看，长江经济带的设计和发展趋势必将是以新技术和新型工业化为主导，以及在此基础上的新型城镇化。要把人联网和物联网作为振兴经济的新兴产业。截至2020年底，中国物联网产业规模突破2.4万亿元，已基本形成完整产业链。[①] 由此可见，对于新技术和新的生产方式，中国有其后发优势。以物联网和人联网为基础，重新布局长江流域的经济发展、社会建设、城镇化格局，将是长江经济带建设担负的历史使命。总之，当以互联网为核心的各种技术进步结合在一起的时候，就会产生工业革命以来最强大的推动力并改变我们这个世界的物质运转形态。它同样也为费孝通当年提出"星罗棋布"的小城镇的构想奠定了技术基础。

"学以致用"是费孝通治学的基本宗旨，也是他从事社会学研究的初衷。20世纪30年代，他之所以从东吴大学医学系转入燕京大学社会学系就是因为他发现医学仅仅可以治愈个体身上的疾病，而社会学可以从社会入手医治社会问题，根治社会疾病，从此开启了他探索中国发展及出路的长达75年的研究历程。费孝通认为中国社会有其独特性，因此他

---

① 孙权：《中国物联网产业规模突破2.4万亿元 已形成完整产业链》，2021年10月24日，见 https://www.chinanews.com.cn/cj/2021/10-24/9593743.shtml。

始终如一地从中国实际出发来探索中国的城乡发展。在中国国情的背景下，进行创新和推动中国实现现代化是费孝通毕生的追求，"行行重行行"就是其学术思想的生动写照。

当前，一场以信息技术革命为核心的变革正在改变且已经改变了我们的生产方式和生活方式，一个以网络为基础的动态社会把人类的活动联系起来，它甚至改变了20世纪80年代当中国开始改革开放的时候人们预定的种种假设，在这样的技术环境中重新考虑小城镇问题和中国的人口布局就显得更具有战略性和前瞻性。人们需要围绕着新技术革命来形成新的认同，形成以物联网、新能源、新材料等新技术为基础而建立起来的新的生产方式和生活方式，这将预示着作为大机器和标准化生产的工业时代的终结和新的历史时代的开始。在审视费孝通对于小城镇的持续探索以及当前与之有关的一系列重要议题之后，探索以新型智库建设为核心的决策咨询问题并使决策咨询紧紧扣住中国特色加以展开就显得特别迫切。历史和时代赋予中国学术界前所未有的重任和使命。与老一辈学者相比，新时代的学者们应有更大的历史担当和责任感，只有这样，才能胜任时代赋予的艰巨任务。

第十章
志在富民：城乡协调发展

从20世纪30年代初期的解决"中国农村的基本问题"的思想中引发出来的中国社会发展的探索，和从"中华民族文化变异"发展而成的"中华民族多元一体格局"的思想，我们也可以将其视为费孝通学术思想的两条基本主线。这里我们先谈谈他的城乡协调发展思想。

一、始终把改善农民生活作为出发点和落脚点

（一）"中国农村真正的问题是人民的饥饿问题"

城镇发展不仅是人口集中和提高经济聚集效益问题，在中国更是如何解决农民的生活和发展问题。费孝通在其早期研究中就紧紧抓住这个问题。在《江村经济》一书中，费孝通总结道："中国农村的基本问题，简单地说，就是农民的收入降低到不足以维持最低生活水平所需要的程度。中国农村真正的问题是人民的饥饿问题。"[①]这是指20世纪30年代中国的状况。当时的国内外背景是：国际上，1929年爆发的经济危机导致各国贸易壁垒形成；国内，手工业破产使农民苦不堪言。针对中国

---

① 费孝通：《费孝通文集》第二卷，群言出版社1999年版，第199页。

农民的生活问题，费孝通提出："最终解决中国土地问题的办法不在于紧缩农民的开支而应该增加农民收入。"①他从发展农村副业，实现劳动力转移，建设一体化的城乡体系等寻求解决问题之道，"志在富民"就成为他孜孜追求并为之奋斗终生的目标。在对江苏江村和云南禄村的研究中，他总是把乡村发展与城市联系起来，认为农村的发展不能离开城市。基于城乡关系分析，他把视角拓展到农村劳动力转移问题上。他说："要想在正常的方式中去吸收农业劳动力到农业之外去，一定要先想法使农业所需的劳力减少。农业所需的劳力减少之后，农村就无需拖住中国80%以上的人口，使他们半身插在泥里，动弹不得。"②减少农业中的劳动力，首先要推广新技术，提高农业生产效率，这也是20世纪30年代他和姐姐费达生一直倡导蚕丝制造技术的动因。增加农民的收入，一方面要依靠非农产业的发展，另一方面需要解决农村富余劳动力的出路，这是中国农村一个问题的两个方面，即通常意义上讲的农业和农民问题，农村、农业和农业的所谓"三农"问题有着内在的联系，不可分割。仔细推敲起来，在这个问题上的人们之间的争论也多是发生在从不同角度来理解和分析问题罢了。

（二）城镇化的根本问题在于解决人的问题

在中国发展城镇，必须始终把人口问题摆在重要位置。历史上如此，当前依然如此。1943年，抗日战争接近尾声。在准备抗日战争胜利后的战后经济发展座谈会上，费孝通提出了工业和农业、城市和乡村协调发展的建议，他认为："战后中国的农业和土地政策必须与工业政策相配合。我主张今后的政策不但要使农村和都市的发展不相冲突，而且

---

① 费孝通：《费孝通文集》第二卷，群言出版社1999年版，第201页。
② 费孝通：《农民的离地》，《今日评论》1941年第5卷第10期。

应当用农业来促进工业和以工业来维护农业。"①把城市和乡村统一起来，建立互补的工业和农业是从制度和产业上处理好农业、农民和农村之间关系的一种选择和探索。统筹城乡的一体化发展是一个世纪以来有志于中国发展的人们的积极思考与探索。

有了良好的宏观政策环境，农业如雨后春笋般蓬勃发展起来。后来，在对边区开发的研究中，费孝通虽然认为内蒙古自治区赤峰市的主要问题是农牧关系，即自然生态问题，但也认为"'有工则富，无商不活'这句话在赤峰市是同样适用的"②。他写道："如果能贯彻林牧为主的方针，首先改变生态环境，农牧结合，发展饲料种植，加速牧业改造。在林牧的基础上建立多种多样的小型轻工业，使千家万户都能得到收益，走上工业化的道路。"③这在当时不失是一种真知灼见。20世纪80年代，一些发达国家和地区相继开展产业结构调整，转向知识、技术和资本密集型产业，给发展中国家带来了跨越式发展的机会。我们国家及时抓住这个机会，开放东部沿海地区，将其纳入了当时被称之为"国际大循环"的发展轨道，使东部沿海迅速崛起。时过境迁。如今，经过40多年的改革开放发展，东部开始产业升级，西部发展并承接东部沿海地区产业转移。城镇化的核心是解决产业转移和人的就业。人的就业就是费孝通讲的"人往哪里去"的问题，也就是农民从农业和农村中走出来，到工业和服务业中去。农民只有离开土地走出来，才能富裕。土地也只有集中才能产生更高的效益。城镇化的根本问题是解决人的问题，首先是解决就业岗位问题，其次是收入问题，最后才是居住和生活问题。

关注农民生活是费孝通城镇化思想的核心。中国是一个人口大国，尤其是农村人口大国。改革开放40多年，大量农业人口离开土地进入城

---

① 费孝通：《费孝通全集》第三卷，内蒙古人民出版社2009年版，第279页。
② 费孝通：《费孝通全集》第十卷，内蒙古人民出版社2009年版，第484页。
③ 费孝通：《费孝通全集》第十卷，内蒙古人民出版社2009年版，第488页。

镇,农村人口和流动人口依然是困扰当代中国发展的重要问题。农村、农业、农民问题是长期困扰中国发展的症结。一个世纪以来,这个症结虽然在不同的历史时期有不同的表现,但基本内核似乎并无多大变化。增加农业产出,提高农民收入,改善改变农民生活状况一直是问题的核心。

二、真正把产业发展和解决就业作为城镇化的基础

(一)小城镇是中国经济社会发展的重要节点

城镇化是工业和商贸发展以及在此基础上人口集中的结果,前者是果,后者是因,不可颠倒。一旦颠倒了这个关系,就会带来许多问题。中国特色的城镇化就是要以解决农民问题为根本目标,始终以农民为城镇化的主体,以城镇为载体,实现农民、农村和农业的现代化,而不是把农民排斥在城镇之外,否则,城镇化就会偏离正确的目标和正确的发展方向。在费孝通看来,小城镇是"整个农村发展战略中的一个'瓶口'"[1]。对费孝通个人来说,小城镇研究将他的方法推上了一个新的层面。他在1982年底就感到研究工作不能停留在以"一个农村作单位的水平上"[2],必须上升到"市镇"的研究层面上。市镇不包括乡村腹地,市镇本身就构成一个社区,这个社区中心被称为小城镇,在由他指导的江苏小城镇研究成果报告中,又被称为"小城镇区域"。

在这种背景下,提出小城镇研究具有重大意义。现在看来,那个时期的改革刚刚起步,一些根本性的制度改革还没有提到议程上来,诸如户籍制度、土地制度、粮油供应关系、城镇就业制度和社会保障制度等等,对此不必求全责备,一定要以历史的眼光看待历史问题。基于这样

---

[1] 费孝通:《谈小城镇建设》,《社会学通讯》1983年第2期。
[2] 费孝通:《论小城镇及其他》,天津人民出版社1985年版,第3页。

的体制特点,当时大量剩余劳动力进入小城镇也不是偶然的,是有其制度原因的。当然,也有产业发展的因素,20世纪80、90年代,尤其是在苏南一带,乡镇企业星罗棋布,农民"离土不离乡"似乎是一种普遍现象,带有阶段性特征。

小城镇作为内含各种复杂社会体制因素的空间单位,是一个承上启下的发展节点。承上,就是联系大中城市;启下,就是带动农村农业。最初由于户籍制度的制约,人们看好小城镇的蓄水池作用,随着大中城市人口流动条件的放宽,小城镇的局限性就凸显出来,尤其在产业发展和就业方面。2002年,费孝通写道:"这20年里,我们看到了人口向城市集中的现象,而且这种集中的速度相当快。农民离乡要有两个条件:一是在乡下活不下去了或是生活得不好;二是农民离乡出去后要有活路,也就是有活干,能生活得下去。"①这个"能生活得下去"就是要有就业。1992年,邓小平南方谈话对于建立和完善社会主义市场经济起到关键性作用,尤其是党的十四大报告明确要求把建立社会主义市场经济体制作为改革目标,把中国经济推到一个黄金发展阶段,数以亿计的农民工成为"中国制造"的主力军,为中国经济发展带来了巨大的人口红利,中国的城镇化也步入快车道。到2000年,中国城镇化率已经上升为36%,比1990年提升了10个百分点。经济改革带动的城镇化打造了长三角区域经济一体化,这个一体化也是在这10年间具备雏形的,而费孝通对这个区域的研究倾注了很多心血。

(二)小城镇是中国人口的蓄水池

小城镇是中国城镇体系中联结农村与城市的重要环节,对于聚集产业和解决人口问题至关重要。费孝通将小城镇和乡镇企业与人类本身的意义和目的结合起来分析,便把发展乡镇企业理论与人类学理论联系

---

① 费孝通:《费孝通文集》第十六卷,群言出版社2004年版,第79页。

起来了。实际上他也把乡村工业和小城镇放到通常所谓发展的角度上进行分析,认为社会发展应当依据人类的目的性把人看作具有多种侧面的整体,看作生物的存在,看作个体和集体的成员以及生产者和消费者,他们同时生活在自然、经济、社会、文化环境之中。他始终没有忘记"人"这个发展的核心和目标。现在,人们把这个"人"具体到流动人口——农民工及其子女和家属的基本权利,诸如就业、社会保障、教育等,就更有针对性了,随之解决问题的政策措施也可以更加明确细致。

作为一位"迈向人民"的社会人类学家,费孝通从小城镇入手研究城镇化问题,逐步扩展至大城市,就是从乡土中国的变迁逐步拓展到以都市化为基础的现代化建设。历史从哪里开始,逻辑也将从哪里开始。现代化是发展的目标,在走向这个目标的过程中,保持社会平稳变迁,关键是解决好人口的安置问题,这是城镇化问题的中国特色,也是费孝通在20世纪80年代提出"下好人口这盘棋"的有关设想的基本要义。当时他说道:"要做活这块棋,拿围棋的语言说,必须做两个眼,就是要为新增的人口找到两条出路,使得他们不成为一个消极的包袱,而成为一个促进经济发展的积极因素。"[1]早年小城镇星罗棋布的发展和乡镇企业的蓬勃兴起为大量离地农民找到了出路。20世纪后期实施的家庭联产承包责任制、发展乡镇企业、建设星罗棋布小城镇等政策,使我国解决了大量乡村人口的就业和安置问题。当前解决好这些问题依然面临诸多问题和挑战。截至2021年底,"全国人口141260万人,比上年末增加48万人,其中城镇常住人口91425万人。全年出生人口1062万人,出生率为7.52‰;死亡人口1014万人,死亡率为7.18‰;自然增长率为0.34‰。全国人户分离的人口5.04亿人,其中流动人口3.85亿人"[2]。我国依然有相

---

[1] 费孝通:《费孝通全集》第十卷,内蒙古人民出版社2009年版,第34页。
[2] 国家统计局:《中华人民共和国2021年国民经济和社会发展统计公报》,2022年2月28日,见http://www.stats.gov.cn/xxgk/sjfb/zxfb2020/202202/t20220228_1827971.html。

当一部分城镇常住人口需要解决就业和社会保障问题，获得基本公共服务权利。这是新的发展阶段上人口面临的新情况新问题。费孝通当年提出的"小城镇、大问题"的思路需要在新形势下通过改革创新进一步发展完善。发展永无止境，改革创新永无止境，学术研究和思想创新也永无止境。

如果我们假设，改革开放初期，整个国家的流动人口仅有200多万，占全国总人口的比重不到1%，从那个时候就着手解决流动人口问题，进行户籍制度改革，情况也许就不是现在这样。这不仅受制于当时的认识水平，也受制于当时的各种环境因素，包括体制机制的制约。2000年我国流动人口规模为1.21亿人，占全国总人口的比重为9.6%；2010年流动人口为2.21亿人，占全国总人口的比重为16.5%；2020年流动人口为3.76亿人，占全国总人口的比重为26.6%。[1]要在短时间内解决这么多人口的基本公共服务问题，仅财力的门槛就难以迈过。这实际上向我们提出了如何做到战略性、宏观性、预见性思考和分析问题这一重大课题。在迈向新的发展阶段上，政策制定更需要战略性、宏观性、预见性的思考和分析。

在以往研究的基础上，费孝通把自己的研究视角也转向了城市，"我本人'从农村进了城'，指的是这几年我越来越多地把中等城市和大城市作为我研究的一个重点，并且在研究中加深了对各类城市的认识"[2]。这包括从2000年开始他对城市社区建设的探索和思考。从改革开放初期我国80%的人口居住在乡村，到2021年已有近64%的人口生活在城市，社会经济发展的重点逐步转向城市，人们的关注点也逐步转向城市。人类从农村转向城镇并成为生活在市镇的物种，这是除气候变化之

---

[1] 杨传开、朱建江：《流动中国："七普"数据背后的人口流动迁徙》，2021年5月26日，见https://export.shobserver.com/baijiahao/html/370640.html。

[2] 费孝通：《费孝通文集》第十六卷，群言出版社2004年版，第38页。

外，人类最大的迁徙，家庭生活因此而改变——不论是农村的大家庭还是城市的小家庭。外来的农民与城市的原居民一道组成城市中的新的生活共同体，也就是人们目前正在进行的所谓"社区建设"。就其人口规模而言，这是中国历史上最大的一次社会变迁，同时也是迄今为止人类历史上最大的一次社会变迁。

面对这样巨大的社会变迁，若想做到一方面让民众满意，另一方面使政府机构和投资商的投资也能够保持长久的效益，最有希望的战略就是营造健康的城市和和谐的社区，而不是把精力放在宏观层面或者家庭层面的事务上。尽管宏观层面的状况对城市发展有着巨大影响，但并不能替代城市及其社区自身的健康发展；同样，家庭的和睦和精致的装饰也替代不了周边环境。需要认识到，城市和社区，即人们越来越赖以生存的环境可能是下一波经济文化繁荣和社会和谐的诞生地，也可能是下一波社会冲突和暴力的发源地，至于走到哪一步，取决于我们是否把这个问题提升到议事议程，采取什么样的态度，以及如何去设计未来的社会机制。

三、不断发挥市场在城镇化体系形成中的决定性作用

（一）市场是城镇化体系形成的决定性推手

中国的城镇化发展，尤其在改革开放初期，很大程度上是借助于市场力量的。从改革开始，到改革推动发展，这实际上是一个过程的两个方面。当发展进入新阶段以后，以改革促发展是历史的必然，我们当前就处在这样一个阶段。回顾费孝通早年开启的小城镇研究，对于我们理解当前的城镇化体系建设、城乡协调、乡村振兴战略依然具有重要启迪意义。

20世纪后半叶，乡镇企业崛起，农民离土不离乡，现在则是离土又离乡，甚至很多家庭都把孩子送入城市读书、工作。农民把孩子送进城

里，就有了在城里购房的需求，其内在的市场和经济逻辑就是：人们会根据自己的收入状况选择自己需要的产品和服务，他们的选择范围会从传统意义上的乡村拓展到中等城市、大城市，甚至在全球范围内选择。我们必须尊重市场规律和发展规律。在城乡资源交流、城乡一体化建设过程中，"乡"的概念似乎已不合时宜。特别是从公共服务布局来看，应该从区域角度考虑公共服务的空间布局，考虑居民获得优质教育、医疗、文化资源的可及性、便利性、舒适性。这就提出了区域空间问题。针对资源禀赋、产业结构、人口布局，公共服务体系建设要从区域布局通盘考虑。区域内公共服务布局要打破传统意义上的城乡分隔、分治。政府可以随着乡村经济规模的扩大增加相应监管机构，例如食品监管等。另外一种可能的情况是，随着人口增多，资源竞争越来越激烈，或许会有越来越多的人迁徙到乡村，市场和社会资本也自然会去乡村布局学校、医院，形成公共服务体系。这里既涉及政府的制度安排，也涉及市场对资源的配置。

（二）全国的城镇布局需要发挥市场和政府"两只手"的作用

关于中国农村经济改革，费孝通认为，商品经济的发展与乡镇企业的发展一样，都在空间上不断地向外扩展——经历了农贸市场、地区性市场、区域性市场（如上海长江三角洲经济区），最后向国际市场过渡。伴随着这种市场体系的发育，区域经济得以发展。这样，他对乡镇企业和小城镇的研究都逐渐与区域问题联结在一起了，同时也将商品经济发展与市场体系区域结合起来了。

地区发展与市场问题包含着复杂的组织和制度的因素。费孝通的发展观从乡村开发走向区域经济，最终必须考虑各个区域的协调问题。实际上，人们必须面对一个在市场经济冲击下的复杂的宏观调控系统。如何协调市场与行政的关系，至今依然是一个没有得到很好解决的问题。眼下，在新型城镇化浪潮下，从中央到地方政府都在积极干预城镇化规划和建设，然而城镇化在更大程度上是一个自然和历史的过程：人口的自由迁徙、生产要素的自由流动、产业的合理布局等等。在费孝通早期的观察中，城镇体系（或者叫作区域体系）的形成就像生物的演化一样，不断适应国际国内市场，促进资源自由流动，逐步形成自己的结构和体系。城镇化离不开政府的干预，但如果城镇化建设一切都按照行政命令推进，那一定会出现灾难性后果。如何通过建立全国统一的市场体系，并使国内市场与国际市场有机接轨，进一步打破经济发展的行政羁绊，逐步建立起与社会主义市场经济体制相适应的地方行政体制，是新时期城镇化建设无法回避的问题。这些开路和破题为后人的进一步研究和思考留下了丰富的素材，奠定了坚实的基础。历史发展到今天，费孝通的城镇化思想对于当前我们思考新型城镇化依然具有重要的参考价值。一是在探索城镇化问题上，他将自己的效益观称为"社会经济观"，以区别于单纯追求经济效益的经济观。二是他将中国发展观点的思想主线引申到人类的意义和目的上——"要记住人类本身的意义和最后的目的"。这些都是非常有价值的探索。

党的十八届三中全会通过的《中共中央关于全面深化改革若干重大问题的决定》对健全城乡发展一体化体制机制做出了重要部署，提出必须健全体制机制，形成以工促农、以城带乡、工农互惠、城乡一体的新型工农城乡关系，让广大农民平等参与现代化进程、共同分享现代化成果。这将大大推进我国城镇发展的进程。随着有关具体措施的颁布实施，一系列涉及我国城镇发展的根本性问题，诸如农村和农民发展、土地制度、户籍制度、流动人口等都会逐步得到稳妥的解决。尽管中央明确提出新型城镇化战略，但在发展大城市还是小城镇问题上，人们的争论似乎还在继续。

推进新型城镇化，要坚决避免传统的发展城市的思路，摒弃认为通过建设一些大的项目，例如新的体育设施、轻轨系统、会议中心、住宅项目，就可以引导城市走向辉煌的观点。新开发项目可以暂时给城市涂上一层亮色，但是无法解决其深层次问题。建设过多的住宅和基础设施而缺乏经济发展实力实际上是城市走向衰落的原因，美国的底特律就是一个很好的教训，中国的鄂尔多斯也是如此。住宅和基础设施过多的实质是需求不足，供应过多，底特律和鄂尔多斯的教训告诉我们：城市不等于建筑，城市是居民的聚集中心。因此，需要认真研究政府开支如何造福人民是国民经济成长新阶段的一项核心任务。事实上，过去一段时期，以GDP为核心的干部评价标准引导各地把过多的资源投入到了住宅和基础设施建设上，导致城市和区域发展缺乏创新和活力，甚至出现越来越多的"鬼城"。城市的真正活力来自源源不断流入的人口。要毫不动摇地实施流动人口市民化政策，在实现基本公共服务均等化的前提下，不断加快旧城镇改造和新城镇建设，发展产业，创造就业，使城镇居民的生产环境、生活环境、生态质量都大大改善，社区建设进一步加快，真正建设起能够实现人的全面发展所需要的物质、文化和社会环境，使各类城镇成为充满活力的人类居住点和社会共同体。

四、"有工则富，无商不活"

1978年11月，中共中央在《中共中央关于加快农业发展若干问题的决定（草案）》中明确要求"社队企业要有一个大发展"。1979年7月国务院颁发了《关于发展社队企业若干问题的规定（试行草案）》。这是国家制定的专门关于社队企业的文件，有力地促进了全国社队企业的发展。

当时，中国农村改革的基本进程是：在20世纪70年代末农村实行联产承包责任制基础上，1983年中国农村进入专业化生产和创新合作经济组织阶段；1984年底和1985年初，一些理论工作者的研究报告和决策者的讲话中开始讨论农村的第二步改革问题，即放开农副产品价格和调整农村产业结构问题。也就是在这个时候，费孝通开始寻找农村进一步发展的可能性方向和边界条件——乡镇企业和小城镇。

五、"小城镇、大问题"

费孝通用自己早年在东吴大学所学的生物学知识来解释农村和城镇的关系,"农村好比是一个很大细胞,集镇犹如一个中间的核心。一个是面,一个是点。这个点把各个村落联系起来,形成一个'社区'"[1]。后来,他把这个社区的中心称为小城镇。"社区"这个概念是他在燕京大学学习期间与老师和同学们从派克的演讲中翻译过来的,后来成为他和中国社会学界理解社会的一个工具和视角。小城镇作为一个社区,既是作为一个研究单位,也是作为一个发展区域。不过在当时,人们对乡镇工业和小城镇的批评也不少,主要是认为它们的规模效益太低,尤其是一些学习和研究经济学的学者,更看重小城镇和乡镇企业的经济效益。乡镇企业和小城镇在争论中发展起来了。

对费孝通本人来说,小城镇研究将他的理论和方法推上了一个新的层面,对他来说,小城镇也是个"大问题"。费孝通并不是在20世纪80年代初期才认识到城镇是农村的中心,早在1939年出版的《江村经济》(英文版)中他已经看到了这一点,"镇是农民与外界进行交换的中心"[2]。他当时就认为,这将是"一个有趣的研究",只是因为战乱,他没有条件来开展这项研究。

小城镇作为社会经济结构的一个环节凝聚了中国经济社会结构变动中的各种矛盾,尤其是自1979年农村实行家庭联产承包责任制改革以来出现的各种社会问题,都与小城镇有着密切的联系:家庭联产承包责任制的实行推动了农业的发展,农产品产量提高且出现剩余要求发展商品经济,因此建设商品交换中心就势在必行;商品经济发展导致了农村产业结构变化,农村出现了大量剩余劳动力,解决农村剩余劳动力问题就

---

[1] 费孝通:《费孝通文集》第十六卷,群言出版社2004年版,第156页。
[2] 费孝通:《江村经济》,江苏人民出版社1986年版,第5页。

成为经济社会发展的新矛盾；乡镇企业的"异军突起"为解决农村剩余劳动力提供了一线希望，后来发展成为乡村经济的"半壁江山"；乡镇企业的兴旺成为小城镇发展的基础。这实际上是一个过程的两个方面，这个过程就是中国开始由乡土社会向现代社会转型。

2002年，91岁高龄的费孝通回顾这段历史时说："这20年里，我们看到了人口向城市集中的现象，而且这种集中的速度相当快。农民离乡要有两个条件，一个是在乡下活不下去了或是生活得不好；二是农民离乡出去后要有活路，也就是有活干，能生活得下去。"[①]这个"能生活得下去"就是要有就业。20世纪80—90年代，中国农民经历了"离乡不离土"和"离乡又离土"这两种不同的模式。"离乡不离土"，就是在附近镇上的企业工作，下班后回到村里住。20世纪90年代，笔者在江村住了一个月，经常看到夕阳下的农民工骑着自行车从工厂回家，那番景象好不壮观。"离乡又离土"是后来的事情，诸如四川、河南、湖南等农民工离开家乡到沿海地区的企业就业，在这个进程中，"珠江模式"是最为典型的。

晚年费孝通看到了中国城市化的进程和趋势，这个进程非常复杂，也并非一帆风顺。2002年他对此作了总结：在过去20年研究中国的社会经济发展时，他曾经花了很多时间关注小城镇的发展建设问题，这是因为中国现代化的起步和发展是一个从"乡土中国"向现代化都市逐步发展的过程，鉴于中国的历史、人口、城镇规模、发展速度等因素和条件，不得不走从农村小城镇开始，逐步发展城市化的道路。在这个过程中，必须自下而上地发展起多层次的犹如金字塔形的经济中心，以此来最大程度地降低现代化进程和都市化对整个社会的冲击和震荡，保证中国改革开放这一人类历史上最大规模的社会变迁的平稳进行。他写道："我当时提出新兴的小城镇可能成为防止人口超前过度集中的蓄水池的

---

① 费孝通：《费孝通文集》第十六卷，群言出版社2004年版，第79页。

设想，就是这个意思。"①

在研究的后期，费孝通把自己的研究视角也转向了城市，用他自己的话说，就是"从农村进了城"。农民"离乡又离土"开启了中国城市化的新进程。在21世纪初期，费孝通"行行重行行"，又开启了对上海的城市社区研究。

六、发展模式与区域体系

改革之前，我国实行的是统一的计划经济模式，发展政策也是"一刀切"，束缚了企业、个人和各个地区发展的积极性和主动性。1979年以后，各地农民、企业和各个地区开始探索各自的发展模式和致富道路。各地农村改革的不同路径曾经引起广泛讨论，人们最关心的问题恰恰是要不要"一刀切"，这在当时叫作"发展模式"。

对于各地出现的不同发展模式，费孝通有一个在认识上不断深化的过程。他曾经试图把模式作为一种典型，一度认为"在一定程度上点的调查也能反映全局的基本面貌"。这种理论和方法上的思考促使他在《小城镇　大问题》中以吴江小城镇为调查点进行深入分析，这种分析或许触到了小城镇问题的"塔尖"。所谓"塔尖"是指吴江小城镇建设的今天有可能是其他地区的明天。1984年，他在《小城镇　再探索》中明确地将由江村到吴江考察所揭示的发展形式称为"苏南模式"，还把该模式当作后进地区发展的未来。他写道："所以，'模式'一词包含了'模范'的意思，甚至带有'样板'的味道。"②1989年，他承认了这种认识存在欠缺，并且认为典型只有在同类的意义上才是可以被推广的。

后来，费孝通认识到模式有另外一个意义，那就是一定地区的发展

---

① 费孝通：《费孝通文集》第十六卷，群言出版社2004年版，第37页。
② 费孝通：《小城镇四记》，新华出版社1985年版，第5页。

道路或发展方式。温州就是这样一种模式，他观察到，"这种发展模式只有温州人能够做到，因为他们有自己独特的历史条件"①。这就有别于"苏南模式"。在对"苏南模式"研究的基础上，费孝通积极探索各地发展起来的不同模式。例如，他认为，苏北的耿车镇在欠发达农业地区发展乡镇企业的探索，更适合于那些缺乏工业基础的农村，因为它采取的是简单加工的方式，以小型工业为主来发展家庭副业的路子。在他看来，对于那些工业基础薄弱的农村，耿车模式是具有参考价值的。

苏南模式以后，费孝通又陆续研究了"温州模式""耿车模式""珠江三角洲模式""宝鸡模式"等。在他的思想中，模式已经成为"具有特点的一种样子或形式"，是在特定条件下的农村发展方式，或者说地区或某一类型的农村发展是各种具体条件的组合，他称之为"配方"。他写道："苏南地区乡镇工业发展有两个条件，一个是已有工业基础，一个是人口增长产生劳力过剩"②，另外，"苏南历来是个农村手工业发达的地方"③。苏南的乡镇企业和小城镇就是在这样的环境中发展起来的。

在对淮阴考察之后，费孝通发现苏北没有苏南那种依托上海进行发展的优势，他设想"必须集中力量在这一地区发展中等城市，这样，这个地区才能真正建立起一个有发展前途的经济实体"④。在他看来，乡镇企业和小城镇要持续稳定发展必须依托大中城市，形成区域发展体系。

笔者在北京大学社会学系学习期间，同学之间也经常讨论：为什么费孝通每到一个地方，都能够非常敏锐地抓住这个地方的特点和问题呢？现在看来，主要还是因为他有着长期的观察和积累。在对各种模式的比较研究中，费孝通有着大部分研究者所没有的条件，那就是他长期以来对中国农村的各种类型进行过比较研究的知识储备。人们在他的著

---

① 费孝通、罗涵先：《乡镇经济比较模式》，重庆出版社1988年版，第159页。
② 费孝通、罗涵先：《乡镇经济比较模式》，重庆出版社1988年版，第5页。
③ 费孝通、罗涵先：《乡镇经济比较模式》，重庆出版社1988年版，第5页。
④ 费孝通、罗涵先：《乡镇经济比较模式》，重庆出版社1988年版，第5页。

作中经常会看到这种历史积淀所形成的对主体的认识能力,这就使他在进入一个已经发展起来或没有发展起来的地区,能迅速抓住其特点。如他所述:模式研究可以做出具体的分析,分析的结果可以突出各自的个性。在研究方法上,他一直采用比较研究的方法。

现在看来,模式的真正意义在于:一是不同的发展模式是当地人在市场经济大潮下对自己发展道路的探索,是人民群众积极性和主动性的发挥,这是改革开放持续不竭的动力和源泉。改革开放和发展必须尊重人民群众的首创精神。回想起来,那个时期,笔者跟随费孝通考察时,每到一地,他经常对来参加座谈的当地干部和群众说的一句话是"我是来学习的",因为他认为实践已经走在了理论和认识前面,自己作为一个学者不过是在追赶和记录时代的发展。二是模式具有重要的认识意义。费孝通经常说,科学的社区研究应当从几个基本模式入手,通过分析比较来不断发展人的认识。他将其视为一个从个别逐步接近整体的过程,而他找到了在从个别向整体认识过渡中的中间环节:不同模式之间的比较。

1984年,费孝通对小城镇的研究逐渐由点扩展到面。这种研究方式将他的认识推向了一个更高的认识层面——"全国一盘棋"。最初,他将小城镇和其周围的乡村视为一个经济社会区域:小城镇作为乡村商业和工业"进"与"出"的中心会对周围乡村形成一种辐射。后来,他在苏南发现了许多小城镇与上海及其他城市的联系,并形成了"一条龙"式的工业体系:生产关键部件和承担总装任务的"龙头"设在上海市内,"龙尾"则摆在江苏的集镇和乡村。由此他得出结论:"苏南地区、城市工业、乡镇工业和农副业这三种不同层次的生产力浑然一体,构成了一个区域经济的大系统。"① "苏南模式"有它的地区性:该经济区域是一个内部具有密切联系的空间体系,一体化的城镇体系和工业体系是它的骨

---

① 费孝通:《小城镇 再探索》,《新华日报》1984年5月2日。

架。乡镇工业离不开城市,城乡工业也离不开乡镇工业。乡镇工业实际上已经成为城市工业体系中的一个组成部分,两者的密切结合是区域经济发展的必然现象。这种空间联结方式被他称为"区域经济系统",即发生在特定的地域范围内的经济模式。[①]

  随着认识的深入,费孝通把自己的研究延伸到了中西部地区和边远地区。当时,他将其称为"边区"。与在沿海地区寻求富民途径一样,他也试图在边远地区找到建立这种区域体系和发展乡村工业的途径。在中西部地区的开发研究中,他探索如何使像包头钢铁厂这样的"孤岛"型企业成为带动区域发展的"启动机"。他主张,包头要看到自己的任务,要把工业扩散到外围乡镇上去,从而把整个地区经济带动起来。对内蒙古地区,他也是这样的看法,认为内蒙古要发展小城镇,还要补一课,不能直接学苏南,先要把大企业中的智力和技术扩散出去,发挥中等城市的作用。

  "近距扩散"是费孝通提出的开发边区的基本思路。所谓"近距扩散",是指边区的大中企业向附近地区扩散产品和技术,带动该地区的发展。他认为,西北地区的大中城市要真正起到附近地区经济发展的中心作用,应当采取"近距扩散"的方法,有步骤地带动周围地区的小城市和城镇,发展地方工业,使它们成为大中城市工业生产的有机组成部分。这样大中城市既依靠周围地区的滋养,又反哺周围地区,有助于提高周围地区的工业生产能力和人民的生活水平。

七、"两个市场,左右开弓"

  1984年的苏北调查中,费孝通已经触及了区域的行政体制问题,并由此深入思考市场机制的角色。虽然他着力从经济的角度入手分析江苏

[①] 费孝通:《小城镇 再探索》,《新华日报》1984年5月2日。

省的发展,但最后总难免与行政体系联系起来。他发现在以一个或几个行政区为单位的发展中,市场机制发挥着重要的作用。1988年,他在对珠江三角洲经济区的考察中,采用了观察的方法来确定该区域的范围,以下观察记录可以帮助我们了解他的思路和当时中国业已形成的区域体系:

> 当我坐的车离开南宁不久,公路旁有一个很惹眼的新建村子,村子四周丘陵两侧全是成片的菠萝田。……我追问之下,知道了这里培植的菠萝产量高、质量好,而且近年来发展了商品经济,打开了销路,供不应求。最近又发展了加工业,生产便于运输的菠萝罐头和菠萝饮料,大量供应香港。
>
> …………
>
> 我带着这个印象到了玉林。在席间尝到了这里著名的三黄肉鸡。主人又告诉我,这几年来农村家家户户饲养这种肉鸡,每天有汽船拖着一串串装满了肉鸡的木船运往香港。①

最后,他得出结论:"这样一个大香港经济区必须有一个庞大的粮食及副食品基地为它服务。这个以种植和养殖为主的供应地带的位置,将按它和经济中心区的交通条件来决定,而且将随着经济中心区的扩大而向外延伸,现在正在由珠江三角洲沿西江和北江延伸出去,前哨已达到粤北和桂东地区。"②

在最初区域经济体系探索中,费孝通关注最多的是城镇体系对于乡村开发的意义。从1988年开始,他注意到了市场因素对区域体系的影响。他发现,市场因素是他改革开放以来的研究工作中一个被忽视的具

---

① 费孝通:《费孝通全集》第十三卷,内蒙古人民出版社2009年版,第222—223页。
② 费孝通:《费孝通全集》第十三卷,内蒙古人民出版社2009年版,第224页。

有重大意义的因素，尽管已经八十高龄，他依然自勉应当补课。

1988年，在对广东珠江三角洲进行区域分析中，费孝通注意到商品经济对于该区域的意义；同年，在向中央提出的《关于建立黄河上游多民族经济开发区的建议》中，他将这一点更具体化了。从青海的龙羊峡至内蒙古的托克托段黄河上游沿岸地区，正处在西藏、新疆、内蒙古和宁夏四个民族自治区的中心，他设想在该地区建立区域性的经济开发区，把这里的原材料卖到沿海工业地区，同时也能够发展西部地区的中小型加工企业，使之分散在各乡各村，让千家万户都富裕起来。他看到区域中心的工业与原材料腹地之间的关系，认为中心地区工业的发展需要广大市场。这个市场首先应当是西部的牧区，特别是五大少数民族自治区。他设想通过对边区的开发把占1/3国土的广大草原的巨大潜力发挥出来，使牧业经济从封闭的经济改革成为开放的经济，而商品经济是促成这改革的基本力量。这种商品经济的具体运行特点是：牧区的牧业发展为区域中心的工业提供了毛、皮、奶等原料，也为工业开辟了广大的市场。至此，费孝通的视野从江村转向了"全国一盘棋"。

费孝通在"全国一盘棋"上看到了两类市场和国内三个地区的协调关系。两类市场是指国内市场和国际市场，他常说，应当"两个市场，左右开弓"。三个地区则是指沿海地区、中部地区和边区。他认为，区域经济的发展首先应该解决经济发展的启动问题，他称之为"发动机"。他写道："这个'发动机'的启动关键在哪里？我认为是市场导向的确立。沿海地区'外向型'经济体现了国际市场导向，但是也不能忽视国内市场，农村这个大市场，我们应该给予充分重视。"[①]这就意味着要开发一个区域，必须以"两个市场"为导向。当各个地区共同面对市场的时候，费孝通也面对着各个地区在市场体系中的协调发展问题。既然他认为西部各地区的经济发展都要以国内外市场为导向，他就没法回避已

---

① 费孝通:《全国一盘棋——从沿海到边区的考察》，《瞭望》1988年第40期。

经不平衡发展的各地区在市场条件下的共同发展问题。为此,他坚持"共同富裕,协调发展"这一基本原则,同时又承认绝对平衡发展是不可能的,并且"平均主义"也不能促进社会经济的发展。他在主张各地区以市场为导向的同时,又主张国家政策的支持,尤其是对西部少数民族地区而言,"国家的参与是必要的,但是最根本的发展动力来自当地的人民群众"①。他触及了一个具有重大意义的问题:地区发展与市场问题包含着复杂的组织和制度的因素。

费孝通的发展观从乡村开发走向区域经济,最终必须考虑各个区域的协调问题,必须面对在市场经济冲击下的复杂的经济社会体系,这也是中国改革开放历程的真实写照。

八、"共同富裕,协调发展"

费孝通年迈中的热情探索,以及"但恨年迈我来迟"的心情,令人钦佩和感动。改革年代的紧迫感,凝聚成一系列的探索——对于不同类型和不同地区的特征的勾画和描述。他的认识历程和理论探索是中国改革开放伟大实践的反映。正如恩格斯说过的:历史从哪里开始,逻辑也就从哪里开始。

费孝通几十年的研究活动是在特定的社会历史背景和自己年迈体衰的条件下发生的。他自己对于这一点的认识也非常清楚:"如果能说我这点心血没有白费的话,我只在这门学科的建设中做了一些开路和破题的工作。我在客观和主观的种种限制下,尽力之所及为研究我国城乡社会发展勾画出一些素描和草图,并跟着实际的发展不断提出一些问题,开辟一些值得研究的园地。"②他把这个时期的研究称为"开路和破题"

---

① 费孝通:《从沿海到边区的考察》,上海人民出版社1990年版,第154—155页。
② 费孝通:《从沿海到边区的考察》,上海人民出版社1990年版,第154—155页。

性工作。在各种破题工作中,始终贯穿的思想主线是"共同富裕,协调发展"。从农村致富道路"有工则富,无商不活",到"小城镇、大问题",再到"发展模式与区域体系",最终找到"左右开弓,两个市场",反映了费孝通的认识历程不断由点及面,由此及彼,从一个村落开始,到"全国一盘棋",最终走向全球市场。

费孝通晚年对乡镇企业和小城镇的探索表明,改革从最初的农村家庭联产承包责任制到走向国际市场,既是一个人民走向富裕的过程,也是一个国家和民族逐步融入全球化的过程。这个过程的动力来自人民的首创精神、改革开放政策和不断完善的市场体制机制。

第十一章

美美与共：铸牢中华民族共同体意识

中国各民族的共同发展和繁荣是费孝通思想脉络中另外一条源远流长的认识路线。新中国成立之初，他写道："各民族发展是不平衡的，现在他们的社会性质还有一定的区别，我们的宪法草案充分注意到各民族发展的特点，作出了最妥善的规定，保证了民族团结和民族发展，使各民族人民都欢欣鼓舞地迎接我们共同的光明灿烂的前途。"[①]这个时期，他在早年民族调查和人类学民族学理论研究的基础上，积极投身新中国民族问题研究和民族政策制定工作行列。

一、用学术来认识"中华民族多元一体格局"

费孝通提出"中华民族多元一体格局"理论是基于其长期的学术研究积累，他早年写下的《分析中华民族人种成分的方法和尝试》是其研究的初步尝试。1933年从燕京大学社会学系毕业后，费孝通进入清华大学研究院，师从史禄国教授学习人类学。史禄国开拓了对中国人种的分类研究，费孝通根据人体测量方法，用标准的数据描写人体各重要部分

---

① 费孝通：《费孝通全集》第七卷，内蒙古人民出版社2009年版，第200页。

的形态，从形态数字上推断测量对象所属种类，在混合数据的基础上重复类型识别的全过程。在1934年发表的《分析中华民族人种成分的方法和尝试》一文中，他写道，中国的"人种结构已经很复杂了。其中最重要的人种有六"①。他认为："若我们国境之内所有的人民，都能加以研究，所有人种的类别一定要比上述的多出好多倍。其分布的情形一定更为复杂。各处的调查都完毕之后，我们才能明了中华民族的结构。"②对人体测量的研究已经展示出了他把握中华民族整体的基本思路：先划分主要类型，然后根据文化和地理因素划分出不同的种群，对种群内部的人种进行分类（根据主要类型），最后进行比较和综合。这后来成为他认识中国社会，包括民族地区文化的基本方法。

费孝通1930年进入燕京大学社会学系，跟随吴文藻先生学习社会学，同时也关注文化人类学。在1933年发表的《亲迎婚俗之研究》一文中，他提出了文化传播与人种之间的关系："若亲迎区域之形成，果以移民为其主要原因，则亲迎区域与中国人种分布，必有相当之相关性存在矣。"③《亲迎婚俗之研究》更像是文化人类学之作，他建议采用对地方志进行全面梳理的方法来搞清楚各地的亲迎婚俗。他进一步写道："人类分析只是民族研究的一个先决的条件罢了……我们只愿意凡是已经觉悟空口谈民族问题是没有用处的人，能转过身来，留意到这些基本的问题上去。"④

为了解决"人种分布"和"种种的民族问题"，费孝通于1935年8月携新婚妻子王同惠赴广西大瑶山进行实地研究。在瑶山，费孝通主要进行人体测量，王同惠则研究文化。他们曾经有一个愿望，大约用20年的时间，把中国境内的这类问题研究清楚。只是后来调查中出现意外，费孝通身陷虎阱，王同惠寻人施救却不幸溺水而亡，他们的愿望未能实

---

① 费孝通：《费孝通全集》第一卷，内蒙古人民出版社2009年版，第289页。
② 费孝通：《费孝通全集》第一卷，内蒙古人民出版社2009年版，第290页。
③ 费孝通：《费孝通全集》第一卷，内蒙古人民出版社2009年版，第188页。
④ 费孝通：《费孝通全集》第一卷，内蒙古人民出版社2009年版，第290页。

现。1936年1月21日,他在广州柔济医院写给同学林耀华的信中说,在瑶山,他和王同惠下决心用20年的时间把中国的社会组织形式"实现在这世界上"。遗憾的是,最终未能如愿。

后来费孝通去英国留学,回国后,先后经历了抗日战争和解放战争,民族问题研究这件事情就被搁置下来了。但早年的体质分析成为他一生观察和思考民族问题的方法。

费孝通对中国境内多元文化问题的观察也受到当时到燕京大学讲学的芝加哥学派代表人物派克的影响。派克对中国有这样的观感:"中国就是这一种有机体。在它悠久的历史中,逐渐生长,并在地域上逐渐扩张。在此历程中,它慢慢地,断然地,将和它所接触的种种比较文化落后的初民民族归入它的怀抱。改变它们,同化它们,最后把它们纳入这广大的中国文化和文明的复合体中。"[①]在燕京大学期间,他阅读了派克的文章,并写下了书评。

费孝通对人和文化的观察有着训练有素的人类学家的敏锐性。记得一次上课,他看到对面一位学生,就问:"你是广东人?"那学生回答说:"是的,您怎么知道?"他说:"我看你的额骨就是。"20世纪30年代,他在清华实验室测量了数百个不同人种的额骨。近一个世纪过去了,人类学有了巨大发展,人类学已经从体质人类学发展到了分子人类学。在人种分布研究中,基因分析和遗传分析成为当代的主要研究方法,再加上大数据分析,人类学研究进入了一个新阶段。这从另一个角度说明,《分析中华民族人种成分的方法和尝试》一文中提出的基本思路是有其学理依据的。现代科学技术和人类学的进步对"中华民族多元一体格局"提供了更加翔实、严密的根据。

2019年底,笔者到呼和浩特参加会议,在参观内蒙古博物馆时,有两个小故事令人很受启发。第一个故事是:讲解员带我们到一个宋代的

---

① 费孝通:《费孝通全集》第一卷,内蒙古人民出版社2009年版,第134页。

瓷器前，讲解上面的图案，对每一种图案是哪个民族、哪个朝代传到内蒙古的，怎么形成和叠加成现在的样子，讲得生动活泼。笔者就跟他开玩笑说："您这是用学术讲中华民族的多元一体格局。"第二个故事：这位讲解员讲了自己的基因组成——70%是女真族，30%是突厥族血统。笔者问他怎么知道的，他说他做了基因测试，他父亲来自新疆。这个故事说明，体质人类学已经发展到了分子人类学的新阶段。

如派克所言，中国悠久的历史和文化及其稳定性奠定了"中华民族多元一体格局"的价值基础。在费孝通探索民族问题的过程中，体质人类学和文化人类学的方法是交替使用的。未来，人们能够借助体质人类学、分子人类学的新成果，形成新的调研选题，对我国境内的各个民族的人种关系、人口流动、通婚状况进行测试和研究，描绘出"中华民族多元一体格局"的基因图谱；此外，还要通过文献分析、研究和思考，用学理和学术讲清楚为何要铸牢中华民族共同体意识。

加利福尼亚大学洛杉矶分校教授贾雷德·戴蒙德（Jared Diamond）的代表作《枪炮、病菌与钢铁：人类社会的命运》中有这样一句话，对我们理解"中华民族多元一体格局"也许会有帮助："中国过去曾经是形形色色、变化多端的，就像其他所有人口众多的国家现在仍然表现出来的那样，中国的不同之处仅仅在于它在早得多的时候便已统一了。它的'中国化'就是在一个古代的民族大熔炉里使一个广大的地区迅速单一化，重新向热带东南亚移民，并对日本、朝鲜以及可能还有印度发挥重大的影响。因此，中国的历史提供了了解整个东南亚历史的钥匙。"[①]

到晚年，费孝通对其从踏入社会人类学领域就关注的"中华民族多元一体格局"又开始从文化人类学的视角加以审视。1992年他在《孔林片思》一文中写道："目前导致大混乱的民族和宗教冲突充分反映了一

---

① ［美］贾雷德·戴蒙德：《枪炮、病菌与钢铁：人类社会的命运》（修订版），谢延光译，上海译文出版社2014年版，第350页。

个心态失调的局面。我们需要一种新的自觉。考虑到世界上不同文化、不同历史、不同心态的人今后必须和平共处在这个地球上,我们不能不为已不能再关门自扫门前雪的人们,找出一条共同生活下去的出路。这使我急切盼望新时代的孔子的早日出现。"① 这表达了他对人类未来的美好愿望。民族差异和民族融合将是一个长期的过程,这涉及各个民族深层次的价值体系和社会规范。当外来人把自己的世界观、人生观、价值观这"三观"和一些社会规范置于那些在长期历史和永久地理环境中生长出的异民族"三观"和社会规范中时,就需要去改变一些深层次的东西,这种改变不仅是个人层面的改变,更是社会层面的改变,甚至是变革。以变革性的方式改变一个社会,要么不可能,若是可能的话,则需要时间,因为信仰和价值已经嵌入一个社会的体制机制,成为人们集体的内在准则和日常行为规范。改变信仰和价值需要整个社会体制机制的改变以及习惯的改变,其难度可想而知。而且,一个民族、一个社会、一个国家既定的信仰和价值与它的社会结构相互匹配,甚至匹配得严丝合缝,历史越悠久越是这样,改变了一个方面,就需要系统性地调整整个社会结构和信仰体系。信仰和价值是一个民族、一个社会、一个国家中最稳定、最持久、最不容易改变的,由此我们也可以解释为什么基督教、伊斯兰教、佛教、印度教,东方文明、西方文明等,历经数千年,虽然也与时俱进,不断调整,但依然保留着"自我"的原因了。

当前,要继续探索"中华民族多元一体格局",必须进行深入的科学研究,在学理上把"中华民族多元一体格局"讲深讲透。通过各个学科,包括文化人类学在内,深入研究中国境内各个民族的文化、习俗、习惯的历史形成及渊源关系,形成既有数据分析又有案例剖析的成果,对中华民族的历史形成全景式描述,把"中华民族多元一体格局"研究推向新阶段。

---

① 费孝通:《费孝通全集》第十四卷,内蒙古人民出版社2009年版,第43页。

二、在中国式现代化建设中铸牢中华民族共同体意识

当一个共同体遭遇外来入侵或压力时，其内部会形成一致对外的凝聚力，成为相互认同的共同体；一旦外部压力减小，共同体形成，其内部往往会对谁是共同体的代表以及如何处理彼此间的关系发生争执，甚至纠纷。中华民族概念的提出发生在1840年鸦片战争后外敌入侵的历史背景下，是各民族面对外部压力形成的共识。当前中华民族的社会主义现代化建设进入新阶段，面对错综复杂的国际形势和巨大压力，铸牢中华民族共同体意识需要什么样的力量来凝聚？这是必须探索、必须回答的重大问题。"十四五"时期我国已进入中国特色社会主义现代化建设新阶段，面对国际国内错综复杂的严峻形势，最大限度谋取和实现56个民族14亿人民的福祉，必须以社会主义现代化建设凝心聚力，铸牢中华民族共同体意识。

2014年9月，习近平总书记在中央民族工作会议暨国务院第六次全国民族团结进步表彰大会上强调，加强中华民族大团结，长远和根本的是增强文化认同，建设各民族共有精神家园，积极培养中华民族共同体意识。党的十九大报告进一步指出，铸牢中华民族共同体意识，加强各民族交往交流交融，促进各民族共同团结奋斗、共同繁荣发展。共同繁荣发展是各民族人民奋斗的目标，加强各民族交往交流交融和文化认同是实现目标的手段之一。铸牢中华民族共同体意识必须以建设中国特色社会主义现代化为引领。共同的价值、共同的追求、共同的梦想是中华民族生生不息、团结一致、不断前行的强大动力。

（一）共同体是人类在面对千年未有之变局下对历史传统的创造

1. 近代以来思想家们的共同话题

马克思是较早关注共同体理论的重要思想家。与同时代的思想家

一样，马克思和恩格斯对共同体问题，尤其是对劳动共同体进行了全面深刻的阐述，后来他们又从历史角度研究了家庭、部落等传统意义上的共同体。在马克思和恩格斯看来，人们在劳动中共同实现生存和发展的目的，每个共同体成员都遵循着共同体的基本规范，这为我们探索铸牢中华民族共同体意识必须以建设中国特色社会主义现代化为引领指明了方向。

比马克思稍晚一些的滕尼斯在1887年出版的《共同体与社会》一书中系统全面地阐述了共同体理论，成为研究共同体思想的经典作品。同时代的学者如梅因、摩尔根、奥托·冯·基尔克、埃米尔·迪尔凯姆等都对这个问题进行了或多或少的研究，形成了19世纪共同体研究的学术思想生态。

为什么在19世纪出现对共同体进行探索这一理论现象？究其原因，一是19世纪是人类社会大转型年代，社会由传统的农业社会向工业社会、由乡土社会向城市社会转型，历经千年的农业社会解体，城市社会出现，人类面对千年未有之大变局。从这个时期开始的社会转型，就世界范围而言，目前还在进行中，预计人类会在21世纪中叶基本完成这个进程。二是共同体是自工业革命以来由于工业化、城市化、全球化进程加速导致的人口流动、产品流动、信息流动而使身处急剧变革中的个体或群体寻求对自身身份认定的一种探索和尝试。苏格兰格子呢短褶裙作为苏格兰高地传统的象征物，实际上是后人完成的对传统追溯性的一种发明，"是苏格兰与威尔士'爱国者们'力图通过颂扬各自的民族特性来保持文化上的独立性，并加强其认同"[①]。三是共同体仪式是一种集体身份，它是一种对于我们是什么人的定义，共同体意识是共同行动、共同集体和自我意识的结合。共同体和共同体意识始终是现代国家必须关

---

① ［英］埃里克·霍布斯鲍姆、［英］特伦斯·兰杰：《传统的发明》，顾杭、庞冠群译，译林出版社2020年版，第1页。

注的课题。深入研究这个时期的共同体理论会发现,共同体理论包含了两层意思:一是用来诠释人类经历由传统社会向现代社会转型而出现的新的社会组织形态;二是探索人类社会未来的发展方向,内含了未来社会的愿景。它既是在历史描述中回应现实问题,又包含了对未来的期待。

思想先贤们是从不同角度探索共同体的内涵的,这是因为共同体不能单靠文化存在。共同体实际上是经济、政治、社会和文化的复合体,它的存在离不开经济制度、社会结构、文化价值和国家权力形式。"国家通常被认为是一个团结的共同体的基础〔通过比如升国旗,或者像西班牙社会民主力量党(Podemos)的例子——呼唤'祖国'(La patria)〕,然而他们也发展出一种普世主义的视野,将一个包容性的民族主义和对于全球性问题寻求全球性解决的需要结合起来。"①共同体既是对历史传统的创造,也是对未来发展的期待。共同体的形成、存在与发展需要对象征其价值的各种象征物进行创造,以维系共同体的认同感和凝聚力,需要经济发展维持共同体成员的生存和发展,并在发展进程中构建新的社会关系和共同价值。共同体意识是共同体的价值基础,只有拥有了坚实的、健康的价值基础,共同体才能拥有强大的凝聚力,才能够不断地发展。

近现代世界历史表明,共同体成员一旦形成自己的主体人格,再形成团结一致的行动就比较困难,在拥有主体人格的共同体内部,不同群体、族群不断会为谁属于自己的共同体,谁应该被排除在这个共同体之外等一系列问题所困扰,纷争不断发生。19世纪以来形成的民族国家,诸如英国、美国等一直被这样的问题困扰着。2020年美国发生的黑人抗议事件,表面上是黑人争取权利,实质上是不同种族之间的认同问题。

---

① 〔德〕海因里希·盖瑟尔伯格:《我们时代的精神状况》,孙柏等译,上海人民出版社2018年版,第57页。

2. 中华民族是有其独特历史特征的共同体

自古代以来,尤其是秦汉以来,中国就形成了集国家、族群、文化于一体的混合体,形成了中华文化的核心,这个核心"因能容纳,而成其大,因能调适,而成其久"①。中国各个民族在自己的共同体内部,相互交往交流,相互学习,相互包容,相互支持,共谋福祉,创造了中华民族团结发展的辉煌历史。这些事实也为我们理解中华民族共同体的特征提供了历史视角。

3. 中华民族共同体的特点决定了其道路选择

从理论上说,让人们产生共同体意识的最简单的办法是共同面对外来攻击力量,在这样的情形下,群体成员自觉形成相互扶持的共同体,一道对抗敌对力量。这好比家庭里的弟兄,只有在他们共同面对敌人时,才真正感受到兄弟之间情感的存在。这种情况也发生在古代,古代美索不达米亚地区人民因"临近地区各种外族人带来的压力迫使他们融合为一个有机体,并且创造了许多方法来开发他们貌似贫瘠实则非常富饶的环境"②。

19世纪中叶后,世界上各个主要文明都面临工业革命和外来扩张势力的冲击。鸦片战争后,中国沦为半殖民地半封建社会,面对民族危亡,探索中国前途和命运成为全体先进中国人的共同要求。"中华民族"这一概念正是在这样的历史背景下产生的。1902年,梁启超在《论中国学术思想变迁之大势》一文中首次提出"中华民族"这一具有现代意义的概念;1905年,他在《历史上中国民族之观察》一文中指出,中华民族是中国境内所有民族在千百年历史的演变、交流和融合中形成的。这

---

① 许倬云:《说中国:一个不断变化的复杂共同体》,广西师范大学出版社2015年版,卷首语。
② [美]威廉·麦克尼尔:《西方的兴起:人类共同体史》,孙岳等译,中信出版集团2018年版,第64页。

是面对外族入侵，中华民族共同体意识在学术和思想上的反映。

中华民族独特的历史传统和文化特点决定了中国特色的社会主义道路。关于这一点，邓小平同志在改革开放初期就有深刻阐述。小康生活既是中国人民对自己生活的追求和文化认同，也是对共同生活方式的想象和对未来愿景的勾画。改革开放以来，建设小康社会作为中华民族对未来生活的理想激励着全体中华儿女团结奋斗，克服一切艰难险阻，不断推动民族进步。2020年，中国人民已实现全面建成小康社会的奋斗目标，迈入社会主义现代化建设新阶段。中华民族既统一于文化，也统一于共同的生活方式、生产方式和对美好生活的孜孜追求。尽管在中国境内生活着不同的民族，他们在具体的生活和生产方式上存在着各自的特点，但是他们都有着对美好生活的追求。在迈向社会主义现代化进程中，他们将逐步在现代技术基础上不断改善自己的生产方式，在走向信息化、城市化、现代化进程中形成越来越紧密的共同体。

（二）现代化是各民族之间交往交流融合的强大动力

近代以来，在科技进步和经济交往基础上，各个国家和民族的交往交流融合不断加强，造就了前所未有的全球化局面。在现代化进程中如何加强共同体的凝聚力是现代国家面临的重大课题。

1. 先进技术和发达经济是全球化时代民族生存发展的基础

没有一个民族可以不利用和不想利用地球上已知的最先进的技术和最有效力的治理工具来赶超其他民族而使自己走在世界前列。现代文明在许多方面与传统和古代文明是有区别的。各个民族要实现自身发展和实现现代化就不能不掌握现代技术和治理工具。拒绝现代技术和拒绝现代经济共同体，就不能与其他民族交流和合作，也就难以融入人类共同体。这个过程既是经济发展的过程，也是文化交流交融的过程。中国历史上的"茶马互市"既是商品交换，也是各民族之间的文化交流融合。在中国古代，青藏高原居民需要茶叶，陕西等地则需要马匹，所以就出现了"茶马互市"和茶马古道。当年的康定（旧称打箭炉）曾经是进入藏区的关节点，来自内陆的商人一般到了康定就止步，来自藏区的商人也在此止步，双方在这里以茶叶换马匹或者以马匹换茶叶。交流和交换活动的开展依靠翻译，但翻译只是语言交流的工具，汉藏商人除了语言上的交流，还必须面对不同的沟通方式和交往方式，以及人与人相处的社会关系模式。不管是物质性的文化工具还是观念性的文化，若是想要被不同的民族接受，都要经历一个沟通、认同的过程。

现代化是建立在各个共同体的经济互补和交换基础上的。在这里，我们把共同体视为在市场交换基础上形成的区域性或全球性经济社会网络，把交换理解为信息、物品交换等，以及发生在其中的人口流动。伴随着共同体经济的互补和交换，相应的制度安排也要提上议程，包括军事、政治、意识、观念、文化等，它们也随着共同体和交换体制的不断变化而变化。历史上，"佛教沿着中亚的贸易路线传入中国，起了主要的转运代销者的作用，输入了与作为一个商人的生活协调得很好的思想习惯和道德规范"[①]。一般说来，政治意义上的共同体不能独立运作，它必须结合经济、社会和文化，各个方面相互维系，才能在政治共同体下一道生存和发展。铸牢中华民族共同体意识，必须把中华民族共同体摆在"五位一体"的社会主义现代化总体布局中，从经济、政治、文化、社会和生态环境等多个维度去建设，团结全体中华儿女一道奋斗。

共同体意识作为共同体的核心要素之一是在与各个文明不断交流和接触中发展演变的，这个过程发生在各个文明迈向现代化的进程中，通

---

① ［美］威廉·麦克尼尔：《西方的兴起：人类共同体史》，孙岳等译，中信出版集团2018年版，第xxxi页。

过不断加深交流与接触得到逐步培育。各个民族尽管发端于特定人文区位，并在特定人文生态和人口结构中形成自己的民族特征，但在发展进程中，不可避免地与较高文明的生产方式和生活方式以及思想意识进行交流接触，在学习新的生产和生活方式中生存和发展。近代中国遭受列强凌辱的历史给中国人民的最大教训就是：落后就要挨打。只有团结奋斗，中华民族才能有未来。各个民族在与其他民族和文化的接触和交流中改变他人，也改变自己，这是人类社会发展的普遍规律，也是文化和文明不断进步的规律。当然，这不排除一些偶然事件对历史进程的影响，包括战争、流行病、人口流动、生态环境变化等等。例如，战乱会使人口四处迁移寻求生存，客观上也带来文化的传播与交流。

2.现代化是民族发展和繁荣的不二选择

共享同类文化会使人们产生归属感，但共同体的维持不能单靠文化，它实际上是经济、政治、社会和文化的复合体，它的存在离不开经济体系、社会结构、文化价值和国家治理体系。过去，人们经常说印度的基本社会特征是宗教和种姓制度。印度的现实表明：宗教和种姓几乎是绝大多数印度人主动接受或者被动接受的信念和行为准则；印度种姓是历史上形成的一种制度安排，不同的种姓阶级对这个制度有不同的态度。但随着社会经济发展变化，印度种姓制度在现代经济体系中的地位不断弱化，例如生活在城市中的年轻人、移居国外的印度人的种姓意识就大大淡化了，尤其在跨国企业中，种姓制度的色彩就没有那么浓厚，因为现代企业有自己的人才要求。总的趋势是，印度种姓等级制度在遭遇现代经济和城市化冲击过程中逐步得到改变，以适应现代工业社会、信息社会以及在此基础上的城市化、现代企业制度的要求。人类不能违背客观规律，必须尊重客观规律。

讨论中华民族共同体意识绕不开现代化是不是就是汉化这一问题。要回答好这一问题，首先要回答汉化的内涵是什么。与其他民族一样，汉民族也一直在探索现代化的道路,一直在各方面发展实践中实现自己的现代化。现代化过程是一个在接受和采用现代经济技术的基础上,不断促进经济发展和生活改善的过程。马克思揭示了人类历史发展的普遍规律,即生产力决定生产关系,经济基础决定上层建筑。经济发展了,各个民族的文化和生活方式必然会发生变化,所以不能把少数民族经济发展和现代化简单归结为汉化。少数民族实现现代化,就难免不受现代技术和生产方式的影响。任何民族不接受现代科学技术,就没法发展起来,没法走共同富裕道路;采用现代科学技术和现代生产方式,就会对原有的经济方式和社会生活产生影响,生产方式、生活方式都会发生改变。作为一个人类学家,费孝通希望各个民族都能保持自己的文化和生活方式,能够做出自己的选择。

3. 现代化是学习接纳融合提升的过程

说到汉化,要深刻明了"化"的含义。一是"化"实际是近代以来民族国家在发展过程中对辖区内部的各个民族相互融合、相互团结,实现对国家的忠诚,保证国家统一和领土完整的一种文化想象。民族国家内的民族多样性和宗教多样性带来了生产方式和生活方式的多样性,对国家治理体系和治理能力现代化提出了更高要求。二是"化"意味着文化主体的排他性和群体归属感,也就是对待其他文化的态度,如排斥、接触、吸纳、融合等等。各个民族在历史进程中,一方面坚持自己的主体性,另一方面学习、接纳和融合其他文化,这是一个永恒和持续的过程。也是人类文明发展和进步的基本过程。梁漱溟曾经说过这样一句话:"印度民族所以到印度民族那个地步的是印度化的结果。"[①]他这里讲的这个"化",是他和中国进入半殖民地半封建社会以来学术界形成的一种民族自省的思维习惯,意即把那些外在的东西主体化、内化

---

① 梁漱溟:《印度哲学概论》(外二种),中华书局2018年版,第296页。

的过程。历史悠久的文明都有这样一种内在力量：强调自己作为主体在面对外来文化、制度、思想等的过程中如何保持自己的主体性，同时又能吸纳新的东西、新的内容。我们反思印度化这一命题，只是这里的印度化不是印度学者说出来的，而是我们中国学者说的，即由梁漱溟提出来的。正如马克·吐温所说的："印度，你只要见一眼就永远也忘不了，因为它同世界其他地方都不一样。"[①]这个"不一样"是从马克·吐温的嘴里说出来的，是一个外来者对另外一个国度做出的界定。不同文化之间永远会存在这样一种理解和界定，它"化"出了文化的主体性，体现了主体人格的追求。当然，各个文明主体如何去看待这种主体性则只能靠内省。换句话说，这是由民族国家的主体性的认知理念造成的一种文化心态。在中国，有关这种文化心态的理论思考形成于19世纪，也就是中国在经历鸦片战争之后进入半殖民地半封建社会这样一个阶段。三是"化"是一种历史进程。以城市化和现代化为例：从18世纪开启的城市化进程，从伦敦—曼彻斯特开始，经巴黎—柏林、纽约—波士顿、北美五大湖—匹兹堡、旧金山—墨西哥南湾，二战后扩散到日本—新加坡以及中国的台湾和香港等，又于20世纪80年代扩散到中国沿海地区。如果没有突发性事件发生，按照历史惯性，到21世纪中叶，全球各个民族将大部分进入城市化，完成文化上的一轮"城市化"过程。不能确定的是，当前人类面临前所未有的疫情冲击，会不会改变这个"化"的历史轨迹或时间，还需要观察。当然，"每个社会，无论大小，都按其独特方式对新的刺激、机会和危险有所反应"[②]。

[①]《图行世界》编辑部：《印度：众神眷顾之地》，中国旅游出版社2017年版，第1页。
[②][美]威廉·麦克尼尔：《西方的兴起：人类共同体史》，孙岳等译，中信出版集团2018年版，第818页。

（三）在中国特色社会主义现代化建设中铸牢中华民族共同体意识

1.中国特色社会主义现代化是中华民族的现代化

中国特色社会主义现代化是自鸦片战争以来中国人民寻求民族独立和解放的共同要求。加快推进中国特色社会主义现代化建设，创造条件使各个民族参与到现代化进程中，在现代化进程中不断提升自己的生活水平，改善生活质量，创造各民族共同的生活。在实现现代化进程中推动各民族走向共同富裕，这既是一个各民族产业现代化的过程，也是一个城市化的过程。在这个过程中，必定产生更多相同的生产方式和生活方式，由此也产生更多的社会认同。一个多世纪以来，中国人民在探索中国特色社会主义现代化道路上不断努力，既学习国际经验又继承历史传统，各民族一道铸造中华民族共同体。在当代，中国在崛起过程中，面临着外部的种种压力和不确定性，如何在这种双重探索与寻觅中确定中华民族共同体，是当代中国人不能绕开的课题，只有建设中国特色社会主义现代化才能解决这个难题。进入21世纪头20年，我们紧紧抓住和平与发展这一重大战略机遇期，在推动中华民族迈向伟大复兴征程上，迈出了坚实和关键的步伐；面对20世纪的第三个10年，国际形势更趋复杂，必须通过社会主义现代化建设进一步铸牢中华民族共同体意识。

一般说来，中国少数民族在解放初期大多还是处在前工业化的小农场耕种、草场放牧的经济状态，甚至有些民族在当时还处在原始社会状态，他们的经济生活和汉族是有一定程度差异的。至今，各民族发展不平衡是一个基本的事实。费孝通在20世纪50年代初期就承认各民族富有特色的经济社会发展是一部活的社会发展史，以此来说明中国境内各民族处于不同发展阶段。中国特色社会主义现代化要使各个民族实现共同富裕和一道迈入现代化，正如费孝通所言："如果在事实上各民族之间还存在着很大的差距，就不能说我们已建立了一个真正的社会主义强国,就不能说我们已是高度文明、高度民主的国家,因为少数民族是我们中华人民共和国的一部分。"①如何处理现代化与各个民族社会特点的关系,要尽可能避免在消除各民族经济差距过程中将各民族社会文化特点也全部改变了,要鼓励和支持各民族在发展中保持自己的特点,充分利用民族优势发展经济,发挥自己的体制和文化优势,充分利用好自己的自然环境,发展民族经济、特色经济,提高自身的经济发展水平,弘扬自己的特色文化,在民族地区发展和整个国家现代化中贡献应有的力量,逐步与全国经济融合,与世界经济融合,形成一个相互交流、不断一体化的经济体系。

新中国成立以来,尤其是改革开放以来,随着西部大开发战略的实施,少数民族也不失时机地发展自己的经济,与现代经济逐步融合,逐步形成一个相互交流、不断一体化的经济体。拥有先进技术和经济实力的民族或地区,已经有能力对其他地区产生影响。每个有着自己历史传统、风俗习惯的民族如何表征自己的特色,强调自己的文化主题,这需要各民族在现代化进程中思考把自己与其他民族凝聚起来的具体活动。这个过程既是"全国一盘棋"的过程,也是一个发挥各个民族积极性、主动性和创造性的过程。在这个过程中,人们的共同性会因为工业化、信息化、城市化而发生改变,甚至发生那些带着不同信仰、习惯、风俗进入城市的人们会发现在情感上无所依托,原有习惯难以适应新的生活等问题。要适应现代化和现代生活,就要形成牢靠的新的行为模式,因此必须做出改变。换句话说,改变原有的传统习惯不可避免。新的生活环境、生活方式、生产方式会产生新的习惯、行为和意识。"民族心理素质其实就是民族认同意识。民族认同意识并不是空洞的东西,我们每个人可以通过自己的反省中体会民族认同意识是什么,因为当今之世每

---

① 费孝通:《费孝通全集》第九卷,内蒙古人民出版社2009年版,第336页。

个人都有自己所属的民族,都有民族意识。"[1]

2.中国特色社会主义现代化将创造各族人民的共同繁荣

推进民族地区的现代化建设离不开发展教育和引进最新的技术知识,其中最为关键的问题是要让各个民族人民自己掌握最先进的技术和知识。明确这个目标,就大有可为。中国特色社会主义现代化要求实现各个民族的经济共同发展,社会共同进步,文化共同繁荣,这些离不开教育和科技,离不开各个民族共同努力。只有各个民族共同努力,才能真正做到各个民族共同繁荣。发展民族地区的特色经济,发展少数民族地区,不能仅仅依靠外来力量、外来资源,必须动员和依靠当地少数民族,将当地少数民族纳入现代化进程中,把民族区域发展与当地少数民族发展密切结合起来,通过发展教育和利用科技,把少数民族经济、文化的发展带动起来。这既是经济发展过程,也是交流沟通交融和形成中华民族共同体意识的过程,是形成各民族对中国特色社会主义现代化、中华民族共同体的认同过程。

在推进中国特色社会主义现代化建设进程中,国家创造条件,让每个民族都有机会发展自己,并且能够发展得更好。各个民族要抓住国家创造的机会,不断创新,与时俱进,发展自己的民族经济,促进本民族社会进步;同时要加强与其他民族交流合作,在交流合作中把本民族命运融入中国社会主义现代化和中华民族伟大复兴进程中,最终在各个民族共同努力下提升中华民族在世界民族之林中的地位。

3.中国特色社会主义现代化将激发中华民族的强大凝聚力

铸牢中华民族共同体意识的核心是培育国家和民族凝聚力。凝聚力是把国家和民族建设成为命运共同体的心理基础,这种心理基础之一是

---

[1] 费孝通:《费孝通全集》第十五卷,内蒙古人民出版社2009年版,第329页。

文化，一个民族可以通过创造自己的象征性意识和代表性器物来形成对自己共同体的认同。一种象征性的文化能够把不同的族群联系起来。历史上曾经有过的证明就是，18世纪英国人进入印度以后，把这个南亚次大陆的诸多文明区域以地图的方式表征出来，使印度人感到了他们是一个象征意义的整体，形成了统一的认知。再加上历史上孔雀王朝的阿育王和莫卧儿帝国第三代统治者阿克巴奉行多元文化，共同融合，也构成了印度多元文化共生共存的历史基础。这样的例证还可以举出很多。

文化认同仅仅是问题的一个方面，形成民族的强大凝聚力、民族共同体意识更为重要的是共同的生产和生活方式。为什么一个原本聚集在一起的民族能够长期被分隔在不同的地区，而仍保持其共同意识？仍然保持其成为一个民族的共同体？我们可以从时间和空间两个维度来分析共同体意识的形成：在时间上，同一代人因为有共同的经历和共同的记忆，尽管在空间上发生疏离，也会保持其共同体意识。但随着时间的流逝，这种意识会逐步淡化，最终会因为各自形成新的生产和生活方式而消失。共享同类文化会使人们会产生归属感，一代人之间的归属感可能产生于血缘关系，但是历经数代人之后，这样的归属感会逐渐消失。由此我们可以理解，有着血缘关系的个体一旦分开，几代人之后，若是没有其他文化上的交流沟通，彼此间就会逐渐淡漠。在空间上，相互隔离的同宗同族的人会随着时间的流逝，彼此间慢慢产生疏离，原因非常简单，那就是不同的生产和生活方式造就的不同认知、情感和心理。认同感需要交流、沟通、合作和交融，需要认识、认知和理解，同族同源和血脉相承是基础。"要保持一个文明的凝聚力，还必须有信息的持续流通及其意义的微小变化，从一个城市到另一个城市，一个地区到另一个地区，在不同社会阶层和种族群体中流动，以形成一个社会实体。"[1]如

---

[1] ［美］威廉·麦克尼尔：《西方的兴起：人类共同体史》，孙岳等译，中信出版集团2018年版，第xxiv页。

何造就社会实体?那就只能是在共同生产和生活中进行交流交往,在交流交往中实现融合。不同群体、族群在共同生产和生活中依然会有各自的文化选择和行为,甚至彼此间出现隔膜,这就需要在生产和生活中创造共同的责任、机会和公共生活,形成各个群体之外的公共利益。费孝通强调"民族平等"的观点还包含着各民族在经济上的共同繁荣及共同现代化。民族与民族之间不能加以强制或代替。一方面,实现中华民族伟大复兴和实现中国特色社会主义现代化是凝聚全体中华儿女的坚实基础;另一方面,铸牢中华民族共同体意识的目的就是为了凝心聚力实现中华民族伟大复兴,建设社会主义现代化国家。

当前,面对错综复杂的国际形势,中华民族只有万众一心,团结一致,奋发有为,才能抵御前所未有的国际压力,建设社会主义现代化国家,才能有中华民族的光辉未来。铸牢中华民族共同体意识,为中华民族奠定强大的价值基础,使各民族能够在这个价值基础上相互认同、相互交流、相互融合,这是一个问题的两个方面。面对"百年未有之大变局",必须在习近平总书记倡导的铸牢中华民族共同体意识思想指导下,动员全体中华儿女为实现社会主义现代化目标共同奋斗。

跋　不断发展中国特色社会学

2020年8月24日，习近平总书记主持召开经济社会领域专家座谈会并发表重要讲话，他要求社会科学工作者"从国情出发，从中国实践中来、到中国实践中去，把论文写在祖国大地上，使理论和政策创新符合中国实际、具有中国特色，不断发展中国特色社会主义政治经济学、社会学"①。习近平总书记站在"百年未有之大变局"、中国特色社会主义进入新时代和当前我国经济社会发展进入新阶段的历史高度，对中国特色社会主义政治经济学、中国特色社会学发展提出了新要求，对广大社会学工作者提出了殷切期望。

从百年未有之大变局审视中国社会学历程，其产生孕育于百年前灾难深重的中华民族寻求前途命运的苦苦求索，其发展助力于百年后中国越来越接近民族伟大复兴的发展需要。据孙本文考证，"最先采用'社会学'一词者，当为谭嗣同的《仁学》。谭氏于前清光绪二十二年（1896年）著《仁学》一书，其第一篇'仁学界说'中，有'社会学'之名"②。之后学界运用社会学的理论与方法研究中国社会，产生了一系

---

① 习近平：《在经济社会领域专家座谈会上的讲话》，《人民日报》2020年8月25日。
② 孙本文：《当代中国社会学》，商务印书馆2011年版，第9页。

列成果，探索中国的前途和命运成为百年前先进中国人的共同追求，社会学则成为实现民族解放和复兴的重要手段。中国社会学恢复重建已有40多年，忆往昔，峥嵘岁月。在过去的40多年里，中国社会学立足中国发展实际，开展田野调查，拓展理论思考，创新研究方法，参与决策咨询，推动学科建设，培育专业人才，产生了一批有影响的学术成果和学者，在经济社会发展中发挥了重要作用。历史证明，社会学在中国具有广阔发展空间，社会学只有服务于中国社会发展，服务于中国特色社会主义现代化建设和民族复兴伟业才会有光明的前途。新时代新阶段，面对错综复杂的国内外形势，为实现中国特色社会主义现代化和中华民族伟大复兴的中国梦，必须不断发展中国特色社会学。

一、学术价值观从来就根植于特定社会文化之中

中华民族复兴百年来，一代又一代学人对民族前途的探索和进行的学术研究形成了现代中国学术价值观的核心。学术价值观是学者基于自己学术历程形成的对学术的认知、理解、判断和抉择，是学者认识和研究学术对象、判定学术价值的取向。当今世界，不同国家的学者有着相同或不同的学术价值观念。

顾炎武曾说："君子之为学，能明道也，以救世也。"[①]这已明确提出了中国近现代学术的目标和任务。就中国人的行为而言，尤其是关于个体与集体关系上的行为可以从两个层面上加以解释：一个是中国，甚至可以说是东方社会所特有的文化结构，另一个是价值观和人生观。这种价值观和人生观，实际上是中国文化在人们心理的积淀。生活在这个社会结构中的中国人，都不可避免地受到中国社会结构、文化传统的影

---

① 顾炎武：《顾亭林诗文集·亭林文集（卷四）·与人书二十五》，中华书局1959年版，第103页。

响，这种影响会随着时间的流逝和东西文化的交融不断变化。但我们依然会在许多方面看到它的影子，因为它深深嵌入了中国学术、学人的学术价值观之中。

季羡林的著述《三十年河西 三十年河东》，研究领域广阔，融会中西，思想博大精深。在这本书中，他提出了一个命题，这就是关于东西文化在世界中的地位。季羡林认为："从人类全部历史来看，东方文化和西方文化的关系是'三十年河东，三十年河西'。""到了21世纪，三十年河西的西方文化就将逐步让位于三十年河东的东方文化，人类文化的发展将进入一个新的时期。"①季羡林是一位智者，他对东西方社会文化深邃思考，在几十年前就预见到了一些重大事件的发生。

费孝通出生于1910年，和季羡林几乎是同时代人，仅长季羡林一岁。二位前辈都是世纪学人。费孝通在20世纪90年代前后非常关注东西方文化的历史地位问题。那时，他提出了著名的"各美其美、美人之美、美美与共、天下大同"的论断。费孝通说："我认为，如果人们真的做到'美美与共'，也就是在欣赏本民族文明的同时，也能欣赏、尊重其他民族的文明，那么，地球上不同文化、不同民族、不同国家之间就达到了一种和谐，才能出现持久稳定的'和而不同'。"②从两位先生关于东西方文化的思考看，他们都在探索文化的方向和出路。季羡林和费孝通都是五四运动发生十年之后进入中国学术界的学术大家。他们的思想不可避免都会打上那个时代的烙印。他们的思考，让我们进一步看到了东西方社会的结构和文化地位问题，这是一个说不尽，不可回避的世纪话题。晚年的费孝通对这个问题看得比较清楚，他写道："中心文化碰了头，中心文化的比较，就一直是中国知识分子关注的问题，他们围

---

① 季羡林：《三十年河西 三十年河东》，当代中国出版社2006年版，第8页。
② 费孝通：《费孝通在2003——世纪学人遗稿》，中国社会科学出版社2005年版，第170—171页。

绕着中华民族的命运和中国的社会变迁，争论不休，可以说至今还在继续中。"[1]这种继续的背后就是中国知识分子所特有的使命感、历史责任感和学术价值观。

面对百年未有之大变局，中国社会学界也处在价值观念深刻变革的时代。在世界上，东西方之间、传统与现代化之间、发达国家与新兴发展中国家之间等不同文化和价值观体系的交流和冲突，在国际生活和社会生活中表现得越来越明显，其影响也日益突出，正成为世纪之交的一个具有全球性、时代性的话题。

在当前，建设中国式现代化，实现中华民族的伟大复兴的伟业，必然要求有一套与之相适应的、先进的思想文化和主导价值观，作为具有高度凝聚力和推动力的共同理想、信念，为我们事业的成功提供有力的精神保证。这一切都告诉我们，正在走民族振兴之路的中华民族，必须确立自己的社会理想，切实加强共同理想的培养，以使我们在民族文化和人类文化发展的关键时刻，作出无愧于历史的贡献。中国共产党提出的建设富强民主文明和谐美丽的社会主义现代化国家作为全党全国人民团结奋斗的共同理想和目标，确立了新时期社会主义价值观体系的核心和基础，它也是中国学术价值观的核心和基础。

将学术研究提到学术价值观的层次上已经不再是只关乎学术职业的问题了，即不再是"以学术为业对于献身于学术的人意味着什么？"这样一个问题，而是另外一个问题：人类全部生命之内的学术天职是什么，或者说学术的价值是什么。这其中包含了两种价值：一是对于人类来说学术的价值是什么，二是学术研究对于研究者的价值是什么。

学术是从事学术研究的人经常挂在嘴边上的词语，任何学术研究都必须符合逻辑和方法论，这也是确定一项研究是否为科学研究的基本方法。但是，全部科学的价值并不仅限于此，进一步的分析应当思考的问

---

[1] 费孝通：《费孝通文集》第十六卷，群言出版社2004年版，第56页。

题是：从学术工作中得出的结论，必须具有重要的知识价值。而知识的价值已经不是学术本身或在短期内可以被证明的，必须按照它的最终意义来解释——知识的最终意义在于它对于人类进步事业的意义。学术研究的最终贡献在于它帮助人类明了事实，发现规律，只有这样，学术才能达到推动科学发展的目标要求。

以学术为业的人，必定以专职的收入来保障他的研究工作，即使这样也不能保证所有从事学术的人都会有同一目的。可以把学者们按其从业目的分成三类：第一类是为生计和职业而从事学术，职业本身就是研究本身；第二类是"为研究而研究"，研究的意义可以以逻辑和方法论为标准予以说明，职业为这种研究提供了保障；第三类是为了造福于人类而进行的研究。马克斯·韦伯认为，对于科学或学术的态度是一个有关科学家的人格问题，"在学术领域中，只有纯粹献身于事业的人，才有'人格'可言"。在他看来，"人格"是科学家献身于事业所不可缺少的品质。在韦伯对人格概念的分析中，有着不同的意义，他首先是在伦理意义上来使用这一概念的，并将其定义为"与一定的最高价值和生命意义的内在的牢固关系，它寻出有目标的人生与合目的的理性活动"[①]。从人格上来理解人们的学术行为也只有在伦理层次上才有意义。韦伯的分析使我们看到，只有为人类造福的学术研究才是科学的研究，而只有为人类造福的科学家及学者的行为才是有价值的和合乎规范的。这样，关于学术价值观的研究将我们引入了一个更深的层次——学术工作者的世界观、人生观、价值观。

社会学工作者只有把自己的研究融入国家现代化建设和民族复兴伟业中方能实现自己的理想。近代以来，中国学术价值观的发展历程表

---

① ［德］W.施鲁赫特：《以学术为业和政治为业的特色》，载［德］马克斯·韦伯：《学术生涯与政治生涯——对大学生的两篇演讲》，王蓉芬译，国际文化出版公司1988年版，第33页。

明：共同的理想和追求，共同的文化和情感，是中华民族历经磨难而生生不息的强大精神支柱。人类发展的历史表明，同一社会虽然可以有多个层次多元并存的思想价值体系，但国家层面的指导思想、理想信念、意识形态应当是共同的、一元的，这是一个社会保持健康、稳定、协调发展的保证。经过40多年的改革开放，我国社会经济成分、组织形式、利益分配和就业方式等日益多样化，人们的价值取向、道德观念、文化生活也日趋多样化。但应该认识到这种多样化是社会进步的体现，我们要承认这种多样化，推动这种多样化，发展这种多样化。与此同时，我们必须强调和坚持指导思想与主导价值观的一元化，重视确立和巩固社会的共同理想信念，确立和巩固国家的社会理想，确立和巩固民族的精神支柱，它们才是当代中国学术价值观的基础。

二、建立面向中国实际的人民社会学

（一）面向中国实际的人民社会学的学科建设目标

1979年是中国大地上发生大转变的第一年。思想解放推动社会变革。这一年，各地开始实行家庭联产承包责任制，把以往在旧体制中受到压抑的生产积极性和生产潜力释放出来。工业改革试点工作几乎与农村改革同步进行。这一年3月，邓小平在党的理论工作务虚会上提出社会学需要赶快补课，以适应解决改革中面临许多重大问题的需要，他指出："政治学、法学、社会学以及世界政治的研究，我们过去多年忽视了，现在也需要赶快补课。"①他反复强调，要逐步适应社会主义市场经济要求，努力探索从计划经济向市场经济转变下的经济社会协调发展，这就确定了中国社会学恢复重建的目标任务。

在中央领导的支持下，时年已经69岁的费孝通领衔恢复重建工作，

---

① 《邓小平文选》第二卷，人民出版社1994年版，第180—181页。

他与老一辈社会学家田汝康、陈道、杜任之、李正文、林耀华、雷洁琼、于光远、陈翰笙、吴文藻、吴泽霖、李景汉等人共同推动这项事业。① 恢复社会学初期，按照党中央的要求，费孝通明确提出："我们建设社会学的方针，正如乔木（指胡乔木——笔者注）同志所讲的，有三条：一是以马克思主义、毛泽东思想为指导，这是我们的理论基础和方向；二是结合中国实际，这就是说要有我们自己的内容；三是为现代化建设服务，这是我们建设社会学的宗旨。"② 作为中国社会学的领衔人，费孝通在其工作开展初期就把中国社会学建设的指导思想、发展方向和任务宗旨明确下来。"有我们自己的内容"就是不要简单照搬别国的社会学理论与方法，而要结合中国实际来确定社会学的研究对象。

任何一门学科必须有自己的研究对象。社会学的研究对象问题曾是20世纪80年代初学界讨论的热点问题之一。在一次恢复重建中国社会学的座谈会上，费孝通认为，社会学是解决社会问题所必需的一门学科。他说："我们需要对当前现实的社会生活进行科学的调查研究，以便帮助党和国家解决一些急迫的社会问题，为社会主义建设减少一些前进中的障碍……这是我们在这时候急切需要开展社会学研究的主要原因。"③ 这里所谓的障碍，主要是指社会主义建设过程中出现的各种社会问题。面对讨论和争议，费孝通认为，在规定社会学的研究对象上，不必急于作严格限定，那将是一项长期的工作，这是社会学的历史使然。纵观世界社会学百年历史，社会学就是一门在其内部不断成熟各类学科又不断分化出新的学科的历史，他称其为"母鸡"。作为从20世纪30年代踏入社会学门槛，并有重大建树的学者，费孝通深知恢复重建中国社会学的复杂性。面对当时国外社会学学科和各种理论学说的引进，他强调，学科建设除

---

① 张静：《中国社会学四十年》，商务印书馆2019年版，第258页。
② 费孝通：《费孝通全集》第十卷，内蒙古人民出版社2009年版，第342页。
③ 费孝通：《费孝通全集》第八卷，内蒙古人民出版社2009年版，第208页。

了逐步厘清社会学的研究对象和整体特征外，更要注意到社会学研究问题的"剩余性"，即研究那些没有被纳入学科体系，但在实践中已经发生、需要经过研究提出答案的问题，要把这些问题纳入到中国社会学的视野，这些问题正是中国改革开放事业中凸显出来的、需要解决的问题。这反映了他作为恢复重建领衔人的问题意识。在20世纪80年代那股"现代化热"的大讨论兴起之前，他就试图说明中国现代化为什么需要社会学，坚持现代化绝不是"西化"和"洋化"，社会学在中国现代化进程中必须结合中国社会的特点，"研究这些问题就是社会学的任务"①。这实际上进一步明确了恢复重建的中国社会学的研究对象。1981年，他在南京的一次演讲中将社会学的目标进一步确定为，"建立面向中国实际的人民社会学"②，他解释道："我们要发展社会学，也要走自己的路，搞中国式的人民的社会学。我们的社会学要面向中国人民的社会生活，研究如何使我们的国家一步一步地达到高度的物质文明和精神文明的目标。"③

（二）以历史唯物主义为指导恢复重建中国社会学

在确定恢复重建中国社会学的目标后，费孝通认为，必须以历史唯物主义为指导推动社会学研究，通过社会学研究把具体情况了解清楚，解决社会问题，逐步归纳理论。因此，社会学在中国的任务，一是加强对具体社会问题的研究，二是在具体问题研究基础上把社会学发展成为一门综合学科。

从什么样的问题入手开展社会学研究？改革开放初期，随着家庭联产承包责任制的实施，农民开始离开土地进入乡镇企业。到20世纪80年代中期，国有企业改革加速，大量下岗职工进入市场，如何确保他们的

---

① 费孝通：《费孝通全集》第九卷，内蒙古人民出版社2009年版，第40页。
② 费孝通：《费孝通全集》第九卷，内蒙古人民出版社2009年版，第120页。
③ 费孝通：《费孝通全集》第九卷，内蒙古人民出版社2009年版，第125页。

基本生活、确保医疗养老等问题，这就是当时中国社会学必须面对和回答的重大现实问题。费孝通本人身体力行，强调社会学和人类学的社会服务功能，深入实地调查研究。《小城镇 大问题》是他把自己长期理论思考与中国农村发展有机结合的典范。

回顾历史，20世纪80年代初期，社会学界也曾有学者建议和试图用最抽象的范畴来演绎出中国社会学的学科体系，其出发点就是当时流行的哲学和经济学的理论框架建构策略，包括国际上流行的社会学理论。费孝通则认为，从共性来建构社会学理论体系必须具备两个条件：一是丰富的实地经验材料，它的前提是必须使外来的理论与方法能够成为可以被理解的东西；二是丰富的理论和历史资料，包括中外社会学的各种遗产。而刚刚恢复重建的中国社会学在当时并不具备这样的条件。因此，他主张踏踏实实地积累实地经验材料，广泛地收集和整理中国的社会学遗产，同时借鉴国际上有用的社会学研究成果。

中国社会学恢复重建期间，在关于实地研究方法的提法上，费孝通多用"社会调查"。社会调查有三种基本方式，即"普查""抽样调查"和"典型调查"，他认为重建新中国的社会学应当从社会调查入手。通过社会调查可以获得社会研究的基本材料，亦即从实地中获得知识，他强调："要取得对社会的科学的知识，必须要针对一定的问题，在一定的范围内，进行系统的观察，经过分析整理，提高到理论的认识。因之，立足于中国社会实际的社会学必须从科学地调查中国社会入手。"[1]

面对大量国际上的社会学理论与思潮，费孝通反复强调，每一"社会科学所反映的实际是有界限的"[2]。以他自己的社会人类学背景看，近代以来的社会科学，是围绕西方社会发展及其特点建构起来的，也以西方为中心。当时国内也有个别学者认为研究西方社会得出的结论可以普遍

---

[1] 费孝通：《费孝通全集》第九卷，内蒙古人民出版社2009年版，第297页。
[2] 费孝通：《费孝通全集》第十一卷，内蒙古人民出版社2009年版，第207页。

运用到其他国家，过分强调文化环境的一致性方面和搞西方化标准。对于像费孝通这样一位历经"全盘西化"与反"全盘西化"以及"中学为体，西学为用"思潮和争鸣的学者来说，如何处理好这样的问题，他心里是有数的："当前世界上还存在着不同性质的社会和不同文化的民族，各国的社会学都不可避免地具有它们各自的特点。我国的社会学必须是反映具有社会主义性质和中华民族特点的中国社会的社会学。"[①]

近现代历史进程中，以毛泽东为代表的中国共产党人把马克思主义的普遍真理与中国革命的具体实践相结合，深入农村调查研究，深刻揭示了中国革命的具体规律，领导中国人民取得了新民主主义革命的伟大胜利。谭嗣同、严复、梁漱溟、李景汉、杨开道、吴文藻、潘光旦、陈达、吴景超等学者通过介绍翻译西方著作以及亲身的研究探索，不仅为后人提供了关于中国社会的各方面的知识和理论，也提供了他们在各自领域中长期探索所形成的研究方法。费孝通认为，对于这些历史性工作的研究和整理将为创建新中国社会学的基础"打下一个个结实的桩子"[②]。

从恢复重建到20世纪后期，中国社会学的发展主要是跟踪研究中国的改革开放，除了以费孝通为代表的社会学家们对农村发展、小城镇发展，以及由小城镇问题引发出来的区域发展等问题开展社会学调查与研究外，当时一些政府部门的研究机构也开展了大量社会学实地研究，包括农村社会结构的变化等。

（三）恢复重建中国社会学重在学科建设和人才培养

教材建设是社会学学科建设的重要内容，中国的社会学教材在对中国社会的实地调查中逐步完成。费孝通并不认为，在创立中国社会学的初期，中国就可以有以自己社会为内容的教材，这种教材的产生需要经

---

① 费孝通：《费孝通全集》第九卷，内蒙古人民出版社2009年版，第295页。
② 费孝通：《费孝通全集》第九卷，内蒙古人民出版社2009年版，第385页。

历历史发掘、文献搜集、资料整理、调查研究等一系列工作的过程。

要实现恢复重建中国社会学的目标,必须培养一批人,有一个能为此奋斗和努力工作的队伍,这是费孝通从一开始就考虑到的。在中国社会学恢复重建初期,培养新一代社会学者是建设这门学科的首要任务。社会调查是培养新一代社会学者的基本方法。除在南开大学举办培训班和在一些有条件的高校创建社会学系外,20世纪80年代初,在费孝通指导下的江村调查、江苏小城镇研究和天津家庭调查中,培养了一批研究人员和教学人员,这些人后来都成为中国社会学的科研和教学骨干。他说:"在培养从事新中国社会学工作的新的一代的过程中,我们深切体会到必须坚持理论联系实际、教学联系科研的原则。自然科学离不开实验,社会科学离不开社会调查。"[①]在1985年的广州会议上,他曾表示,"对于一些没有准备好,还缺乏鉴别能力,为了追求学位而出国的青年人还有点担心"[②],并提请人们及早注意这一问题。

三、在以民生为重点的社会建设中发展中国社会学

(一)改革开放中的中国特色社会问题

中国社会学恢复重建是在改革开放呼唤下匆匆踏上历史征程的。一是20世纪末到21世纪初,随着经济的快速发展,社会矛盾和问题凸显出来。20世纪80年代的农村改革释放出巨大的乡村劳动力,90年代末的国有企业改革造成大量工人下岗;伴随着农村和国有企业改革,乡镇企业异军突起,小城镇星罗棋布,人口流动不断加速,"单位人"转化为"社会人"的速度加快,等等。进入21世纪,发展中的社会问题更加凸显,2003年,突如其来的"非典"疫情对我国公共卫生和医疗体系提出

---

① 费孝通:《费孝通全集》第九卷,内蒙古人民出版社2009年版,第297页。
② 费孝通:《费孝通全集》第十一卷,内蒙古人民出版社2009年版,第107页。

了挑战,暴露出社会发展的短板。二是面对新情况新问题,党中央国务院审时度势,提出了经济与社会等"五个协调"的新发展思路;把流动人口问题、城镇化问题、农村养老和医疗问题等提上议程。正如习近平总书记在2020年8月24日的讲话中所指出的,发展起来以后的问题不比没有发展起来少。这个时期,农民工问题,老百姓看病难、看病贵等问题都被提上了议程。三是到了2010年前后,又有一些新的社会问题出现了,包括住房、教育、流动人口管理、人口老龄化以及越来越多的外国人来中国经商定居等等。这个阶段的特点是,先是民生问题,后是社会管理问题,进入党中央的决策视野。

社会学家李强认为:"民生是颇具中国特色的社会学概念,目前大多翻译为'the people's livelihood',其实这个翻译很难展现其深刻含义,所以笔者主张直接音译为MinSheng,然后再阐释其含义。"[①]中国社会学自其恢复重建,面对的就是中国发展中的种种具有自身特点的问题,也只能从中国实际中去研究、概括、提炼和发展自己的理论。"社会建设"这一概念虽然在20世纪初期由孙中山提出,但在社会主义现代化建设中,被中国共产党人赋予新的内涵,此外,还包括社会管理等概念。

(二)面向中国实际凸显中国社会学特色

21世纪初期,构建社会主义和谐社会是党在新的历史时期为推进经济社会全面发展,解决发展中出现的新问题而提出的重大战略举措,是对中国特色社会主义建设总体布局的进一步发展完善,体现了贯彻落实科学发展观的根本要求。构建社会主义和谐社会是一项巨大的、系统性工程,内容十分丰富,历史寓意深刻,为社会学在中国发展拓展了更大的空间。党的十六届五中全会指出:"建设社会主义和谐社会,必

[①] 李强:《中国社会学学科建设的回顾与反思》,《广州大学学报(社会科学版)》2019年第5期。

须加强社会建设和完善社会管理体系,健全党委领导、政府负责、社会协同、公众参与的社会管理格局。"①这就把社会建设、社会管理摆在了社会发展的重要位置。尤其是,这次全会提出了党委领导是健全社会治理格局的核心这一根本性问题,强调"要以扩大就业、完善社会保障体系、理顺分配关系、发展社会事业为着力点,妥善处理不同利益群体关系,认真解决人民群众最关心、最直接、最现实的利益问题"②。这里就把社会管理与民生保障有机结合起来,进一步丰富完善了社会建设的内容。党中央要求:"加强社会治安综合治理,继续推进社会治安防控体系建设,深入开展平安创建活动,依法严厉打击各种犯罪活动,维护国家安全和社会稳定,保障人民群众安居乐业。"③这又把社会秩序与社会活力问题提上了社会发展的议事议程。从2002年党的十六大提出全面建设小康社会战略目标,到2003年党的十六届三中全会提出科学发展观,再到构建社会主义和谐社会和建设美好社会战略的提出,表明中国共产党人和全体中国人民对于经济社会发展规律的认识在逐步深化。"实现社会和谐,建设美好社会,始终是人类孜孜以求的一个社会理想,也是包括中国共产党在内的马克思主义政党不懈追求的一个社会理想。"④社会主义和谐社会和美好社会的提出,在理论上和战略上为中国社会学的研究进一步指明了方向。2006年10月,中共十六届六中全会通过的《中共中央关于构建社会主义和谐社会若干重大问题的决定》提出:"建设社会主义核心价值体系,形成全民族奋发向上的精神力量和团结和睦的

---

① 《中共中央关于制定国民经济和社会发展第十一个五年规划的建议》,《人民日报》2005年10月19日。
② 《中共中央关于制定国民经济和社会发展第十一个五年规划的建议》,《人民日报》2005年10月19日。
③ 《中共中央关于制定国民经济和社会发展第十一个五年规划的建议》,《人民日报》2005年10月19日。
④ 胡锦涛:《在省部级主要领导干部提高构建社会主义和谐社会能力专题研讨班上的讲话》,《光明日报》2005年6月27日。

精神纽带。"①这实际上要求把经济社会发展与价值观建设有机结合起来，进一步夯实制度建设的价值基础。

总之，这一时期，和谐社会、社会建设、社会管理、改善民生、活力与秩序、价值观等思想理论的提出，表明中国社会发展及对发展的认识在20世纪末21世纪初取得了长足的进步。社会学从对社会问题的认定走向寻找社会问题的解决方案，找到了解决社会问题的方向。

（三）建立中国特色社会学基本框架

伴随着国家社会发展，社会学有了长足进步，初步构建了中国特色社会学的基本体系。

一是在重大理论研究方面，除了费孝通的"小城镇发展研究"和"中华民族多元一体格局"理论，还有"陆学艺的'当代中国社会结构研究'、郑杭生的'社会运行论'、李培林的'社会结构转型论'等等。这些研究成果帮助人们更好了解中国社会现状、深入认识中国社会发展规律"②。关于"社会结构转型，中国社会学与西方现代化理论、发展理论、经济增长理论展开对话"③，都针对现实问题做出了立足中国实际的回答，提出了富有创见性和解释性的学说和观点。二是在中层理论方面，民生保障、社会资本、城镇化、劳工关系、社会治理等研究中取得新进展。三是遵循社会学恢复重建时确定的目标和方向，结合具体历史条件，社会调查，尤其大量"具有鲜活本土意识的经验研究不断涌现，涵盖单位制、城市社区治理、乡村建设等众多领域。……中国社会状况综合调查（CSS）、中国综合社会调查（CGSS）、中国劳动力动态调查（CLDS）等大型社会调查项目持续开展，为了解社会动态、进行学术研

---

① 《中共中央关于构建社会主义和谐社会若干重大问题的决定》，《人民日报》2006年10月19日。
② 李友梅：《中国社会学四十年回顾与展望》，《人民日报》2018年9月10日。
③ 李友梅：《中国社会学四十年回顾与展望》，《人民日报》2018年9月10日。

究和制定公共政策提供了不可或缺的基础数据支撑"①。

在围绕中心服务大局方面,党中央为了解决发展中出现的社会问题而采取的一系列举措反映到学术界和学科建设上,得到了积极回应。民生问题和社会管理问题引起了学界的高度重视,学者们对现代化进程中的民生问题、社会治理理念、社会治理发展、社会治理学科建设、机构建设进行了深入探索。北京师范大学于2011年成立中国社会管理研究院,在决策咨询基础上,创办了《社会治理》杂志,进行了教材编写方面的探索。此外,清华大学于2014年成立民生研究院。这些都标志着新形势下中国特色社会学学科建设不断发展。

在社会学的中国特色方面,通过实地调查、理论建构、历史挖掘、国际比较,把这个学科不断推向深入。中国社会学在这个时期的发展表明,一门学科仅仅停留在理论的层面上是无法为社会服务的,中国特色社会学建设也是无从谈起的。在学科建设中,社会调查既可以被视为基本方法,又可以被视为这门学科为社会服务的纽带。这种社会观的选择与价值的取向能够帮助人们贴近现实,在学科建设中发展有自己特色和更具丰富内容的理论与方法。这是过去40多年中国特色社会学得以发展的真谛。

在"五脏六腑"发育方面,中国社会学恢复重建初期,费孝通就把社会学学科建设叫作"五脏六腑"。"所谓'五脏'指建立社会学学会、建立研究机构、建立社会学系、建立图书资料中心以及专门的刊物和出版机构。由此使得中国社会学的体制机制建设从一开始就比较整齐,'中国社会学会'把全国高校、科研机构以及各行各业的社会学研究人员都汇集在社会学的大旗之下,形成了一支非常团结的队伍。"②40多年

---

① 李友梅:《中国社会学四十年回顾与展望》,《人民日报》2018年9月10日。
② 李强:《改革开放40年与中国社会学的本土化、发展及创新》,《社会科学战线》2018年第6期。

来，中国社会学的教学机构从无到有，从小到大，已经发展到200多家；研究机构近40家；在国家层面上成立了中国社会学会、中国社会心理学会等一批学术团体。"中国社会学会现有团体会员31个，个人会员1千余人，下设20余个社会学专业委员会"[①]；《社会》创刊于1981年，是社会学恢复重建后创办的第一本专业期刊，与后来创刊的《社会学研究》一道成为社会学学科中的标杆期刊。[②]

四、在实现民族伟大复兴中不断发展中国特色社会学

党的十八大以来，习近平总书记紧紧抓住中国特色社会主义进入新时代中国社会主要矛盾的变化，站在国家全局思考当代中国社会发展面临的问题，高度重视在发展中保障和改善民生，努力解决激发社会活力与维护社会秩序的有机统一等社会发展的重大问题。在党的十八届三中全会上，习近平总书记首次提出了"社会治理"这一重要概念。基于改革开放以来我们党在社会发展领域的思想创新和理论创新成果以及各地发展民生事业和创新社会治理的实践，在一系列讲话和谈话中，逐步形成了习近平新时代中国特色社会主义社会建设重要论述，成为习近平新时代中国特色社会主义思想的重要组成部分。

当前，不断发展中国特色社会学，就是要认真领会习近平新时代中国特色社会主义思想和新时代中国特色社会主义社会建设重要论述，立足中国实际，不忘中国历史，加强国际交流，把中国社会学发展推向一个新的历史阶段，不断发展中国特色社会学。

---

① 参见中国社会学网介绍。
② 张静：《中国社会学四十年》，商务印书馆2019年版，第276页。

（一）回应百年未有之大变局提出的社会发展新问题

当前人类社会正面临百年未有之大变局。中国在鸦片战争之后沦为半殖民地半封建社会的境况，激起了中国人民探索中国前途和命运的热忱。100多年来，探索中国的前途和命运是全体中国人的共同追求，"天下兴亡，匹夫有责""学以致用"等就是这种热忱的具体体现。如前所述，社会学正是在这样的历史背景下被引入中国，先是谭嗣同的《仁学》、严复的《群学肄言》，之后，来自日本、欧洲、美国的社会学思潮通过留学生回国和外国学者来华交流讲学，与中国那些苦苦追求民族前途命运的学子的价值追求有机结合，产生了中国自己的社会学，包括以吴文藻为代表的"现代中国社会学派"。近代以来，中国经历了一个巨大的历史转型。2020年暴发的新冠肺炎疫情及其在全球的传播，以及由此带来的孤立主义在全球盛行，使人们不得不从更深层次思考人类命运共同体问题。费孝通晚年看到了社会学更深层次的意义，1999年他在上海大学接受该校名誉教授的仪式上说："依我看，发展社会学不仅仅是中国人的事情，因为当今的人类，在全世界的范围内都碰到了一个大问题——怎样把人类的文化持续发展下去。这是一个需要社会学、人类学以及其他学科通力合作，共同研究解决的大问题。因此我们社会学、人类学自身的学科素质必须不断加强。"[①] 新冠肺炎疫情之后的世界，人类如何和平共处，是中国特色社会学不能回避的重大课题。

（二）直面"发展起来以后的问题不比不发展时少"这一时代课题

习近平总书记指出："事实证明，发展起来以后的问题不比不发展时少。我国社会结构正在发生深刻变化，互联网深刻改变人类交往方

---

① 费孝通：《费孝通全集》第十六卷，内蒙古人民出版社2009年版，第481—482页。

式，社会观念、社会心理、社会行为发生深刻变化。"①习近平总书记提出的"人类交往方式，社会观念、社会心理、社会行为"等问题，都是社会学研究的重要领域和核心问题。但是，这些问题在新时代新阶段，尤其是在互联网广泛应用，社会结构发生新的深刻变化这一时代，中国特色社会学必须做出准确回应。由于互联网在个体之间的连接作用，人类交往方式已经由传统的面对面交流交往拓展到通过微博、微信等新媒体平台随时随地进行交流。互联网已经改变了人与人之间的关系模式，由此也引发了社会心理、社会行为和社会观念的深刻变革，挑战了传统意义上的社会学理论和社会学研究方法，推动社会学理论和研究方法走向创新。人类由面对面的"小群"逐步融合成了一个个活跃在网络上的"大群"，又从"大群"逐渐形成多元一体的全球性网络，这确实是前所未有的社会变革。

当前，各地正在积极落实《中共中央 国务院关于加强基层治理体系和治理能力现代化建设的意见》提出的各项要求，把社区智慧治理等问题摆在突出位置，这是我国社会发展进入新阶段的必然要求。截止到2021年6月，我国网民数量已达10.11亿人，未成年人的互联网普及率达到95%左右，且连续保持增长态势。与此同时，数字技术发展迅猛，软件技术开发和硬件技术进步将创造出虚拟世界与现实世界之间的深度融合，带动相关产业快速发展，整个社会处于数字转型的重要阶段。这些年来，各地在社区智慧治理方面进行了大量积极有效的探索，积累了丰富的经验。做好社区智慧治理工作，推动社区数字化转型要处理的问题很多，重中之重是必须始终坚持以人民为中心的发展理念，努力使数字技术、人工智能服务基层居民，提高基层干部、居民使用数字技术的水平。互联网、人工智能等新技术在各个领域广泛应用，在这些方面中国是走在世界前列的。如果学术界以及学者能够对这些领域的实践创新

---

① 习近平：《在经济社会领域专家座谈会上的讲话》，《人民日报》2020年8月25日。

进行深刻研究，加以总结，那将是对全球知识生产的重大贡献。中国在经济社会文化和生态环境领域取得的成就，考验着中国学者的智慧。进入21世纪的第二个十年，随着人民群众生活水平的提高，社会主要矛盾也发生了深刻变化，人民群众对生活品质的要求越来越高，进而影响了社会结构和社会阶层关系，产生了一系列新问题。发展和完善中国特色社会学学术体系，必须始终坚持以人民为中心，坚持人的全面发展，从人民群众最需要、最迫切、最直接、最现实的福祉和利益出发开展学术研究、理论研究，创建与之相适应的学术体系、话语体系、学科体系。要学会用马克思主义理论以及人类文明的全部知识，对中国百年民族复兴的实践进行总结，形成具有中国特色的理论解释，建构新的逻辑，发展从中国文化里面生长出来的理论和学术，讲好中国故事，这就是具有中国特色的学术。

（三）不断完善中国特色社会学

1. 坚持中国共产党的领导

社会治理是国家治理体系的重要组成部分。国家治理体系和治理能力是党执政行为的具体体现。中国共产党的领导是中国特色社会主义的本质属性，这是不断发展中国特色社会学的根本前提和基本出发点。在发展中保障和改善民生、构建基层社会治理新格局必须加强党的领导，发挥党组织统领全局、协调各方的作用。必须把保障和改善民生摆在党委工作的重要议事议程。习近平总书记在谈到脱贫攻坚战时，要求各级领导干部要保持顽强的工作作风和拼劲，满腔热情做好脱贫攻坚工作，加强党对民生和脱贫攻坚工作的领导。党的十八大以来，各地积极搭建城市基层党的建设联动机制，形成党组织"总揽全局、协调各方"的领导体系，进一步发展和完善了共建共治共享的社会治理格局，也给中国特色社会学研究提出了新任务。

2. 坚持马克思主义理论指导

通过对重大现实问题的研究，揭示人类社会，包括中国社会发展的内在规律是中国特色社会学的根本任务。习近平总书记说："把握规律，坚持马克思主义立场、观点、方法，透过现象看本质，从短期波动中探究长期趋势，使理论和政策创新充分体现先进性和科学性。"[①]从中国社会学发展的历史来看，社会学除了用来解决社会问题外，它还有更深一层的意义，那就是可以用来揭示社会发展的规律。费孝通写道："人类的社会生活曾经长期在必然王国里翻腾，演出了多少悲欢离合的动人故事，而没有觉察到社会的变化和自然界一样也有它的客观规律。人类终于逐步认识到了这一点，要按照客观规律处理社会生活的各种矛盾。"[②]用科学态度来对待社会问题实质上就是揭示社会发展中的规律性，不断发展和完善中国特色社会主义社会理论体系。

3. 立足中国实际

不断发展中国特色社会学必须深入调查研究，为中国社会主义现代化献计献策。习近平总书记要求，要"深入调研、察实情、出实招，充分反映实际情况，使理论和政策创新有根有据、合情合理"[③]。社会学是有用的知识，这是毫无疑问的。问题是，在新的历史条件下，社会学要与时俱进，积极参与到社会发展进程的重大问题研究中，提出新发展思路，同时避免空谈，要把崇高的理念变成积极的社会行动方案，解决好中国发展中的问题。

---

① 习近平：《在经济社会领域专家座谈会上的讲话》，《人民日报》2020年8月25日。
② 费孝通：《费孝通全集》第八卷，内蒙古人民出版社2009年版，第203—204页。
③ 习近平：《在经济社会领域专家座谈会上的讲话》，《人民日报》2020年8月25日。

4. 树立国际视野

社会学必须面对当前全球化难题，共同探索人类社会发展的未来。习近平总书记说："树立国际视野，从中国和世界的联系互动中探讨人类面临的共同课题，为构建人类命运共同体贡献中国智慧、中国方案。"[①]就国外的各种社会学理论和方法而言，虽然都产生于它们本国，带有本土特色，但对其他文化仍有启发意义。一是这实际上将我们带入了关于社会事实的分类和对被分类的社会事实认识的分析，以及人类文化的多元性与同质性关系这样一个层面上，这将是中国特色社会学必须面对的问题。如何解决好国际上的各种理论和方法的相互吸收与借鉴，将人们引入到一个关于科学发展逻辑的领域，以及如何"批判与吸收"引发出来的各种方法论问题都有待于人们进一步去研究。二是对于国际社会学，必须保持客观、理性、冷静的态度，既不能全盘否定，也不能全盘接受。吸收国际社会学的比较现实的办法是，从国际上的著名社会学家中选择一些有代表性的人物，对其思想和思想产生的历史条件分别深入研究，既要看其思想，也要看其思想产生的制度环境。对于这种研究，不要简单地使用二手资料，要对原文认真读通。只有这样，才能说是负责任的研究和介绍，社会学者才有权利发表看法。三是吸收国际社会学的理论和方法并使之为中国特色社会学服务是一个极其复杂的过程。"批判与吸收"包含了丰富的内容，吸收什么，哪些应当吸收，吸收将采取什么形式，都需要进一步展开讨论。

进一步说，中国式现代化所需要的社会学学术体系是汇集人类所有文明、所有知识于中国社会主义现代化国家建设实践的结晶。借鉴人类文明的知识、理论作为启迪我们思想的要素，通过国际间的比较，发现我们的特点和特色，在思想的交流和碰撞中不断推进中国社会学学术研究走向深入，发现事实、解释事实、形成知识，更好地服务于中国式

---

① 习近平：《在经济社会领域专家座谈会上的讲话》，《人民日报》2020年8月25日。

现代化建设。在全球化时代，在各国之间的交往交流交融中，中国社会学界必须具有广阔的国际视野，不仅要面对当前国际形势的发展，还要深入挖掘各国历史与文化以及各国哲学、社会科学、自然科学的丰富宝库。马克思是19世纪最伟大的思想家，他和恩格斯通过研究和观察发现了人类社会发展的基本规律。例如，在形成共同体理论过程中，马克思吸收了柏拉图、亚里士多德、康德、黑格尔、圣西门、傅立叶等人的思想。马克思不仅关心欧洲社会，也在东方社会研究中倾注了巨大精力。马克思之所以成为马克思，就在于他站在了世界历史进程、各国历史、人类历史的制高点上。在了解中学习，在学习中借鉴，相互促进，推动中国特色的社会学学术体系健康持续发展。中国改革开放40多年来，在经济建设、政治建设、文化建设、社会建设、生态文明建设等领域进行了大量的实践探索，有些在借鉴国际经验的过程中进行了自我创造，走出了自己的特色。各地在实践过程中也进行了各种各样的探索，形成了不同的发展模式，这些发展模式是一种内生性的发展，值得总结经验。在当前，我国学术界将数字经济方面获得的发展经验与治理方略进行总结，坚持与各国社会学界进行更广泛的多边对话，谋求全球范围内的共识，为构建人类命运共同体贡献中国智慧、中国方案。学习和借鉴人类历史上和当代的各种理论、文化遗产、思想创造不能偏离实现中华民族复兴的目标，必须坚守立足中国大地进行实地研究、理论研究的学术宗旨，坚守生产适用于现代化建设的知识的使命，在实践中不断进行理论创新，只有这样才能够创建具有中国特色、中国风格、中国气派的社会学学术体系、话语体系、学科体系。

以毛泽东同志为代表的中国共产党人把马克思主义的普遍真理同中国革命的具体实践相结合，深入农村调查研究，发现了中国社会的特点和规律，找到了中国革命的道路和方向，开启了中华民族迈向现代化的伟大征程。在这个过程中，形成了中国特色社会主义的思想、理论和方法。由此，我们也可以理解，为什么习近平总书记在2020年8月召开的经济社会领域专家座谈会上提出社会科学工作者要有国际视野这一重大要求。正像毛泽东同志所说:"共产党员是国际主义的马克思主义者,但马克思主义必须通过民族形式才能实现。"①同样,新时代的中国学者应当是具有历史积淀的、国际视野的、了解中国国情的、为中国现代化服务的学者。他们用马克思主义理论武装自己,用全部人类文明成果和人类创造的知识来认识中国问题,探索中国社会主义现代化建设的规律,提出解决中国发展过程中面临的各种问题的方法,推动中国社会主义现代化建设不断前进,这样的学者才是真正符合中国式现代化要求的社会学者,他们的知识才是真正的知识,是真正有利于人类发展和国家现代化建设的学术。

5. 与时俱进地促进学科建设和人才培养

发展中国特色社会学,必须关注科学发展、技术进步带来的各种变化,把握它们给经济社会文化带来的深刻影响,研究应对这些变化和影响所需要的社会治理等方面的知识,使社会学研究更贴近现代化国家建设的需要。改革开放以来,我国社会学界的研究价值取向有值得反思的地方,比如过多借用其他国家的学术标准、学术方法,并将其绝对化,"为模型而模型""为数量而数量""为形式而形式""为学术而学术",这一系列做法阻碍了思想的创新、知识的生产,阻碍了学术服务于国家现代化。简单地用核心期刊论文发表数量和其他发表方式衡量科研水平、学术水平,并将其越来越格式化、标准化、形式化,忽视了思想创造、知识生产、理论创新的规律性,扼杀了很多有意义的思想创造和科学发现,这是当前必须认真反思的重大问题。因此,我们要改变传统意义上仅仅以论文发表为目的、为核心的学术评价标准,打破传统的、八

---

① 毛泽东:《马克思主义的中国化》,摘自《建党以来重要文献选编(1921—1949)》第十五册,中央文献出版社2011年版,第651页。

股文式的论文、论著和研究方式，使学者在新时代学术价值观基础上，面向现实、面向未来、面向现代化，生产有用的知识。

今天，中国已全面建成小康社会，迈入中国特色社会主义现代化新征程。面对百年未有之大变局和由于互联网出现带来的社会结构的新变化，必须拓展中国社会学的研究视野和研究方法，从历史、国际、科技等纵向和横向角度开展对中国社会的全面研究，建设新学科，培育新人才，发展新理论，探索新方法，把中国特色社会学推向新阶段，为推进中国特色社会主义现代化作出新的贡献。具体而言，可以从以下几个方面着手：一是研究互联网带来的人类交往行为的变化。由社会成员之间使用移动终端产生的信息及信息网络已成为社会互动的基本方式。网络环境下，社会成员从来没有像今天这样拥有参与社会事务的热情。政府网络、各种客户端、企业微信、群体之间的"朋友圈"已经取代或正在取代传统的信息传输方式，改变人们以往的信息传播渠道和行为方式。二是研究互联网对社会结构的影响。"在线"已成为现代社会关系和社会结构的基本特征。移动互联塑造了"在线"行为，形成新的社会形态。三是研究互联网对社会需求的影响。移动互联网和智能手机的广泛应用，使居民对社会服务的个性化需求越来越突出，传统的社会供给模式、供给体系难以为继，人类需要借助数字技术来满足日益增长的个性化的需求。四是研究互联网对社会组织形式的影响。随着互联网技术进步和智能社会发展，社会组织形态将发生深刻变化，新的社会规范、行为要求都将出现。五是研究互联网对社会学研究方法带来的进步。大数据就是把现有的数据平台互联起来，形成一个在线的巨型数据系统和运算体系。数据平台连接起来的同时，包括个体在内的终端也成为巨型数据系统和运算体系的一部分、一分子，通过在线数据研究人们的社会行为、社会心态和社会心理已经不是梦想，必将成为现实，关键是要培养一批拥有社会学、人类学素养，又懂互联网技术及数据计算的新一代社会学者。

百年岁月，百年梦想，百年求索。中国社会学在中华民族遭遇磨难中孕育，在改革开放中长成。新时代新阶段，中国特色社会主义现代化国家建设和实现中华民族伟大复兴呼唤社会学与时俱进，有更大作为，中国特色社会学任重道远。

参考文献

1. 《马克思恩格斯选集》第一卷,人民出版社2012年版。
2. 《马克思恩格斯选集》第三卷,人民出版社2012年版。
3. 《马克思恩格斯文集》第一卷,人民出版社2009年版。
4. 《邓小平文选》第二卷,人民出版社1994年版。
5. 《习近平谈治国理政》第一卷,外文出版社2014年版。
6. 《习近平谈治国理政》第二卷,外文出版社2017年版。
7. 《习近平谈治国理政》第三卷,外文出版社2020年版。
8. 《费孝通文集》,群言出版社1999、2001年版。
9. 罗荣渠主编:《从"西化"到现代化》,北京大学出版社1990年版。
10. 谢立中:《从马林诺夫斯基到费孝通:另类的功能主义》,社会科学文献出版社2010年版。
11. 陈龙:《探寻社会学之旅:20位美国社会学家眼中的社会学》,北京大学出版社2019年版。
12. 孙本文:《当代中国社会学》,商务印书馆2011年版。
13. 吴文藻:《论社会学中国化》,商务印书馆2017年版。
14. 王树英编:《季羡林学术著作选集:印度历史与文化》,新世界出版社2016年版。
15. 杨明斋:《评中西文化观》,北京印刷局1924年版。
16. 李渊庭、阎秉华编著,梁漱溟亲修:《群言典藏:梁漱溟》,群言出版社2013年版。

17.《费孝通全集》，内蒙古人民出版社2009年版。

18.《图行世界》编辑部：《印度：众神眷顾之地》，中国旅游出版社2017年版。

19. 王树英：《印度文化史》，时代出版传媒股份有限公司、安徽文艺出版社2020年版。

20. 许倬云：《说中国——一个不断变化的复杂共同体》，广西师范大学出版社2015年版。

21. 梁漱溟：《印度哲学概论》（外二种），中华书局2018年版。

22. 张静：《中国社会学四十年》，商务印书馆2019年版。

23. 梁启超：《国学小史》，中国书籍出版社2019年版。

24. 梁启超：《清代学术概论》，上海古籍出版社2019年版。

25. 张仲礼：《中国绅士》，李荣昌译，上海科学院出版社1991年版。

26.［美］素德·文卡斯特：《城中城：社会学家的街头发现》，孙飞宇译，上海人民出版社2016年版。

27.［美］刘易斯·A.科塞：《社会思想名家》，石人译，中国社会科学出版社1990年版。

28.［美］R. E. 帕克等：《城市社会学——芝加哥学派城市研究文集》，宋俊岭等译，华夏出版社1987年版。

29.［美］斯图尔特·R.施拉姆：《毛泽东的思想》（典藏本），田松年、杨德等译，中国人民大学出版社2013年版。

30.［美］贾雷德·戴蒙德：《枪炮、病菌与钢铁：人类社会的命运》（修订版），谢延光译，上海译文出版社2014年版。

31.［加］德里克·德克霍夫：《文化的肌肤：半个世纪的技术变革和文化变迁》（第二版），何道宽译，中国大百科全书出版社2020年版。

32.［英］尼尔·弗格森：《广场与高塔：网络、阶层与全球权力竞争》，周逵、颜冰璇译，中信出版集团2020年版。

33.［英］彼得·沃森：《20世纪思想史：从弗洛伊德到互联网》，张凤、杨阳译，译林出版社2019年版。

34.［日］日本日立东大实验室：《社会5.0：以人为中心的超级智能社会》，沈丁心译，机械工业出版社2020年版。

35.［美］傅高义：《日本还是第一吗》，沙青青译，上海译文出版社2019年版。

36.［英］雷蒙·威廉斯：《关键词：文化与社会的词汇》，刘建基译，生活·读书·新知三联书店2016年版。

37.《不列颠百科全书》国际中文版（修订版），中国大百科全书出版社2007年版。

38.［德］斐迪南·滕尼斯：《共同体与社会：纯粹社会学的基本概念》，张巍卓译，商务印书馆2019年版。

39.［德］乌韦·卡斯滕斯：《滕尼斯传：佛里斯兰人与世界公民》，林荣远译，北京大学出版社2010年版。

40.［美］迈克尔·舒德森：《好公民：美国公共生活史》，郑一卉译，北京大学出版社2014年版。

41.［印］泰戈尔：《泰戈尔笔下的印度》，白开元译，中央编译出版社2015年版。

42.［美］托马斯·K. 麦格劳：《现代资本主义：三次工业革命中的成功者》，赵文书等译，江苏人民出版社1999年版。

43.［英］阿萨·布里格斯：《英国社会史》，陈叔平等译，商务印书馆2015年版。

44.［法］雷蒙·阿隆：《社会学主要思潮》，葛智强等译，上海译文出版社2000年版。

45.［美］兰德尔·柯林斯、［美］迈克尔·马可夫斯基：《发现社会．西方社会学思想评述》，李霞译，商务印书馆2014年版。

46.［加］丹尼尔·亚伦·西尔、［美］特里·尼科尔斯·克拉克：《场景：空间品质如何塑造社会生活》，祁述裕等译，社会科学文献出版社2019年版。

47.［意］皮耶尔保罗·多纳蒂：《关系社会学：社会科学研究的新范式》，刘军等译，格致出版社、上海人民出版社2018年版。

48.［美］理查德·桑内特：《公共人的衰落》，李继宏译，上海译文出版社2014年版。

49.［德］海因里希·盖瑟尔伯格：《我们时代的精神状况》，孙柏等译，上海人民出版社2018年版。

50.［美］威廉·麦克尼尔：《西方的兴起：人类共同体史》，孙岳等译，中信出版集团2018年版。

51.［英］克里斯·哈曼：《世界人民的历史：从石器时代到新千年》，潘洋译，北京大学出版社2017年版。

52. ［西］胡里奥·克雷斯波·麦克伦南：《欧洲：欧洲文明如何塑造现代世界》，黄锦桂译，中信出版集团2020年版。

53. ［英］埃里克·霍布斯鲍姆、［英］特伦斯·兰杰：《传统的发明》，顾杭、庞冠群译，译林出版社2020年版。

54. ［美］D. K.贝利：《社会研究的方法》，余炳辉译，浙江人民出版社1986年版。

55. ［美］沃尔特·沙伊德尔：《不平等社会：从石器时代到21世纪，人类如何应对不平等》，颜鹏飞译，中信出版集团2019年版。

56. ［美］帕深思、［美］莫顿等：《现代社会学结构功能论选读》，黄瑞祺编译，巨流图书公司1984年版。

57. ［英］约翰·伦尼·肖特：《城市秩序：城市、文化与权力导论》，郑娟、梁捷译，上海人民出版社2011年版。

58. ［日］黑川纪章：《城市革命——从公有到共有》，徐苏宁、吕飞译，中国建筑工业出版社2011年版。

59. ［法］雷蒙·布尔：《社会学方法》，黄建华译，上海人民出版社1987年版。

1. 梁启超：《欧游心影录》，《时事新报》1920年3月3日。
2. 胡适：《我们对于西洋近代文明的态度》，《东方杂志》1926年第23卷第17号。
3. 吴景超：《我们没有歧路》，《独立评论》1934年第125号。
4. 孙倬章：《农业与中国》，《东方杂志》1923年第20卷第17号。
5. 胡适、费孝通：《关于〈美国人的性格〉通讯》，《观察》1947年第3期。
6. 王超奕：《〈德意志意识形态〉中的共同体思想及其当代意义》，《甘肃社会科学》2019年第5期。
7. 殷企平：《西方文论关键词：共同体》，《外国文学》2016年第2期。
8. 李慧凤、蔡旭昶《"共同体"概念的演变、应用与公民社会》，《学术月刊》2010年第6期。
9. 丁元竹：《中文"社区"的由来与发展及其启示》，《民族研究》2020年第4期。
10. 《中共中央政治局进行第十三次集体学习》，《人民日报》2014年12月26日。

11. 李强：《中国社会学学科建设的回顾与反思》,《广州大学学报（社会科学版）》, 2019年第5期。

12. 习近平：《在经济社会领域专家座谈会上的讲话》,《人民日报》2020年8月25日。

13.《中共中央关于制定国民经济和社会发展第十一个五年规划的建议》,《人民日报》2015年10月19日。

14. 胡锦涛：《在省部级主要领导干部提高构建社会主义和谐社会能力专题研讨会上的讲话》,《光明日报》2005年6月27日。

15.《中共中央关于构建社会主义和谐社会若干重大问题的决定》,《人民日报》2006年10月19日。

16. 李友梅：《中国社会学四十年回顾与展望》,《人民日报》2018年9月10日。

17. 李强：《改革开放40年与中国社会学的本土化、发展及创新》,《社会科学战线》2018年第6期。

1. Owen E. Hughes, *Public Management and Administration: An Introduction*, Palgrave Macmillan, 2003.

2. Barton J. Goldernberg, *The Definitive Guide to Social CRM*, Paul Boger, 2015.

3. Richard Sobel, *The Politics of Joint University and Community Housing Development*, Lexington Books, 2014.

4. George Ritzer, *Contemporary Sociology Theory and its Classical Roots: The Basics*, McCgraw-Hil, 2003.

5. Kenneth J. Guest, *Essentials of Cultural Anthropology: A Toolkit for A Global Age*, W.W. Norton & Company, 2016.

6. Gary T. Marx, *Forward to Ferdinand Tonnies: A Theory of Public Opinion*, Translated by H. Hardt and S. Splichal, Rowman and Littlefield, 2000.

后　记

这本小册子是我最近几年学习和研究费孝通的著作和生平事业的一点学习体会，部分文章曾发表在核心期刊和重要报刊上，如《民族研究》《行政管理改革》《社会》《人文杂志》《福建论坛》等。

2020年底以来，我在反复阅读和学习《费孝通文集》《费孝通全集》基础上，对已有的文章又进行审读、修改，在学习过程中不断形成一些新的认识。为了更加深刻理解费孝通的思想，我对有关问题进行了专门研究，比如说共同体理论，往深处看，它触及费孝通的基本理论和思想，探索共同体理论的产生与发展，可以更加深刻理解费孝通在《乡土中国》中的谋篇布局，"中华民族多元一体格局"思想的提出，以及"社区研究"等。共同体理论的产生与发展可以提供深刻的历史背景和时代背景去审视费孝通的思想脉络。在编排本书的时候，我没有按照文章发表的时间顺序做编排，而是从内容上进行了调整，形成了现在这样一个结构，力争使其成为一个有逻辑结构，重点突出，能够反映费孝通思想历程的读物。

这些年，对历史人物的研究，包括读历史人物回忆录，我始终秉承这样一个原则：要相信考据是一项重要的学术研究，历史回忆必须找到相关的文献证据，特别是一些年迈的学者前辈，他们的记忆有的非常准确，有些可能因时间久远而模糊了，但仍然可以为我们认识历史提供线索，作为晚辈学者应该通过阅读文献的方式进一步考据。这既是对被研究对象的思想、历史、名誉负责任，也是一位严肃学者必须秉承的治学原则。严肃的学者必须遵循严格的方法书写历史。对历史负责就是对自己负责。

在本书出版之际，我要感谢原国家新闻出版广电总局副局长吴尚之先生，他的牵线搭桥，使我有幸认识了生活·读书·新知三联书店总经理肖启明先生，得到了肖先生的大力支持。此外，还要感谢三联书店的诸位老师为书稿所付出的辛勤劳动。没有他们的努力，就没有这本书的出版，在此表示衷心的感谢！

丁元竹

2022年8月28日